Fostering Defining in Mathematical Inquiry

算数・数学教育における
定義指導の改善

村田 翔吾【著】

東洋館出版社

目　次

序　章　本研究の目的・課題・方法　　1

第 1 節　問題の所在と研究目的　2

第 1 項　問題意識と研究の背景　2

第 2 項　問題の所在と研究目的　4

第 2 節　研究課題と研究方法　9

第 1 項　研究課題の設定とその意義　9

第 2 項　研究方法　10

第 3 項　本論文の構成　11

第 1 章　数学教育における定義活動に関する研究の展開と課題　　15

第 1 節　定義の構成過程に着目する目的論的背景　16

第 1 項　数学教育目的論の根源的反省　16

（1）数学教育の目的を捉えるための 3 つの観点とその背景　16

（2）『初等・中等学校における数学の指導』にみる
数学の陶冶的価値　18

（3）教育学・心理学における形式陶冶を巡る諸議論　21

第 2 項　批判的・反省的思考の育成における定義の役割　24

（1）20世紀初頭の米国における論証指導を巡る問題　24

（2）『証明の本性』にみる定義の学習指導　26

（3）『証明の本性』の前後史にみる批判的・反省的思考の育成　29

（4）数学を通した人間形成の可能性　35

第 2 節 哲学における定義と学校数学における その位置づけ　37

第 1 項　哲学における定義の捉え方　37

（1）実在的定義と唯名的定義　37

（2）無定義用語と潜在的定義　39

（3）学校数学における定義　41

第 2 項　学校数学の教科書における定義とその理解の実態　42

（1）教科書における「定義」の位置づけ　42

（2）生徒による定義の理解の実態　45

（3）国内における定義の構成活動に関する研究　46

第 3 節 定義活動に関する研究の課題の特定： スコーピングレビュー　49

第 1 項　文献批評の方法論　49

（1）ナラティブレビューとシステマティックレビュー　49

（2）スコーピングレビューの手続き　52

第 2 項　定義活動に関する研究の起源と展開　52

（1）定義の構成過程への着目　52

（2）定義活動に関する研究の展開　54

第 3 項　定義活動に関する研究の動向と課題　59

（1）定義活動を捉えるための枠組み　59

（2）定義活動と他の諸活動との関係　63

（3）定義活動に関する研究の課題　65

第 4 節 定義活動に関する研究の課題の検証： システマティックレビュー　69

第 1 項　システマティックレビューの結果　69

（1）システマティックレビューの手続き　69

（2）システマティックレビューの結果　70

目次　iii

第 **2** 項　結果の分析　74

（1）研究課題の検証　74

（2）レビュー結果の総合　75

第 **2** 章　数学的探究における定義活動の意義　77

第 **1** 節　「数学的探究」の概念規定　78

第 **1** 項　哲学における探究の捉え方　78

（1）パースによる「探究」の意味　78

（2）デューイによる「探究」の意味　80

（3）「数学的探究」の概念規定の必要性　81

第 **2** 項　ボラシによる人間的探究アプローチ　83

（1）人間的探究アプローチの背景　83

（2）教授実験の概要　84

第 **3** 項　「数学的探究」の概念規定　94

（1）不確かさや葛藤などの疑念の解消　94

（2）既知の事柄の整理，未知の事柄の創造　96

（3）組織立てられた知識の全体への関連づけ　97

（4）「数学的探究」の概念規定　98

第 **2** 節　「定義活動」の概念規定　100

第 **1** 項　定義活動の構成要素　100

（1）対象，定義，例　100

（2）数学的定義の要件　102

第 **2** 項　「定義活動」の概念規定　104

（1）対象の定義の暫定的な構成　104

（2）数学的定義の要件に基づいた洗練　105

（3）目的の達成，他者との相互作用　106

（4）「定義活動」の概念規定　108

iv　目　次

第3節　数学的探究における定義活動の類型　110

第1項　事柄の証明と論駁における定義活動　110

（1）数学的探究としての証明と論駁　110

（2）事柄の証明と論駁における定義活動の特徴　113

第2項　数学的概念の拡張における定義活動　113

（1）数学的探究としての拡張　113

（2）数学的概念の拡張における定義活動の特徴　115

第3項　局所的体系の構築における定義活動　116

（1）数学的探究としての体系の構築　116

（2）局所的体系の構築における定義活動の特徴　118

第4節　数学的探究における定義活動の教育的価値　120

第1項　数学における定義の役割を反映した数学学習の実現　120

第2項　絶対的・固定的な定義観の変容　121

第3項　批判的・反省的思考の育成　123

補節　証明と論駁を通した数学的知識の生成活動　125

第1項　問題の所在と本節の目的　125

第2項　数学的発見の論理　128

（1）基本情報の整理　128

（2）演繹主義的スタイルと発見法的スタイル　129

（3）数学的発見のパターン　130

第3項　証明と論駁を通した数学的知識の生成活動　132

（1）推測，証明，論駁　132

（2）推測の洗練　135

（3）証明生成定義の定式化　138

（4）証明と論駁を通した数学的知識の生成活動の諸相　140

第 3 章　数学的探究における定義活動の方法　143

第 1 節　数学的探究における定義活動の方法　144

第 1 項　目的による選択／命名　144

第 2 項　数学的定義への洗練　146

（1）階層性の構成　147

（2）的確性の追求　148

（3）最小性の追求　149

（4）整合性の確認　149

第 3 項　5 つの方法の位置づけ　151

第 2 節　方法の適用可能性の例証　153

第 1 項　たこ形と等脚台形　154

（1）たこ形に関する定義活動　156

（2）等脚台形に関する定義活動　157

（3）たこ形及び等脚台形の位置づけ　159

第 2 項　台形の双対　160

（1）定義する対象の特定　163

（2）楕円四角形に関する定義活動　163

（3）楕円四角形の位置づけ　166

第 3 項　数学的探究における定義活動の方法の意義　166

第 4 章　数学的探究における定義活動を促進するための課題設計　169

第 1 節　数学教育における課題設計に関する研究の方法論　170

第 1 項　特定の主題に関するデザイン研究　170

vi　目　次

（1）デザイン研究の特徴　170

（2）局所的理論としての課題設計原理　172

第 2 項　課題設計に関する研究の手続き　176

（1）本研究におけるデザイン研究の手続き　176

（2）課題設計のための視点の整理　179

第 2 節　事柄の証明と論駁における定義活動の促進　182

第 1 項　事柄の証明と論駁における定義活動を促進するための課題設計　182

（1）課題設計原理の設定　182

（2）課題の設計　184

第 2 項　授業Ⅰ：多角形の接着　192

（1）授業の実際：第 1 時　194

（2）授業の実際：第 2 時　198

第 3 項　授業の分析　201

（1）証明と論駁を通した数学的知識の生成活動の促進　201

（2）数学的探究における定義活動の方法の適用　209

（3）課題設計原理の精緻化　211

第 3 節　数学的概念の拡張における定義活動の促進　214

第 1 項　数学的概念の拡張における定義活動を促進するための課題設計　214

（1）課題設計原理の設定　214

（2）課題の設計　216

第 2 項　授業Ⅱ：四捨五入の拡張　222

（1）授業の実際：第 1 時　223

（2）授業の実際：第 2 時　227

第 3 項　授業の分析　229

（1）拡張による定義の再構成過程の促進　230

（2）数学的探究における定義活動の方法の適用　235

（3）課題設計原理の精緻化　239

補　節　局所的体系の構築における定義活動の促進　241

第 **1** 項　課題設計原理の設定　241

第 **2** 項　課題の設計　243

終　章　本研究の結論・意義・課題　247

第 **1** 節　本研究の結論　248

第 **2** 節　研究の意義　256

第 **3** 節　今後の課題　258

引用・参考文献　260

資料　272

資料 1：授業Ⅰの学習指導案・ワークシート　273

資料 2：授業Ⅰのトランスクリプト・板書　281

資料 3：授業Ⅱの学習指導案・ワークシート　290

資料 4：授業Ⅱのトランスクリプト・板書　295

謝辞　305

序　章
本研究の目的・課題・方法

第 **1** 節
問題の所在と研究目的

第 **2** 節
研究課題と研究方法

本書は，筆者が2023年 2 月に筑波大学から博士（教育学）を授与された際の博士学位申請論文「数学的探究における定義活動の促進に関する研究：課題設計原理の生成に焦点を当てて」に対して，その後の研究成果を追加したうえで全体を加筆修正して刊行するものである。刊行にあたっては，筆者の算数・数学教育に対する問題意識を端的に表すことを意図して，書籍の題目を『算数・数学教育における定義指導の改善』とした。
なお，本書では，「本研究」あるいは「本論文」という表記がたびたび用いられるが，博士学位申請論文を基にしており学術研究としての側面をもつことから，この点についての表記の修正は行わなかった。

本研究の目的は，数学的探究における定義活動を促進するための課題設計原理を明らかにすることである。序章では，筆者の問題意識を述べたうえで，研究上の問題の所在を指摘し，本研究の目的・課題・方法を導出する。

第1節
問題の所在と研究目的

　本節では，本研究の目的を導出する。第1項では，いち教育者・研究者の立場から数学教育に対する問題意識を述べ，数学教育研究として定義の問題を扱う必要性を説明する。第2項では，学術研究の立場から先行研究を批評し，研究目的を導出する。

第1項　問題意識と研究の背景

　筆者は，数学教育研究を志すようになって以来，「なぜ数学を教えるのか」という問いを抱き続けている。この問いに対する答えを求めて，卒業論文では，数学教育目的論の勉強を通して，「数学教育の目的は，数学を通した人間形成にある」と結論づけた（村田，2014）。続いて，数学を通した人間形成を具体化するために，修士論文では，学校数学の教科内容の分析を通して，「数学を通した人間形成とは，『考えることの教育』であり，それはメタ数学的内容の指導によって実現される」と結論づけた（村田，2017）。まず，「考えることの教育」（和田，1977）とは，安易な成功に挺身せず忍耐強く努力し続ける人間を育てることである。筆者は，これを数学という教科を通して実現したい。次に，メタ数学的内容とは，個々の数学的内容を超えた，数学についての内容である（Pimm, 1993）。例えば，「二等辺三角形とは，2つの辺が等しい三角形である」といった個々の定義や定理が数学的内容であるのに対して，「そもそも数学における定義や定理とはどういうものであるか」といった上位の内容がメタ数学的内容である。

　メタ数学的内容には，定義，定理，証明などが含まれる。これらは，学問としての数学，特に記述言語としての数学を特徴づけるものである。すなわち，定義，定理，証明は，学問としての数学の根幹をなすものであると同時に，数学語における語，文，文章にそれぞれ対応する（北原他，2008）。人間の思考において言語が重要な役割を果たすことをふまえるならば，数学的思考におい

て定義，定理，証明が重要な役割を果たすことは明白である。それゆえ，「考えることの教育」の実現において，メタ数学的内容に着目することには意義がある。一方で，定義，定理，証明等を含むメタ数学的内容の全体は，一介の大学院生の学位論文において扱いきれるものではない。したがって，学位論文では，メタ数学的内容の中でも，最も根源的なものである定義に焦点を当てることにした。

　我々は，数学に限らず生活の様々な場面において定義を用いている。一般的に定義は，次の2つの役割をもつ。第一に，用語の意味を規定することで，対象を区別する役割である。我々は，用語の意味を知ることなしに思考を進めることはできない。すなわち，対象を定義することによって，その定義に当てはまる例や当てはまらない例について，考えることができるようになる。第二に，用語の意味を共有することで，議論の基盤を構築する役割である。我々は，用語の意味を共有することなしに議論を進めることはできない。すなわち，定義することによって，主張に関する真偽を判断したり，説得的な論を構成したりすることができるようになる。

　以上の定義の役割をふまえると，学校教育において，定義の問題は，算数・数学科に限らず，全教科ひいては学校教育全体において扱われるべきものであるようにも思える。しかし，算数・数学科は，学問としての数学が有する抽象性・論理性・形式性に支えられているという特長をもつ。それゆえ，算数・数学科では，数の世界や図形の世界といった，よい意味で抽象化された世界で，思考や議論を行うことができる。言い換えると，算数・数学科は，他教科と比べると，抽象化・理想化された世界で，物事を考える教科であるがゆえに，人間の思考や議論における理想的様式の1つを提供してくれるのである。筆者は，この点にこそ，数学教育が果たすべき責務があると考えている。そして，算数・数学科における定義の学習指導は，児童生徒が将来，社会や倫理などに関する複雑な問題に直面した際にも，定義に基づいて論理的に思考したり議論したりしようとする人間の育成に寄与するものであると信じている[1]。

　以上の理由より，本研究では，数学教育研究として，学校教育における定義の問題を扱う。そのため，本研究における「定義」は，学問としての数学（すなわち学問数学）における定義，あるいは教科としての数学（すなわち学校数

学）における定義を指す。また，「数学における定義」といった際には，学問数学における定義と，学校数学における定義の両方を指す。以上の前提の下，次項では，学術研究の立場から本研究の目的を導出する。

第2項　問題の所在と研究目的

数学における定義は，対象を区別したり，議論の基盤を構築したりするだけでなく，問題を解決したり，推測を証明したり，性質群を組織化したりする際にも重要な役割を果たす。定義はあらかじめ定められている絶対的なもののように見えるが，本来定義は文脈や目的に応じて定められる相対的なものである。

日本の学校数学では，中学校第2学年において用語「定義」を学習する（文部科学省，2018a）。ここでは，同学年における証明の学習との関連で，証明の根拠として定義を用いることが意図されている。しかしながら，学校数学において，定義は，教科書において絶対的であるかのように決められていたり，教師から天下り的に提示されたりすることが多い。その結果として，多くの生徒が定義の意義を理解していないこと（中西・國宗他，1983）や，一定数の学生が定義を絶対的・固定的なものであると捉えていること（清水，2012）が報告されている。

この教育実践上の課題を解決するために，本研究では，生徒が自分自身で定義を構成，洗練する活動に注目する。なぜなら，生徒が，定義を構成して問題を解決したり，構成した定義を洗練したりすることを経験することによって，定義の意義や定義の相対性を実感しやすくなると考えるからである。実際，生徒による定義の構成活動の重要性は，次の2つの古典的研究によっても示されている。

Fawcett（1938）は，20世紀初頭の米国における中等教育の大衆化を受けて

1　ここでは，純粋形式陶冶に代表されるような「定義，定理，証明を学習すれば，論理的に思考する能力が育成され，それがどのような場面にも転移する」といった主張を意図していない。一方で，形式陶冶の全面的否定は，「ある教科の学習を通して得られたものは，その教科の中でしか転移しない」という結論を導き，教科教育の存在意義を否定することにもつながりかねない。筆者自身は，教科教育とは「範例」の教授・学習であり，その学習を通して得られた思考の方法あるいは思考の態度は転移し得るという教育思想（長谷川，1966；長谷川，1969）に賛同する。

の数学教育批判に応えるため，批判的・反省的思考の育成を目標に，証明にお
ける定義と前提の役割に注目した学習指導を行った。この学習指導では，数学
における相対的な真理観を学校数学に導入し，教科書や教師によって天下り的
に提示されがちな定義や前提を，生徒たちが自分自身で構成し，洗練していく
活動が行われた。また，Freudenthal（1971;1973）は，定義はあらかじめ捉え
られるものではなく，組織化の最終的な仕上げとして得られるものであると
し，生徒たちが自分自身で定義を構成する活動の重要性を指摘した。この活動
を通して生徒たちは，定義自体を学習するだけでなく，定義することや定義と
は何かを学習するとされた。フォセットやフロイデンタールの研究は，日本に
おける定義の構成活動に関する研究にも影響を与えている（礒田，1987；岡
崎，1999；清水，2000など）。

　近年の国際的な研究の展開に目を向けると，1990年代頃から，結果としての
定義（definition）だけでなく，定義の構成過程に関わる多様な営みである定
義活動（defining）に焦点を当てた研究が展開されるようになってきてい
る[2]。先行研究では，学習者が定義を構成，改訂する多様な過程を捉えようと
いう共通の認識の下，特に中等・高等教育段階を対象として，様々な研究が行
われてきた。

　表題に「定義活動（defining）」という語を掲げた最初の論文である Mariotti
& Fischbein（1997）では，生徒のもつ幾何学的概念における図形的な側面と
概念的な側面を仲立ちするためには，生徒が定義活動に取り組むことが重要で
あると指摘された。この研究において定義活動は，どちらかというと概念形成
のための手段として位置づけられている。その後，Ouvrier-Buffet（2006）で

2　この背景には，関連研究領域である証明研究において「証明活動（proving）」という着想が導入
　されたことが1つの要因としてあるとみられる。すなわち，当時の証明研究では，論理や形式に
　偏重した証明指導を改善するために，生成される結果である「証明（proof）」ではなく，証明を
　生成することに関わる多様な過程である「証明活動（proving）」に焦点を当てることが提唱され
　（Balacheff, 1988），国際ハンドブックにおいても「証明と証明活動（proof and proving）」
　（Hanna & Jahnke, 1996）のように両者が併記されるようになったことである（辻山，2018）。
　　辻山（2018）は，証明研究において，証明することに関わる多様な営みを指す概念である
　proving に対して「証明活動」という訳を当てている。これは，証明を生成することに加えて，
　証明を検討したり，前提に探りを入れたり，証明を基に新たな事柄を探究したりするといった，
　活動としての側面を強調するためである。これを参考にして本研究では，主体が定義を能動的に
　構成したり洗練したりする活動的な側面を強調するために，defining の訳語として「定義活動」
　を採用する。

6　序　章　本研究の目的・課題・方法

は，定義活動と概念形成との関係性は十分に解明されておらず，両者の互恵的関係を構築することが重要であると指摘された。この研究において定義活動は，概念形成と相補的なものとして位置づけられている。

　一方で，最近の研究において定義活動は，数学的活動[3]の１つであると明確に位置づけられるようになり，その過程を詳細に捉えようとすることが行われている。具体的には，非形式的な推論から形式的な推論への移行（Zandieh & Rasmussen, 2010），教室における定義活動の諸側面（Kobiela & Lehrer, 2015）といった様々な観点から，定義活動を捉えるための枠組みが構築されている。さらに，定義活動と他の諸活動との関係を分析（Alcock & Simpson, 2017；Fujita et al., 2019）することも行われている。以上のように，初期の研究において定義活動は，概念形成のための手段として位置づけられていたものの，最近の研究においては，数学的活動の１つとして位置づけられるようになってきている。

　以上の先行研究では，定義活動に焦点が当てられているがゆえか，何かをするために定義するのではなく，定義すること自体が目的となっていることが多い。例えば，Kobiela & Lehrer（2015）では，授業において教師が突然「多角形とは何か」と尋ねることから定義活動が始まっている。その結果として，生徒たちは，自分たちで定義を構成したり，定義に当てはまらない例を提示したり，定義を改訂したりすることに取り組んでいたものの，生徒たちがどのような文脈において何を目的として活動していたかは不問にされている。言い換えると，「どのような目的を達成するために，定義を構成するのか」「定義を構成することによって，その目的がどのように達成されたのか」といった視点からの考察が十分にされていない。したがって，先行研究の課題として，定義活動の文脈や目的が明らかではないことが指摘できる。

3　これらの先行研究（Zandieh & Rasmussen, 2010; Kobiela & Lehrer, 2015）において定義活動は，数学的活動（mathematical activity）あるいは数学的実践（mathematical practice）の１つとして明確に位置づけられているものの，数学的活動や数学的実践が何であるかは詳しく示されていない。その際に，これらの研究では，特定の数学的概念の獲得が目標とされていないことから，学習者が自分自身で定義を構成，改訂することの経験が目標であるという意味で，数学的活動とされていると考えられる。
　なお，ここでいう「数学的活動」とは，平成29年告示の学習指導要領における数学的活動，すなわち「事象を数理的に捉え，数学の問題を見いだし，問題を自立的，協働的に解決する過程を遂行すること」（文部科学省，2018b，p. 23）と，同一ではないことを付記しておく。

この学術研究上の課題を解決するにあたっては，定義活動を単に数学的活動の1つとして位置づけるだけでは不十分である。それゆえ，本研究では，定義活動の前提となる文脈として，数学的探究（mathematical inquiry）を位置づける。つまり，生徒による実現を期待する活動として，数学的探究における定義活動を設定する。これにより，定義のための定義ではなく，探究のための定義であることが顕在化される。また探究とは，連続的な問題解決であることをふまえるならば，「どのような問題を解決するために，定義を構成するのか」「定義を構成することによって，その問題がどのように解決されたのか」といった視点からの考察が可能になる。そして，数学的探究における定義活動に取り組むことで，生徒たちは，定義の意義や定義の相対性を実感しやすくなると考える。

この着想を研究として具現化するために，本研究では，特定の主題に関するデザイン研究（topic-specific design research）の方法論（Gravemeijer & Prediger, 2019）を採用する。デザイン研究とは，教室における学習指導の改善（教育実践上の課題の解決）と学習に関わる理論の生成（学術研究上の課題の解決）という二重の目的を達成するための方法論である。デザイン研究は，一般教育学においても採用されている方法論であるが，その場合に生成される理論は，教科の内容・活動の固有性が考慮されない大略的なものとなる。これに対して本研究は，数学という教科の固有性をふまえたうえで，数学的探究における定義活動という特定の活動に関する学習指導の改善と理論の生成を目指す。

デザイン研究の成果をまとめる際の形式の1つとして，設計原理（design principle）がある（Bakker, 2018；Prediger, 2019）。設計原理には，教科内容に関する課題，教師による指導的介入，教室における文化など，学習指導に関わる様々な要素が含まれる。本研究では，これらの中でも特に，数学に関する問題及び問題系列である課題（task）に焦点を当てて，設計原理を明らかにする（小松，2023）。つまり，本研究における設計原理は，課題の構成を中心とした課題設計原理（task design principle）であり，教師による介入や教室の環境などは，周辺的なものとして位置づける。

数学的探究における定義活動は，これまで論じてきたように，数学的にも教

育的にも価値のある活動である。一方で，生徒が自分自身で定義を構成する活動である以上，その実現は容易ではないと推察される。それゆえ，活動の実現を目指すためには，生徒が活動に取り組めるような課題を設計すること，及びその課題のあり方である課題設計原理を明らかにすることが必要である。そして，数学的探究における定義活動を促進するための課題設計原理が明らかになれば，今後さらなる課題を設計したり，教師による指導的介入を考察したりする際に，理論的・実践的に役立つことが期待される。

　以上の背景より，本研究では，数学的探究における定義活動を促進するための課題設計原理を明らかにすることを目的とする。

第 2 節　研究課題と研究方法　9

第 2 節
研究課題と研究方法

　本節では，前節で導出した研究目的を達成するための研究課題と研究方法を述べる。そのうえで，研究課題を遂行するにあたっての，本論文の構成を説明する。

第 1 項　研究課題の設定とその意義

　本研究の目的は，数学的探究における定義活動を促進するための課題設計原理を明らかにすることである。この目的を達成するために，以下の 2 つの研究課題を設定する。

　第一に，数学的探究における定義活動の方法を明らかにすること（研究課題1）である。ここでいう「数学的探究における定義活動の方法」とは，「数学的探究において定義活動をどのように行うべきか」を指す。先行研究において，「定義活動（defining）」という語は，無規定のまま使用されたり，簡単に規定されたり，直接的規定を避けられたりしている。その理由は，先行研究における関心が，学習者による定義活動を実証的に分析することを通して，「定義活動はどのように行われるか」という記述的な側面を明らかにすることにあったからだと思われる。これに対して本研究は，定義活動のあるべき姿として，数学的探究における定義活動を提案する。そのためには，「数学的探究」と「定義活動」という 2 つの鍵概念を規定したうえで，両者を理論的に考察することを通して，「数学的探究において定義活動をどのように行うべきか」という，定義活動の規範的な側面を明らかにすることが必要である。

　研究課題 1 の解決によって，生徒による実現を期待する活動が具体的に解明される。また，期待する活動が解明されることによって，その活動の教育的価値を考察することが可能となる。これらは，学習者による定義活動の実際を解明しようとする先行研究では，得られてこなかった規範的側面を含む理論である。この規範的側面を含む理論は，生徒たちが数学的探究における定義活動に

取り組めるような課題を設計する際の基盤となる。

　第二に，数学的探究における定義活動を促進するための局所的な課題設計原理を明らかにすること（研究課題2）である。ここでいう「局所的な課題設計原理」とは，本研究が数学的探究における定義活動の類型として焦点を当てる，特定の活動に関する課題設計原理を意味する。先行研究において，学習者が取り組む課題は，何かをするために定義するのではなく，定義すること自体が目的となっていることが多い。その理由は，先行研究における関心が，学習者が定義を構成，改訂する多様な過程を，科学的に理解することにあったからだと思われる。実際，定義活動に対して，探究のような文脈を取り入れると，学習者が定義活動まで至らないことも想定される。これに対して本研究では，生徒たちが必要感をもって定義活動に取り組めるような課題のあり方を理論的・実践的に明らかにしようとする。そのためには，研究課題1の解決によって得られた数学的探究における定義活動の方法に基づいて，数学的探究における定義活動の各類型に関する課題設計原理を暫定的に設定したうえで，原理に基づく課題の設計と課題の効果の検証を通して，設定した課題設計原理を精緻化していくことが必要である。

　研究課題2の解決によって，数学的探究における定義活動の各類型に関する課題設計原理が解明される。そして，これらの局所的原理を総合的に考察することで，数学的探究における定義活動を促進するための大局的原理が得られる。課題設計原理は，活動を促進するための課題のあり方を提示する，予見的側面を含む理論である。この予見的側面を含む理論は，同様の目標を達成するための新しい課題を設計したり，当該の教室や生徒の状況に応じて課題を微修正したりする際に，理論的・実践的に役立つことが期待される。

　以上の研究課題の解決によって，本研究の目的である，数学的探究における定義活動を促進するための課題設計原理を明らかにすることが達成される。

第2項　研究方法

　本研究は，特定の主題に関するデザイン研究（topic-specific design research）の方法論（Gravemeijer & Prediger, 2019）に基づいて行われる。

研究課題1は，文献解釈と概念分析による理論的考察によって解決を試みる。まず，本研究の鍵概念である「数学的探究」と「定義活動」を規定したうえで，本研究が対象とする「数学的探究における定義活動」の意味を明らかにする。具体的には，ボラシ（Borasi, 1992）による人間的探究アプローチに基づいて「数学的探究」を，定義活動に関する先行研究（Zandieh & Rasmussen, 2010; Kobiela & Lehrer, 2015）と数学的定義の要件に関する研究（Borasi, 1986; Borasi, 1992; van Dormolen & Zaslavsky, 2003）の批判的考察を通して「定義活動」を規定したうえで，本研究が対象とする数学的探究における定義活動の類型を示す。次に，数学的探究において定義活動をどのように行うべきかを理論的に考察することで，数学的探究における定義活動の方法を特定する。具体的には，数学的探究の目的に応じた定義の構成と，暫定的に構成した定義の数学的定義への洗練という2つの観点から，数学的探究における定義活動の方法を導出する。そして，筆者自身による仮想的な数学的探究の過程を教材研究として示すことで，特定した方法が適用可能であることを例証する。

研究課題2は，課題設計と研究授業による実践的考察によって解決を試みる。まず，デザイン研究の方法論（Cobb et al., 2017; Bakker, 2018; Gravemeijer & Prediger, 2019）を参考にすることで，課題設計に焦点を当てたデザイン研究の手続きを明確にする。次に，研究課題1の解決によって得られた数学的探究における定義活動の方法と，数学的探究における定義活動の類型に基づいて，事柄の証明と論駁における定義活動，及び数学的概念の拡張における定義活動を促進するための課題設計原理の設定及び課題の設計を行う。そして，中学校教員の協力を得ながら，設計した課題を用いて中学生を対象とした研究授業を実施し，研究授業の結果を質的に分析することで，設計した課題の効果を検証し，設定した課題設計原理を精緻化する。

第3項　本論文の構成

本論文は，4つの章から構成される。端的にいえば，第1章から第3章が「数学的探究における定義活動の方法を明らかにすること」（研究課題1）を解

決するための理論編であり，第4章が「数学的探究における定義活動を促進するための局所的な課題設計原理を明らかにすること」（研究課題2）を解決するための実践編である。

第1章では，研究課題1に取り組むことの必要性を指摘する。まず，数学教育目的論の根源的反省を通して，定義の構成過程に着目することの意義を確認する。次に，哲学における定義の捉え方から，学校数学における定義の位置づけを明らかにし，定義に関する教育実践上の課題を指摘する。そして，先行研究の批評を通して，定義活動に関する研究の学術研究上の課題を指摘し，本研究の着想を示す。

第2章では，研究課題1を解決するために，数学的探究における定義活動の意義を指摘する。まず，本研究の鍵概念である「数学的探究」及び「定義活動」を規定する。次に，本研究が特に焦点を当てる数学的探究における定義活動の3つの類型を示す。そして，数学的探究における定義活動の教育的価値を考察する。

第3章では，研究課題1を解決する。まず，理論的考察を通して数学的探究における定義活動の方法を特定する。そして，局所的体系の構築における定義活動を事例とした教材研究によって，特定した方法が適用可能であることを例証する。

第4章では，研究課題2を解決する。まず，本研究におけるデザイン研究の手続きを課題設計に焦点を当てて明確にする。次に，事柄の証明と論駁における定義活動と，数学的概念の拡張における定義活動を促進するための課題設計原理を暫定的に設定し，それぞれの課題設計原理に基づいて課題を設計する。そして，中学生を対象とした研究授業を通して，設計した課題の効果を検証し，設定した課題設計原理を精緻化する。最後に，局所的体系の構築における定義活動を促進するための課題設計原理を暫定的に設定する。

終章では，研究課題1及び研究課題2の達成によって得られた，3つの局所的原理を総合的に考察することで，本研究の結論である，数学的探究における定義活動を促進するための大局的原理を導出する。以上の本論文の構成は，図0-1のとおりに表せる。

最後に，予備概念の整理として，本研究における課題と教材の違いを明確に

しておく（小松，2023）。

「教材（teaching material）」とは，一般的に「ある教育目標を達成するために計画された題材」とされる。例えば，数学教育において，平行四辺形の性質を理解するという目標を達成するために，×の字に貼られた2つのマスキングテープの重なった部分にできる図形を考察することがある。このとき，マスキングテープは，平行四辺形の性質を理解するための教材である。一方で，マスキングテープ自体は単なる素材であるため，教育目標とは無関係に，何らかの物を貼るために使用するのであれば教材ではない。

「課題（task）」とは，「ある教育目標を達成するために計画された問題及び問題系列」である。例えば，上のマスキングテープの事例において，「2つのマスキングテープの重なった部分にできる図形はどのような四角形だろうか」「2つのマスキングテープの幅が同じときにできる図形はどのように変わるだろうか」といった，数学に関する問題に取り組むことがある。これらの問題系列は，平行四辺形の性質に加えて，ひし形，長方形，正方形といった特別な四角形の性質，及びそれらの四角形同士の関係を理解するという目標を達成するためのものである。これらの問題は，記述された文章の形式で示される場合もあれば，教師による発問の形式で示される場合もあるが，本研究ではどちらも課題であると捉える。このように本研究では，教材の中でも問題として定式化されたものを課題として捉える。それゆえ，課題は教材の部分であり，教材の中でも特に問題及び問題系列に焦点化したものであるとする。同様に，課題設計は教材開発の部分であり，教材開発の中でも特に問題及び問題系列の定式化に焦点化したものであるとする。

14　序　章　本研究の目的・課題・方法

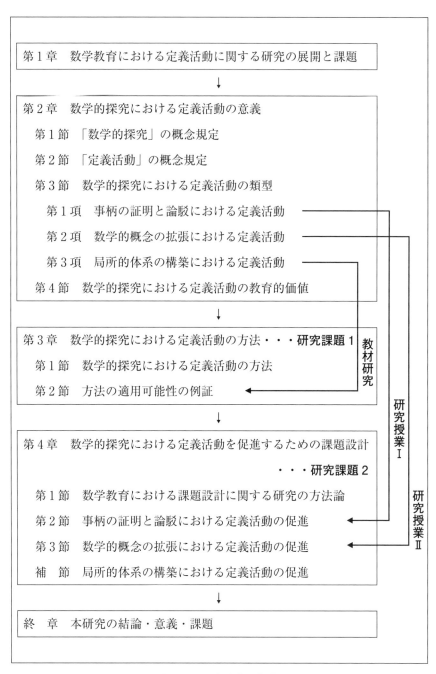

図0-1：本論文の構成

第 **1** 章
数学教育における定義活動に関する研究の展開と課題

第 **1** 節
定義の構成過程に着目する目的論的背景

第 **2** 節
哲学における定義と学校数学におけるその位置づけ

第 **3** 節
定義活動に関する研究の課題の特定：スコーピングレビュー

第 **4** 節
定義活動に関する研究の課題の検証：システマティックレビュー

第1章では，「数学的探究における定義活動の方法を明らかにすること」（研究課題1）に取り組むことの必要性を指摘する。そのために，定義の構成過程に着目する目的論的背景を確認したうえで，数学教育における定義活動に関する研究を批評し，定義活動の前提となる文脈として，数学的探究を位置づけることの必要性を指摘する。

第 1 節
定義の構成過程に着目する
目的論的背景

　一般的に「数学教育とは，数学の教育ではなく，数学を通した人間形成である」「数学教育の目的は，知識の獲得にあるのではなく，思考の育成にある」といわれる。大抵の数学教育研究は，明示の程度に差はあれども，これらの言説を前提として進められていると推察する。しかしながら，人間学群教育学類で育った筆者は，その教育組織の特性上，教育学の1つとしての数学教育学を考えざるを得ない状況に直面した。つまり，人間形成や思考の育成を実現するために，「なぜ数学でなければならないか」の考察である。それゆえ，「数学は本当に人間形成に資するのか」「数学は本当に思考の育成に資するのか」といった問いは，避けて通れないものとなった。本節では，これらの問いに対する筆者なりの答えを得るために，数学教育目的論の根源的反省を行う。そして，数学を通した人間形成及び思考の育成を実現するための着眼点の1つとして，定義の構成過程に着目することの意義を確認する。

第1項　数学教育目的論の根源的反省

（1）数学教育の目的を捉えるための3つの観点とその背景

　日本における数学教育の目的は，実用的，陶冶的，文化的という3つの観点から捉えられる（中原，1995；長崎，2010など）。実用的目的とは，「数学やその他の社会・文化的な活動に必要な算数・数学の知識や能力などを身につけさせようとするもの」であり，陶冶的目的とは，「数学の本質や方法や特徴，算数・数学教育の特徴などに関わる，思考力，表現力，判断力，態度，価値観などを育成しようとするもの」であり，文化的目的とは，「数学の偉大さ，有用性，審美性などを感得させようとするもの」である（長崎，2010，p. 25）。これらの観点は，近年では，『高等学校学習指導要領（平成30年告示）解説 数学編 理数編』（文部科学省，2019）といった政策文書にも示されるようになって

いる。

　一方で，数学教育の歴史を遡ると，これらの観点は，20世紀初頭の米国における数学教育目的論に既にみることができる（小倉・鍋島，1957）。具体的には，米国数学協会（The Mathematical Association of America）によって組織された数学諸規定国家委員会（NCMR: National Committee on Mathematical Requirements）による『中等教育における数学の再編成（*The reorganization of mathematics in secondary education*)』（NCMR, 1923）という報告書である。当時の米国では，中等教育の大衆化に伴い，高等教育への進学を前提とした従来の数学教育に対して，その意義が問われていた。このような時代において，中等教育における数学の指導内容を再編成し，その目的と指導原理をまとめたものが，上の報告書である。この報告書は，『1923年レポート』と呼ばれており，当時の米国の数学教育界に対して，大きな影響を与えたとされている（Bidwell & Clason, 1970）。

　NCMRの報告書では，数学教育の目的を分類するための観点として，実用的目的（practical aims），陶冶的目的（disciplinary aims），文化的目的（cultural aims）の3つが挙げられている。また，これらは便宜上設定されたものであり，互いに排反ではなく相互に関連し合うものであるとされている。そのうえで，報告書では，数学教育の目的が，次のとおりにまとめられている。

　　　数学指導の主要な目的は，我々を取り巻く環境に対する洞察や統制のために，様々な側面における文明の進展の理解のために，そして個人の生活において有効であろう思考や行為の習慣の育成のために，必要不可欠な量と空間の関係を分析して理解する力を育成することである。
　　　　　　　　　　　　　　　　　（NCMR, 1923, pp. 10-11. 斜体は原文）

　この記述では，「我々を取り巻く環境に対する洞察や統制」が実用的目的に，「様々な側面における文明の進展の理解」が文化的目的に，「個人の生活において有効であろう思考や行為の習慣の育成」が陶冶的目的に，それぞれ対応しているとみられる。

18　第1章　数学教育における定義活動に関する研究の展開と課題

　これら3つの観点は相互に関連しているという前提の下，筆者は，数学教育の目的を，陶冶的目的を中心に据えて考えたい。その理由は，数学教育の目的を，実用的目的は物や技術との関連で，文化的目的は教養や芸術との関連で捉えようとするのに対し，陶冶的目的は人間の思考や態度との関連で捉えようとするからである。一般的に，「数学は思考の育成に適した教科である」といわれており，筆者自身もこの主張に賛同する。その際には，「なぜ数学は思考の育成に適しているのか」を説明する必要がある。

（2）『初等・中等学校における数学の指導』にみる数学の陶冶的価値

　上の問いに対する説明を得るために，ヤング[1]（J. W. A. Young）の主著である『初等・中等学校における数学の指導（*The teaching of mathematics in the elementary and the secondary school*)』（Young, 1906/2015）を取り上げる[2]。その理由は，この書籍では，いわゆる普通教育としての数学教育の目的，特に思考の育成の意義が，詳細に論じられているからである。（1）で示したように，20世紀初頭の米国では，中等教育の大衆化により，特定の生徒だけではない，すべての生徒にとっての数学教育の目的が問われていた。中等教育の大衆化の背景には，社会の発展がある。つまり，社会が豊かになると，「生きていくためには働かなければならない」「学びたくても学ぶことができない」といった状況は少なくなり，より多くの子どもが教育を受けられるようになる。一方で，豊かな社会においては，「こんなことを学ばなくとも生きていける」「なぜこんなことを学ばなければならないのか」といった，教科の価値を問う余裕が生まれる。したがって，豊かな社会においてこそ，「なぜその教科を教える必要があるのか」という教科教育の目的が問われる。教科教育研究は，この問いに対して真剣に向き合い，答える必要がある。

　このような状況は，現代の日本社会にも当てはまると考えられる。すなわち，高度経済成長を経て，高等学校の進学率が98％を超えている今日では，生徒たちが数学を学ぶ機会は十分に保障されているといえる。しかしながら，生

　1　ヤング（1865-1948）は，1892年にクラーク大学において，群論に関する研究で数学の博士号を取得した。その後はシカゴ大学へ着任し，数学教育学（the pedagogy of mathematics）の教授となった。ヤングは，当時の米国において，数学教育学という専門研究領域の確立に関わった重要人物であったとされている（NCTM, 1970）。

　2　ヤングによる著書は，日本における数学教育目的論に関する文献においても，しばしば引用・参照されている（杉山，1990；清水，1997など）。

徒たちの中には，「なぜ数学を学ばなければならないのか」という問いを抱いている者もいるであろう。このことに関してヤングは，正直な子どもは，数学の目的と価値について疑念を抱いており，もし望むのであれば，その疑念に対しての説明を受ける資格があるということを指摘している。そして，ヤングは，この疑念に対する答えを得るために，数学指導の目的と価値を詳細に論じたのである。したがって，ヤングによる著書は，現在から100年以上の前のものであるものの，今日の日本における数学教育の目的を考察する際にも示唆的である。

『初等・中等学校における数学の指導』では，数学教育の目的論，内容論，方法論が論じられており，目的論については「初等・中等学校において数学を勉強することの目的と価値（The purpose and value of the study of mathematics in primary and secondary schools）」という章において論じられている。以下では，その内容を概説する。

ヤングによれば，学校教育の究極の目的は，「考えて実行する力（the power to think and to do）」の育成である。ヤングは，この究極の目的を達成するために，数学がどのように貢献できるのか考察した。そして，すべての子どもたちにとって，数学を学ぶ理由を最も強力に正当化するものは，「思考の様式としての数学（mathematics as a mode of thought）」であるとした。ヤングは，次のとおりにいう。

> 数学の教科内容自体よりも，さらに重要なことは，数学がすべての人にとって極めて重要な，最も典型的で，明確で，簡潔な，一定の思考の様式を例示しているという事実である。　（Young, 1906/2015, p. 17）

ヤングは，そのような思考の様式として，「状況を把握すること（grasping a situation）」と「結論を導くこと（drawing conclusions）」の2つを挙げた。「状況を把握すること」とは，物事の状態を正確に捉えることである。ここで捉えた物事は，推論をする際の前提となる。すなわち，その前提から推論することによって，何らかの主張を得ることができる。これが「結論を導くこと」である。したがって，状況を把握して結論を導くことは，人間が誰でも行う基

本的な思考であるといえる。ヤングは，このような思考の練習のために，数学は役立つと主張した。その主たる理由は，数学では，把握の対象となる状況を，単純なものから複雑なものまで自由に調節できるからである。ヤングは，次のとおりにいう。

> 数学に関する事実は，数が少なく複雑でないため，特に練習を始めるのに適している。数学を提示する状況は，最初のうちは非常に単純なものにすることができる。それゆえ，子どもと教師は，子どもがその状況を本当に把握したのかどうかを知ることが可能である。さらに，子どもの能力が発達していくにつれて，状況をより複雑にしていくことができる。
> （Young, 1906/2015, pp. 17-18, 斜体は原文）

　ヤングによれば，状況の抽象度を調節することは，推論の前提における条件を調節することでもある。あらゆる推論において，結論は前提とする条件に依存する。そのため，数学では，得られる結論も，単純なものから複雑なものまで自由に調節できる。これをふまえてヤングは，数学における推論の特性として，確実性，単純性，応用可能性の3つを挙げた。ヤングによれば，これらのうち最も厳しく問われてきたのは，応用可能性である。その主たる批判は，「数学における推論は，現実における推論と異なるため，応用することはできない」というものである。しかしながら，ヤングはそうではないと主張した。具体的に，数学と現実とでは，推論が異なるのではなく，推論の前提となる条件が異なるだけであり，推論の構造は同様であると指摘した。現実では，前提における条件の数が複数であったり，それらの関係が複雑であったりする。それゆえ，現実における推論は困難であり，結論も確実でなかったり単純でなかったりする。そうだとしても，状況を把握して結論を導くという推論の構造自体は数学と同様である。その際に，数学では前提における条件を単純なものから複雑なものまで自由に調節できる。したがって，「数学的推論は，単純で確実であるため，人間の生活における不確定な推論を構成するための最初の訓練によく適している」（Young, 1906/2015, p. 27）のである。

　以上の議論をふまえてヤングは，数学における推論は応用可能であると主張

し，教科としての数学に固有な価値を，次のとおりに結論づけた。

> これらの技能への最初の導入として数学に固有な価値は，確実性，単
> 純性，推論の可変性にある。数学学習によって獲得される技能は，数
> 学の領域を超えて使うことのできるものであり，数学における推論の
> 形式は，他のあらゆる推論がそれに向けて努力すべき，理想的なもの
> である。一方で，単純性や狭い範囲での数学的推論のおかげで，数学
> は，必要不可欠な練習の出発点にもなり得るのである。

（Young, 1906/2015, p. 46）

　以上のように，数学的推論は，人間の思考における理想的な様式を提供して
くれる。そして，数学では状況の抽象度を調節できるため，そのような様式を
身につけるための練習を行うことができる。このような意味において，数学は
思考の育成に適している。したがって，ヤングによる「思考の様式としての数
学」は，数学を通した人間形成という数学の陶冶的価値を示している。これ
は，「なぜ数学は思考の育成に適しているのか」という問いに対する答えの1
つを示してくれるものである。

（3）教育学・心理学における形式陶冶を巡る諸議論

　ヤングによる主張は，数学における推論は現実における推論にも応用可能で
あるというものであった。筆者自身はこの主張に賛同したいと考える。しかし
ながら，数学を通して育成された思考は，本当に他の場面においても発揮され
るといってよいのだろうか。

　この問題は，教育学の文脈では，形式陶冶における転移（transfer）に関す
る問題に相当する。実際，ヤングが活躍した20世紀初頭は，心理学の研究成果
によって形式陶冶に対する批判が高まった時期でもある。それゆえ，ヤングに
よる主張を受け入れる前に，教育学及び心理学における形式陶冶に関する言説
を検討する必要がある。

　『新教育学大事典』によれば，「形式陶冶[3]（formale Bildung）」とは「一定
の教材の学習を通して，いわばそれを手段としての形式的・一般的諸能力（記
憶力，推理力，思考力）の育成や練磨を主目的とする」ものであり，対概念で

ある「実質陶冶（materiale Bildung）」とは「教材の実質的・内容的価値に着目して，具体的・個別的な知識や技能それ自体の習得を主目的とする」ものである（小笠原，1990，p. 15）。この区分の背景には，古典や数学といった，直接的に役立たないとされる教科の価値を，どのように説明するのかという問題がある。すなわち，これらの教科に対しては，その内容（＝実質）ではなく，その容れ物（＝形式）を獲得することが重要だと説明するのである。したがって，数学の陶冶的価値は，その内容にあるのではなく，それを通して獲得される思考力にあるとされる。特に数学は論理的な学問であるため，ユークリッドの『原論』に代表されるような抽象的で演繹的な体系の学習を通して，論理的思考力を育成することが目指されるのである。このような，形式陶冶の庇護による数学の特権的な位置づけは，少数精鋭のための中等教育という考えとも相まって，19世紀の学校教育において支配的であった。

　形式陶冶では，ある題材を通して一定の能力（faculty）が育成されれば，全体としての能力も育成され，それは他のどのような場面においても発揮されると主張される。これが形式陶冶における転移である。この主張は，人間の精神は一定数の能力からなり，それらが全体としての能力を構成するという能力心理学の前提によって支えられてきた。しかし，20世紀になると，この能力心理学の前提に対する疑念が高まるようになった。ソーンダイク（E. L. Thorndike）たちは，様々な題材を用いた実験を通して，転移の可能性はある課題と他の課題との間における同一の要素の数によって決まること，及び従来の形式陶冶で主張されてきた幅広い転移は得られないことを明らかにした（Thorndike & Woodworth, 1901）。この研究によって，これまで信じられてきた幅広い転移の根拠は脆弱であることが明らかにされ，形式陶冶に対する批判が強まることとなった。さらに，学校教育において一定の位置を占めていた数学という教科に対しても，中等教育の大衆化とも相まって，その価値が疑われるようになった。

　3　「陶冶」の原語である "Bildung" は，元々は人間が自然との相互作用を通して，人間と自然とが力動的に変容していく過程を指す概念であったが，日本の教育学では，学力形成としての「知育」の意味で用いられるようになっている（山名，2015）。確かに，「形式陶冶」及び「実質陶冶」という際には，教科という陶冶材を通した学力形成（知識，思考力など）を指すことが多いように思われる。一方で，「陶冶」の本義に立ち返るならば，教科を通した人間形成までも見据える必要がある。

ソーンダイクたちによる実験は，実験室という特殊な環境において実施されたものであるため，この研究によって形式陶冶における転移が全面的に否定されたと捉えることは適切ではない。また，心理学における研究成果を，教育学における目的論に即座に結び付けることには，検討が必要である。実際，転移可能性を全面的に否定することは，教科教育の存在意義を否定することにつながりかねない。

一方で，ソーンダイクたちによる研究が「数学を教えれば，論理的思考力が育成される」という安直な目的論に対して再考を迫ったことは重要である。すなわち，数学が論理的な学問であることは事実であるが，数学教師たちがその特長に甘えている限り，本来の教育的価値は達成されないのである。これは言い換えると，数学の教育的価値を問い続けながら，どのような数学をどのように教えるのかについて考究したり，数学指導において何が起こっているのかを解明したり，世の中に存在している数学の性格を理解したりする多様な営みである数学教育研究が必要であることを意味する。実際，ヤングは，数学の本来の教育的価値を達成するためには，数学教育学（the pedagogy of mathematics）が必要であることを指摘した（Young, 1906/2015）。このように，20世紀初頭の米国において数学の教育的価値が問われたことと，数学教育学という専門研究領域が生まれたことは，無関係ではない。現代において数学教育学という研究領域の存在は当たり前とみなされているかもしれないが，その起源に立ち返り，数学教育の目的を改めて反省することは大切である。

筆者自身，数学教育の中心的な目的は形式陶冶にあると考える。ヤングがいうように，数学は生徒の思考の育成に適しており，育成された思考は，他の場面にも転移する可能性をもっている。ソーンダイク以前の形式陶冶のような，幅広い転移は起こらないとしても，教科を通して育成された思考には，一定の転移可能性があるはずである。これに関して，長谷川（1969）は，具体的でありながらも一般性を有する例である「範例」の教授・学習によって得られた思考の方法あるいは思考の態度は，他の場面にも転移し得ると主張した。筆者は，この主張に賛同する。つまり，適切な内容を適切な方法で教えることによって，他の場面にも転移する思考の方法や態度を育成すること，そして複雑な問題に直面した際にも論理的に思考しようとする人間を育てることは，可能

24 　第 1 章　数学教育における定義活動に関する研究の展開と課題

であると考える。

　しかしながら，ここでいう「適切な内容」及び「適切な方法」とは，一体何なのだろうか。この問いに答えるためには，本項で示したような，理念的な抽象論に基づく検討だけでなく，具体的な内容論に基づいた検討が必要である。次項では，本項で示した数学教育目的論を，具体的な数学の内容に基づいて検討するために，生徒による定義の構成活動を扱った古典的研究を取り上げる。

第2項　批判的・反省的思考の育成における定義の役割

（1）20世紀初頭の米国における論証指導を巡る問題

　20世紀初頭の米国では，中等教育の大衆化とソーンダイクの同一要素説により，教科としての数学の存在意義が問われていた。その中でも特に批判の対象となったのが，論証幾何（demonstrative geometry）である。当時の後期中等教育では，論理的思考の育成という大義名分の下，ユークリッドの『原論』における定義，定理，証明を天下り的に提示するような指導が行われていた。しかし，形式陶冶に対する批判が強まるにつれて，多くの人々が普通教育における論証幾何の教育的価値に対して疑念を抱くようになり，「本当に論証幾何は，日常場面にも転移し得る論理的思考の育成に寄与するのか」という問題が提起されるようになった。

　この問題に答えようとした人物が，フォセット[4]（H. P. Fawcett）である。フォセットの問題意識は，当時の数学教師たちが，論理的思考あるいは批判的・反省的思考の育成という論証幾何の教育的価値を認識していたにもかかわらず，実際には論証幾何を通した生徒の思考の育成が十分に達成されていなかったことにある。フォセットによれば，当時の数学教師たちは，論証幾何を

　4　フォセット（1894-1976）は，1914年にマウントアリソン大学を卒業し，高校教師となった。カナダ国籍であったが，アメリカ軍に徴兵され，フランスにおいて第一次世界大戦に関わった。YMCA High School の数学科主任を務めた後，1924年にコロンビア大学で修士号を取得し，同大学の教員養成学部（Teachers College）において，数学科教員養成に携わった。1932年，オハイオ州立大学大学学校の開校にあたり，理事長のリンドキストの招聘によって，オハイオ州立大学に着任した。大学学校における数学指導にも携わりつつ，1937年にコロンビア大学において数学教育学の博士号を取得した。1958-60年には，全米数学教師協議会の会長を務めた。1964年に退官し，名誉教授となった。（Flener, 2006）

第1節 定義の構成過程に着目する目的論的背景　25

指導すれば，生徒たちは様々な物事に対して批判的・反省的に思考できるように
になると思い込んでいる一方で，生徒は，論証の対象である定理の暗記と使用
に専念しているとされた。そして，生徒は日常場面どころか数学場面において
さえも，批判的・反省的思考を発揮できていないことが指摘された。つまり，
数学が論理的な学問であるからといって，その確立した論理的体系を指導する
だけでは，生徒の批判的・反省的思考を育成することはできないのである。

　この状況に対してフォセットは，論証幾何の指導内容及び指導方法の改善が
必要であるとし，論証幾何において重要なものは，定理そのものではなく，考
え方（way of thinking）であると主張した（Fawcett, 1935）。そして，ユーク
リッドの『原論』における定義，定理，公理を天下り的に指導するのではな
く，生徒が自分自身で幾何の世界を構成することを目指した。その際にフォ
セットは，「証明の本性」，すなわち証明される主張の真偽は，その主張の基と
なる，定義（definition）と前提[5]（assumption）に依存することに着目した。
つまり，ある主張の真偽は，絶対的に決まるのではなく，ある定義及び前提の
下において相対的に決まることを理解し，数学に限らず様々な主張に対して，
生徒が批判的・反省的に思考できるようになることを目指した。

　フォセットが，定義と前提の役割に注目した背景には，学問数学の発展があ
る。20世紀初頭は，19世紀に確立された非ユークリッド幾何学の存在が数学者
たちの間で受け入れられるようになり，数学における真理は絶対的なものでは
なく，ある公理的体系の下において真という，相対的な真理観が普及し始めた
時代であった。例えば，「三角形の内角の和が180°である」という主張は，「あ
る点を通り，ある直線に対して平行な線をただ1つ引くことができる」という
公理[6]の下においては真である。一方で，これとは異なる公理を採用している
場合，上の主張は偽である。フォセットは，このような数学における相対的な
真理観を，いち早く数学教育に取り入れようとしたのである。

　以上のように，20世紀初頭の米国においては，論証指導の目的が批判的・反
省的思考の育成にあることは認められていたものの，その目的を達成するため

5　フォセットのいう「前提」は，証明なしで正しいと認める最も基本的な命題である「公理」を含
　む概念であり，数学あるいは日常の場面を問わず，理由の説明なしで正しいと認める主張である。
6　正確には，この平行の公理だけでなく，結合の公理，順序の公理，合同の公理，連続の公理が必
　要である（ヒルベルト，1930/2005）。

26 第1章 数学教育における定義活動に関する研究の展開と課題

の内容及び方法が問題となっていた。それゆえ，フォセットの研究では，生徒たちが証明の本性を理解し，自分自身で幾何の世界を構成していく授業手順（classroom procedure）を明らかにすること，及び授業を通して育成された批判的・反省的思考が，数学場面のみならず，日常場面においても転移するかを評価することが目的とされた（Fawcett, 1938）。

（2）『証明の本性』にみる定義の学習指導

　フォセットの研究は，1937年にコロンビア大学に提出された学位論文にまとめられており，その内容は，全米数学教師協議会（National Council of Teachers of Mathematics）の第13年報『証明の本性（*The nature of proof*）』（Fawcett, 1938）として刊行された。この書籍は，オハイオ州立大学大学学校（University School of the Ohio State University）における第9〜11学年の生徒25名を対象とした2年間の論証指導の記録をまとめたものである。なお，「証明の本性（the Nature of Proof）」は，当校における「幾何学」に代わる論証幾何の課程の名称であり，生徒が理解すべき証明の性質でもある[7]。

　「証明の本性」の課程においては，結果としての定理ではなく，その定理に至るまでの過程が重視された。実際フォセットは，「証明の本性」の課程について概説した論文において，次のとおりにいう。

> 　もし，論証幾何を指導する真の目的が，子どもたちに証明の本性に対する理解を与えることであるならば，強調されるべきことは，到達する結論ではなく，その結論に到達する際に用いられる思考の種類である。この精神の下，我々は日常の多様な活動における定義と前提の重要性の考察から勉強を始めた。　　　　　　　　　　（Fawcett, 1935, p. 466）

　（1）で示したように，フォセットは，批判的・反省的思考が，数学場面のみならず日常場面においても発揮されることを目指した。それゆえ，日常場面

7　本論文では，"証明の本性"という語に関して，二重鍵括弧『　』は書籍名，一重鍵括弧「　」は課程名，鍵括弧なしは性質名を表す。フォセットのいう証明の本性（the nature of proof）とは，具体的に次の4つの事項を指す。「1．あらゆる結論を証明する際の無定義概念の位置と意義　2．明瞭に定義された用語の必要性と結論に対するその影響　3．前提あるいは証明されない命題の必要性　4．前提によって含意されていないものを証明する論証はないこと」（Fawcett, 1938, p. 10）

と数学場面の双方において，定義及び前提を検討することが行われた。例えば，「証明の本性」の初回の授業では，前年度に学校内で議論が起こった「学校内で，優れた業績（outstanding achievement）を残した者に対して，賞（awards）を与えるべきか」という主張が，生徒たちによって検討された（Fawcett, 1938, pp. 30-31）。その意図は，この主張の真偽を決めるためには「優れた業績」及び「賞」を定義する必要があることを，生徒に気づかせることであった。実際，議論を進めていくうちに，生徒たちから，「フットボールのチームでプレーすることは，『優れた業績』に含まれるのか」「教員の給料は，ある種の『賞』といえるのか」といった質問が提示された。そして，ある生徒が「この混乱のほとんどは『賞』や『優れた成績』が，どのような意味かわからないことが原因となって起こっている」と発言し，教室内の全員が賛成したことが報告された。このようにして，定義の必要性，さらには無定義用語と前提の必要性が導入された。そして，生徒たちは自分自身で定義及び前提を構成しながら，日常場面と数学場面における主張を考察していった。

　数学場面における定義の検討の事例として，次の「隣接角（adjacent angles）」の問題を取り扱った活動がある（Fawcett, 1938, pp. 43-44）。まず生徒たちは，2つの角の位置関係について調べていくうちに，図1-1左のような，2つの角が隣り合う位置関係が存在することに気がついた。教師は，このような角は「隣接角」と呼ばれていることを紹介し，生徒に対して，その定義を構成するよう促した。生徒は「隣接角とは，共通の頂点と共通の辺をもつ二角である」という定義に合意した。これに対して教師は，図1-1右のような図を描き，これは隣接角の定義を満たすかどうか尋ねた。

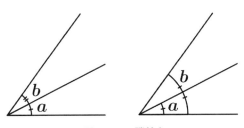

図1-1：隣接角

実際，最初に構成した定義では，図1-1右のような二角も隣接角の例となる。それゆえ，生徒たちは即座に反応して，定義を修正し，「隣接角とは，共通の頂点と，それぞれの角の間に共通の辺をもつ二角である」という定義に合意した。このように，生徒たちは数学場面における事柄を調べていく中で，自分自身で定義を構成していき，想定していなかった例が発見された場合には，定義を修正することが行われた。

　以上のような，生徒たちが証明の本性を理解し，自分自身で幾何の世界を構成していく授業手順は，以下のとおりにまとめられた。

1．無定義用語に関して
　　a．子どもたちによって，無定義のまま残されるべき用語が選択され，それらは明確で一義的なものであると受け入れられた。
　　b．無定義用語の数を最小に減らそうとする試みはされなかった。

2．定義に関して
　　a．各定義の必要性は，議論を通して子どもたちに認識された。定義は，学習のための基盤というよりは，むしろ産物であった。
　　b．定義は，子どもたちによってつくられた。曖昧で多義的な言明は，すべての子どもたちに暫定的に受け入れられるまで，批判と提案によって，洗練・修正された。

3．前提に関して
　　a．子どもたちにとって明白な命題は，必要に応じて前提として認められた。
　　b．これらの前提は子どもたちによって明示的につくられ，子どもたちの思考の産物であると考えられた。
　　c．前提の数を最小に減らそうとする試みはなされなかった。
　　d．潜在的あるいは暗黙的な前提を検出することが奨励され，重要であると認識された。

e.　子どもたちは，前提についての正式な一覧はどうしても完全
　　　　にはならないことを認識した。

（Fawcett, 1938, p. 42）

　このような授業は，当時の数学教育からみて革新的であっただけでなく，現代の数学教育からみても革新的である。現代の論証指導において，ユークリッドの『原論』における定義及び公理をそのまま教えることは，もちろんされていないものの，学校数学における定義及び公理は，教科書や教師から天下り的に与えられることが多い。それゆえ，「証明の本性」のような，生徒たちが自分自身で定義や前提を構成して検討することは，今日においても実現されているとはいえない。

　「証明の本性」は，「幾何学」に相当する，週あたり40分×4回の授業を2年間にもわたって実施したり，日常場面の事例を入念に検討したりと，数学教育において非常に独特な課程である。それゆえ，「証明の本性」の課程を，現代の数学教育において，そのまま反映させようとすることは難しいかもしれない。そうだとしても，フォセットによる研究は，「生徒が自分自身で定義を構成する」という着想を，数学教育史上で初めて提案した研究であり，現代からみても注目に値する研究である。

（3）『証明の本性』の前後史にみる批判的・反省的思考の育成

①「証明の本性」の開講に至るまで

　『証明の本性』（Fawcett, 1938）は，日本の数学教育研究においても，証明研究を中心に，高く評価されている（杉山，1986/2010；宮﨑，1995；清水，2007；辻山，2018）。これらの研究では，数学における相対的な真理観に基づいた証明の指導に焦点が当てられている。一方で，フォセットの研究では，生徒が自分自身で幾何の世界を構成していく学習を実現することだけでなく，その学習を通して育成された思考が日常場面においても転移するかを評価することも目的に含まれていた。この点に関して『証明の本性』では，生徒による記述や両親による観察といった様々な観点からの評価をふまえて，生徒たちが日常場面においても批判的・反省的思考を発揮できるようになったと結論づけられている。このように，『証明の本性』は，革新的な論証指導の実践報告とし

30 第1章 数学教育における定義活動に関する研究の展開と課題

ての側面だけではなく，数学を通した思考の育成論あるいは人間形成論としての側面ももっている。

フォセットによる「証明の本性」が，生徒たちの人間形成に与えた影響を知ることのできる，興味深い史料がある。それは，フォセットが数学教師を務めていた，オハイオ州立大学大学学校における教育実践に関する史料である。具体的には，一期生の生徒たちが卒業時に執筆した回顧録である『我々はモルモットだったのか？（*Were we guinea pigs?*)』(Class of 1938 University High School the Ohio State University, 1938)，一期生たちのその後の人生を追跡調査した『20年後のモルモットたち（*The guinea pigs after twenty years*)』(Willis, 1961)，そして老年の一期生たちに対してインタビュー調査を行った『60年後のモルモットたち（*The guinea pigs after sixty years*)』(Flener, 2006)の3冊である。これらは生徒たちによる回顧録に過ぎないが，自分たちが中学・高校時代に受けた教育を振り返って書籍にまとめたり，教師たちが生徒たちのその後の人生を追跡調査したりすることは異例である。以下，これらの文献に着目することで，「証明の本性」が生徒たちの人間形成に与えた影響を考察する。

まずFlener（2006）に基づいて，フォセットが「証明の本性」を開講するに至るまでの経緯を概説する。オハイオ州立大学大学学校は，オハイオ州立大学教育学部によって，1932年に設立された中等学校である。この学校が設立された背景には，20世紀初頭の米国において普及しつつあった，進歩主義教育（progressive education）がある。当時の米国では，デューイ（J. Dewey）などの教育思想を受けた，進歩主義教育運動が隆盛を極めており，1919年には進歩主義教育協会（PEA：Progressive Education Association）が設立された。PEAの目的は，進歩主義教育に基づく教育改革の推進であり，特に中等教育の大衆化を受けての中等教育の改革が大きな課題となっていた。PEAは連邦政府からの助成及び各大学からの協力を受け，中等教育における進歩主義教育の効果を評価するための，大規模的・長期的な実験研究を構想して実施した。この実験研究は，結果的に全米の30の中等学校が対象となり，1933年から1941年の8年間にわたって実施された。それゆえ，この実験研究は，後に「30校実験（Thirty School Experiment）」あるいは「8年研究（Eight Year Study）」

と呼ばれるようになった。

　当時のオハイオ州立大学教育学部には，進歩主義教育に賛同し，PEA において中心的な役割を果たす者が，多く在籍していた。また，それゆえ，教育学部の構成員たちは，30校実験の構想を知るとすぐに実験研究への参加を提案し，それは学部において承認された。その後，教育学部長のアルプス（G. F. Arps）の主導の下，実験学校の設立が構想され，大学本部や州議会との協議の末，1929年にオハイオ州立大学大学学校の設立が決定された。そして，1932年9月に大学学校が開校し，一期生となる生徒たち57名が第7学年の生徒として入学した。その翌年から，PEA による30校実験が開始され，オハイオ州立大学大学学校は，対象校の1つとなった。

　オハイオ州立大学大学学校の初代理事長として任命されたのが，リンドキスト（R. Lindquist）である。アルプスとリンドキストは，大学学校の開校にあたって，革新的な教育実践によって進歩主義を牽引できる人材，そして大学と大学学校の両方で教えることのできる人材を求めていた。それゆえ，リンドキストは，コロンビア大学の教員養成学部（Teachers College）で既に活躍していた，数学教師のフォセットや，国語教師のラブラント（L. LaBrant）を招聘した。一方で，弱冠21歳でハーバード大学を卒業したばかりのラウド（O. Loud）を理科教師として招聘した。このようにリンドキストは，革新的な教育実践のために，年齢に捉われず全米から優秀な教員陣を集めた。

　リンドキストは，大学学校のカリキュラムの構想にあたって，伝統的な教科書に基づくカリキュラムにとらわれない，革新的なカリキュラムを目指した。具体的には，デューイの教育思想に基づいて，あらゆる教科は社会的文脈の中に位置づけられなければならないとした。リンドキストによれば，教師は教科内容をよく理解しているだけでなく，社会における人間の立場に対して教科が与える影響を理解していることが必要である。それゆえ，教師は教科を教えるだけでなく，教科を教えることを通して，批判的に思考できる人間，さらには民主主義に資する人間を育成することこそが重要であるとした。したがって，オハイオ州立大学大学学校では，批判的思考の育成が教育目標の1つとして掲げられ，教師たちは各教科の指導を通して，その実現を目指した。

　1932年の大学学校の開校とともにオハイオ州立大学に着任したフォセット

32 　第1章　数学教育における定義活動に関する研究の展開と課題

は，大学学校の数学科主任を務めることとなった。そのため，大学学校の数学科カリキュラムは，基本的にはフォセットによって構想された。フォセットは，自分自身をPEAのいう進歩主義教育者であると捉えていなかったが，デューイの教育哲学には少なからず賛同していたという。それゆえ，フォセットは，数学の内容を教えるだけでなく，数学を通して生徒たちの批判的思考を育成することを目標とした。この目標を達成するために，第7，8学年の数学の授業では，標準的な教科書が使用されたものの，日常場面における数学の問題がしばしば扱われた（Class of 1938 University High School the Ohio State University, 1938）。具体的には，「直接測定できないものを測定するにはどうすればいいか」「銀行に口座をつくって資金運用するためにはどうすればいいか」といった問題である。このように，生徒たちは前期中等教育の段階から，数学授業において，正答が1つに定まらない問題について考察することを経験していた。

　そして，第11学年になると，「幾何学」に代わる課程である「証明の本性」が開講された。この授業では標準的な教科書は使用されず，前項のとおり，生徒たちが自分自身で幾何の世界を構成していくことが行われた。以上のように，「証明の本性」の背景には，学校全体による批判的思考の育成，及び生徒による経験の蓄積があったのである。

②「証明の本性」が生徒たちに与えた影響

　オハイオ州立大学大学学校の一期生たちは，卒業にあたって，自分たちの学校生活に関する回顧録である『我々はモルモットだったのか？（*Were we guinea pigs?*)』（Class of 1938 University High School the Ohio State University, 1938）を刊行した。一期生たちが回顧録を書籍として刊行した理由は，当時の大学学校に対する誤解がしばしばあったからである。オハイオ州立大学大学学校は進歩主義教育の学校であったため，進歩主義教育の批判者から「君たちは進歩主義教育の理論のモルモット（実験台）である」といった攻撃を受けていた。一方で，一期生たちは学校生活に満足しており，自分たちの学校について知ってもらうためには，どうすればいいかを考えていた。そのような中，国語教師のラブラントの提案もあり，一期生たちは，生徒の視点からありのままの学校生活を記述し，それらをまとめて書籍として刊行することに

第1節　定義の構成過程に着目する目的論的背景　　33

した[8]。

この書籍では，「精神を整えること（putting our minds in order）」という章において，「証明の本性」の課程が記述されている。一期生たちは，自分たちが受けてきた「証明の本性」の課程を振り返りながら，あらゆる物事に対して批判的に思考し，感情に左右されない論理的な議論を行うためには，定義と前提が重要であることを学んだと述べている。

　　最も重要な学びは，我々は今や，どんなときでも定義の必要性を意識
　　していることだろう。知的な議論を可能にするためには，特定の用語
　　の定義への同意，及び根本的な前提への同意が必要不可欠である。
　　（Class of 1938 University High School the Ohio State University, 1938, p. 211）

興味深いのは，この章の冒頭において「批判的思考」が定義され，批判的思考に関する基本的前提が示されている点である[9]。つまり，この章では，批判的思考における定義と前提の重要性が論じられているが，何よりも生徒たち自身がそれを実行しているのである。実際，一期生たちは，自分たちの成長の証しとして，学校のレポート課題に取り組む際に，そのレポートの文脈における定義と前提を示すようになったことを挙げている。このように，一期生たちは「証明の本性」での学習を，他教科の学習や日常場面においても活用し，物事に対して批判的に思考できるようになったと回想している。

生徒たちが「証明の本性」の課程を好意的に受け止めていたことは，『20年後のモルモットたち（*The guinea pigs after twenty years*）』（Willis, 1961）からもうかがえる。この書籍の著者である社会科教師のウィリス（M. Willis）は，1932年の開校から1967年の閉校まで，オハイオ州立大学大学学校に勤めた

8　書籍の執筆は，第12学年の年度始めに決定した。主に国語の時間において，執筆が行われた。執筆及び編集はすべて生徒たちによって行われ，文法や事実の確認を除いて，教師による監督及び介入は一切行われなかった。

9　「批判的思考」とは，「問題に対して感情を伴わずに考察すること，及びその問題を構成するすべての要因と，その問題の理解を左右するすべての用語を捜索すること」である。また，批判的思考に関する基本的前提とは，「批判的思考には，あらゆる問題に対する分析と，論理的な結論への到達が必要不可欠である」ことである。（Class of 1938 University High School the Ohio State University, 1938, p. 201）

34   第1章　数学教育における定義活動に関する研究の展開と課題

唯一の教師である。ウィリスは，大学学校の卒業生たちに対する質問紙調査と
インタビュー調査を実施し，卒業生たちのその後の人生に対して，大学学校で
の経験が大きな影響を与えていたことを明らかにした。ウィリスによれば，イ
ンタビュー調査において卒業生たちの大半が，「証明の本性」の課程について
言及し，その課程には価値があったと述べていたという。そしてウィリスは，
「証明の本性」について，次のとおりに結論づけた。

> 「証明の本性」に対する反応が，20年後も非常に好ましいものであっ
> たという事実は，特に興味深い。なぜなら，当時，その課程は，伝統
> 的な数学指導の方法とは，根本的にかけ離れたものだったからであ
> る。
> 　　　　　　　　　　　　　（Willis, 1961, p. 189，鍵括弧は引用者による）

　同様の結果は，『60年後のモルモットたち（*The guinea pigs after sixty
years*）』（Flener, 2006）でも示された。この書籍の著者であるフレイナー（F.
Flener）は，元々は高校数学の教師であったが，『証明の本性』に感銘を受け
て，フォセットの人物研究を行った人物である。フレイナーは，『我々はモル
モットだったのか？』の著者として挙げられている55名の生徒のうち，18名に
対してインタビュー調査を行った。インタビューを受けた一期生たちは，既に
老年であったが，フレイナーからの「証明の本性」に関する質問に対して，
様々な思い出を語ったという。具体的には，「証明の本性」で学んだ思考の方
法がその後の人生に活きていること，フォセットはとても知的で思いやりのあ
る教師であったこと，「証明の本性」に限らず大学学校では生徒による思考を
大切にしていたことなどである。そして，フレイナーは，大学学校を取り巻い
ていた状況とインタビューをふまえて，次のとおりに結論づけた。

> "批判的・反省的思考"を発揮できる生徒を育てるために，教師は何
> ができるかという根本的な問題に立ち返るとき，多くの教師が失敗し
> てきたことを，なぜフォセットは成功したのか？　60年以上前にそ
> の課程を修了したモルモットたちは，その課程が上の目標を達成した
> ことを信じている。私がインタビューした人々は，70代になっても

第1節　定義の構成過程に着目する目的論的背景　35

論理的に批判的に思考する姿勢をもち続けている。これはすべてフォ
セットの指導のおかげだろうか？　それは論理的に考えてあり得ない
だろう。しかしながら，フォセットによる教授の哲学と調和した大学
学校の雰囲気と，彼自身の強い個性が，指導を成功に導いたのであ
る。

(Flener, 2006, p. 159)

　以上のように，「証明の本性」という中等学校における数学の授業は，生徒
たちの批判的・反省的思考の育成，さらには人間形成に対して影響を与えたと
いえる。それは，オハイオ州立大学大学学校という特殊な環境における一事例
に過ぎないかもしれないが，数学という教科を通した人間形成が実現可能であ
ることの存在証明でもある。つまり，授業で扱った数学の内容を忘れてしまっ
ても，その内容を通して育成された思考は，生徒の中に残り続ける。フォセッ
トは，これを「証明の本性」の課程によって実現したのである。

（4）数学を通した人間形成の可能性

　本節で示したように，数学という教科には状況の抽象度を調節できるという
特長がある。そして，その特長を活かしながら，適切な内容を適切な方法で指
導することによって，思考の育成及び人間形成は実現され得る。それゆえ，
我々数学教育者は，数学を通した人間形成を追究して，数学教育研究に取り組
むのである。

　フォセットは，『証明の本性』の最後において，次のとおりにいう。

　これまで，数学を他領域の学習と関連づけようとする努力が大いにな
されてきた。また，数学に必要な技能は生徒の教育的な視野を広げる
のに役立つという理由によって，高等学校における数学の学習を正当
化しようとする努力も大いになされてきた。このような主張が正しい
ことは，ある程度証明されているかもしれないが，筆者の意見として
は，技能よりも方法が強調されるようになったとき，数学という教科
は，生徒の普通教育に対して最大の貢献を果たし得るだろう。考えを
簡潔かつ正確に表現する能力，ある特定の場面からその本質を抽出す
る能力，定義する能力，一般化する能力は，様々な学習領域において

共通する教育的価値をもつものとして認識されている。これは，数学科の教師の役割が，国語科の教師，社会科の教師，理科の教師の役割と結びつく可能性を示唆している。各教科の教師たちは，それぞれの教科の立場からこのような価値を強調しているのである。高等学校において，強力な思考の方法を例示するために数学を用いることに関する問題について，今後も継続的に忍耐強く研究していく必要がある。

（Fawcett, 1938, pp. 120-121）

　フォセットにとって，数学という教科は批判的・反省的思考を育成するための手段であり，数学の内容よりも方法，定義自体よりも定義を構成する過程が重視された。そして，数学科における定義を構成したり洗練したりする経験は，国語科，社会科，理科といった他教科における経験と結びつき，教科教育全体として生徒の思考の育成及び人間形成に寄与し得る。本研究の射程は，あくまで数学教育であり，教科教育全体までを見据えることは難しいが，定義の構成過程への着目には，このような可能性も秘められている。

　本節では，20世紀初頭の米国における数学教育研究者である，ヤングとフォセットによる文献を取り上げることで，数学教育目的論の根源的反省を行った。本節の結論は，本研究が数学を通した思考の育成を目指すための着眼点の1つとして，定義の構成過程に着目することは意義があるということである。

第2節　哲学における定義と学校数学におけるその位置づけ　　37

第2節
哲学における定義と
学校数学におけるその位置づけ

　「定義とは何か」は，哲学において古くから議論されてきた問いである。中には，「定義は定義できない」という指摘もあるように，この問いはいまだ解決されていない。本研究において「定義」を厳密に定義することは行わないが，本研究が定義の構成過程に着目するにあたって，少なくとも「定義」の意味は明らかにしておく必要がある。本節では，哲学における定義の捉え方を概観し，学校数学における定義の位置づけを明らかにする。そして，定義に関する教育実践上の課題を整理し，その解決のための着眼点を検討する。

第1項　哲学における定義の捉え方

（1）実在的定義と唯名的定義

　定義（definition）[10]は，「範疇の性質を明らかにして要素を決める言明」ということができる（Alcock & Simpson, 2002）。ここで，要素（element）は「個々の特定なもの」，範疇（category）は「要素の集まりであり，しばしば名称をもつもの」，性質（property）は「範疇におけるすべての要素がもつ特徴」である。例えば，「偶数とは，2で割り切れる数である」という定義でいえば，要素は「4，6，10など」であり，範疇は「偶数」であり，性質は「2で割り切れる」である。

　定義を考えるにあたっては，範疇の性質を明らかにして要素を決めることの厳密性が問題となる。日常における定義では，範疇の性質を明らかにして要素を決めることは厳密には不可能だからである。例えば，「寿司」の定義は，「酢と調味料とを適宜にまぜ合わせた飯に，魚介類・野菜などを取り合わせたも

10　『哲学事典』によれば，定義は，「言葉やその意味，対象を他の言葉や意味，対象でおきかえて規定，説明し，日常的，学問的な理解に役立てることを目的とした広義の手続き」（荒川他編，1971，p. 960）とされる。『数学入門辞典』によれば，「ある概念の内容・意味や手続をはっきりと定めること。あるいはそれを述べたもの」（上野他編，2005，p. 416）とされる。

38 第1章 数学教育における定義活動に関する研究の展開と課題

の」（新村編，2018，p. 1560）とされる。この定義に従うならば，酢飯の上に
エビフライが載っているものは寿司である一方で，卵焼きが載っているものは
寿司ではない[11]。このように，「酢飯に魚介類・野菜などを取り合わせたもの」
を満たすすべてが寿司であるとは限らず，またすべての寿司が「酢飯に魚介
類・野菜などを取り合わせたもの」を満たすとも限らない。それゆえ，範疇の
性質を明らかにして要素を決めることを厳密に行うためには，次の2つの規則
が必要である。

　① その性質を満たすすべての要素は，その範疇に属さなければならない。

　② その範疇に属するすべての要素は，その性質を満たさなければならない。

　これらの規則を満たすためには，ある要素が範疇に属するかどうかを客観的
に判断できる必要がある。数学における定義は，これらの規則を満たしている
場合が多く，範疇はしばしば「集合」と呼ばれる。実際，「二等辺三角形と
は，2つの辺が等しい三角形である」という「二等辺三角形」の定義は，どん
な要素に対しても二等辺三角形であるかどうかを客観的に判断できるものであ
る。

　人間が定義を考える際には，範疇と性質の間の順序関係に応じて，以下の2
つの場合がある。第一に，先に範疇を把握して，そこから性質を抽出する場合
である。この場合，定義は，直観的に得られる要素の集まり（範疇）に対し
て，それらに共通な特徴（性質）を取り出して得られるものである。このよう
な定義は，哲学における実在論（realism）の立場を背景として，「実在的定義
（real definition）」あるいは「記述的（descriptive）定義」と呼ばれる
（Robinson, 1954；近藤・好並，1979）。

　実在的定義の起源は，ソクラテス（Socrates）及びプラトン（Plato）にあ
るとされる。実在的定義の典型は，アリストテレス（Aristotle）による種差
（differentia）と類（genus）による定義である（内山他，2013）。一般的に，
ある要素の集まりに対しては，その集まりを含むような上位の集まりがある。
このとき前者を「種」，後者を「類」といい，その種を特徴づける性質が「種
差」である。例えば，「人間とは，理性的な動物である」という「人間」の定
義においては，種差が「理性的であること」，類が「動物」に相当する。この

---

11 「など」に卵焼きが含まれるという指摘はあり得るが，それはここでの趣旨ではない。

ように実在的定義においては，まずもってある要素の集まりが存在し，その集まりの性質を抽出することによって定義が得られる。

　第二に，先に性質を設定して，それに基づいて範疇を規定する場合である。この場合，定義は，直観的に得られる要素の集まり（範疇）とは無関係な，設定した性質そのものである。このような定義は，哲学における唯名論（nominalism）の立場を背景として，「唯名的（nominal）定義」あるいは「規約的（stipulative）定義」と呼ばれる（Robinson, 1954；近藤・好並，1979）。実在的定義は，範疇から性質を抽象するため，範疇の全要素と抽出した性質とが完全に一致するとは限らない。一方，唯名的定義は，設定した性質によって範疇を規定するため，設定した性質を満たす要素の集まりが範疇となり，先の2つの規則を満たすことができる。

（2）無定義用語と潜在的定義

　学問数学における定義は，唯名的定義でなければならないことを主張したのが，パスカル（B. Pascal）である。パスカルは，「幾何学的精神について」（パスカル，1655?/2014）において，真理を論証するためには定義が必要であり，その定義は物事を明確に指示するもの，すなわち性質を先に設定して範疇を規定する唯名的定義でなければならないとした。また，定義によって物事を明確に指示するために，定義においては，完全に知られている用語，あるいは既に定義されている用語しか使ってはならないとした。例えば，「二等辺三角形とは，2つの辺が等しい三角形である」という定義がある。ここで，「三角形とは何か」を考えることで，「三角形とは，3つの直線で囲まれた図形である」という定義を得る。これを継続していくと，「直線とは何か」「線とは何か」を考えることになる。しかし，「線」を定義しようとしても，「線とは，幅のない長さである」といった非実質的な定義[12]か，「線とは，直線及び曲線のことである」といった循環した定義しか得られない。一方で，我々人間にとって「線（line）」という語が指す対象は，ある程度同一のものである。それゆ

---

12 ユークリッドの『原論』では，「点」「線」「平面」について，このような定義が述べられているものの，その定義を判断の基準として使用したり，後の証明で使用したりすることはない。そのため，このような定義は，実在的定義に相当するとみられるが，判断の基準や後の証明に使用されないという意味で，非実質的である。また第2章補節で示すように，ラカトシュ（I. Lakatos）は，このような理論の冒頭における無理矢理な定義を，「過定義（overdefinition）」と呼んで批判した（Lakatos, 1961）。

え，「線」という語はわざわざ定義しなくとも，問題は生じない。このような，完全に知られており，定義することのできない，あるいは定義する必要のない用語は，「無定義用語（undefined terms）」と呼ばれる。以上のようにパスカルは，真理の論証における無定義用語の必要性を指摘した。

　パスカルが活躍した17世紀において，数学とりわけ幾何学は，ユークリッドの『原論』を典型とする数学的方法によって，真理を論証する学問であった。つまり，数学は無謬な学問であり，得られる数学の知識は絶対的な真理であった。しかし，19世紀から20世紀にかけて，非ユークリッド幾何学の受容，さらには集合論における矛盾の発見により，数学の無謬性に対して危機が訪れた。この数学の基礎に対する危機に対して，論理主義（logicism），直観主義（intuitionism），形式主義（formalism）といった，数学の哲学が打ち出された（Kline, 1980）。

　数学の哲学としての形式主義を提唱した人物が，ヒルベルト（D. Hilbert）である。ヒルベルトは，著書『幾何学基礎論』（ヒルベルト，1930/2005）において，非ユークリッド幾何学を含む，幾何学の完全な体系を構築しようとした。その際に，ヒルベルトがとった方法が，無定義用語がどのような対象を指示するかを問題とせず，無定義用語間の関係のみを公理によって記述するという方法である。このような記述は，公理によって無定義用語に言及することから，「潜在的定義（implicit definition）」と呼ばれる。実際，形式主義では，「点」「直線」「平面」といった無定義用語がどのような対象を指示するかということを問題としない。そして，無定義用語あるいは定義が指示する対象を放棄する代わりに，無定義用語間の関係を記述する公理を設定することで，公理の無矛盾性，独立性，完全性を研究の対象とした。ヒルベルトは，「点，直線，平面の代わりに，テーブル，椅子，ビアジョッキを使っても幾何学ができるはずだ」と述べたとされる。それは，幾何学においては，用語（記号）の意味あるいは用語（記号）が指示する対象を捨象し，記号とその関係のみからなる形式的体系を考察するということである。

　以上のように，学問数学における定義は，範疇に対して性質が先行する唯名的定義が中心的であるが，定義の指示対象についての捉え方は変化してきた。すなわち，パスカルの時代における定義では，無定義用語であっても，その指

示対象が想定されている。一方で，ヒルベルト以降，特に形式的体系の無矛盾性を問題とする際には，明示的な定義は考察の妨げとなるため，定義の指示対象を想定しない潜在的定義を使用するのである。

（３）学校数学における定義

　学問数学における定義は唯名的定義が中心である一方で，学校数学における定義は唯名的定義であるとは限らない。唯名的定義では，最初から性質を言語のみによって設定するため，その定義が何を指しているかが，実在的定義に比べて捉えづらいからである。これに対して，実在的定義では，まず要素の集まりを観察し，そこから性質を言語によって規定する。これは身の回りのものから概念を抽象していく，概念形成の過程とも整合する。したがって，学校数学における定義は，実在的定義が中心であるといえる。

　しかしながら，学校数学における定義が，すべて実在的定義であるともいいきれない。例えば，小学校段階では，身の回りのものと関連づけながら，四角形を平行に着目して考察することで，平行四辺形の定義を「2組の向かい合う辺がそれぞれ平行な四角形を平行四辺形という」として学習する。これは実在的定義である。その後，中学校段階では，平行四辺形の定義を確認したうえで，「2組の向かい合う辺がそれぞれ等しい四角形は平行四辺形である」「2組の向かい合う角がそれぞれ等しい四角形は平行四辺形である」といった，平行四辺形になるための条件を学習する。これらは，平行四辺形の定義と同値な性質であるため，そのいずれかを平行四辺形の定義としてもかまわない[13]。このような定義は，実在的定義とも唯名的定義ともいうことができる。つまり，範疇を既に捉えているという意味では実在的定義であるが，代替的な性質を先に設定しているという意味では唯名的定義である。それゆえ，学校数学における定義は，実在的定義から唯名的定義へと移行していく過程にあるが，その境界は不明瞭であり，境界を設けることは難しい。したがって，本研究において，学校数学における定義は，実在的定義を中心としつつも，実在的定義と唯名的定義の移行過程にあると位置づけることにする。

　本研究において「定義」は，（1）で示したとおり「範疇の性質を明らかに

---

13 このような学習は，平成29年告示の中学校学習指導要領（文部科学省，2018a）の下では一般的とはいえないものの，活動の実現可能性は示されている（礒田，1987など）。

して要素を決める言明」である。これには素朴な意味規定，例えば，「ダイヤモンドのような形をひし形という」といった視覚に基づく意味規定や，「コンパスを一周させて描くことのできる形を円という」といった操作に基づく意味規定なども含むものとする。そして，このような定義のうち，「定義における用語は明確でなければならない」「その定義によって矛盾が生じてはならない」といった，数学的定義の要件（第2章第2節第1項で詳述）を満たすものが，数学的定義である。

　また，本研究における定義及び数学的定義は，日本語すなわち自然言語によるものを中心とする。学問数学においては，曖昧さを完全に排除するために，記号すなわち形式言語のみによる定義を用いることがあるが，それは学校数学においては適切ではないからである。同様の理由から，純粋に性質のみから範疇を規定する唯名的定義，及び潜在的定義すなわち指示対象を想定しない無定義用語は，本研究の対象としないため，学校数学における定義に含めないことにする。一方で，パスカルが指摘したような，指示対象を想定したうえでの無定義用語は，第1章第1節第2項で示したフォセットによる実践でも扱われていたものであるため，本研究の対象とする。

第2項　学校数学の教科書における定義とその理解の実態

（1）教科書における「定義」の位置づけ

　日本の学校数学では，中学校第2学年において用語「定義」が指導内容として位置づけられている。ここでは，同学年における証明の学習との関連で，証明の根拠の1つとして定義を用いることが意図されている。一方で，児童生徒たちは，小学校第1学年の段階から，数や図形に関する様々な概念の定義を学習してきている。小学校における定義は，主に図形の概念形成において暗黙的に使用されるものであり，定義と性質の区別といった論理的な考察までは意図されていない。つまり，児童生徒は，これまでも様々な図形の定義を実質的には学習してきた。そして，中学校において図形を論理的に考察する方法である証明が導入されることに伴って，証明の根拠の1つとして，定義を顕在的に使用することが意図されている。

第2節　哲学における定義と学校数学におけるその位置づけ　43

　戦後の学校数学において，証明が義務教育段階に導入されたのは，昭和33年告示の中学校学習指導要領においてである。この学習指導要領に基づく教科書（彌永他，1962）では，図1-2のように，図形の性質の証明を行っていくにあたって，用語の意味を明確に述べる必要性があることを説明したうえで，「定義」が導入されている。そして，昭和44年告示[14]，昭和52年告示，平成元年告示の中学校学習指導要領に基づく教科書でも，同様の導入がされている（彌永他，1972；小平他，1981；藤田他，1993）。

> 　図形について話したり，書いたりするためには，図形に関することばが必要であり，そのことばの意味をはっきり約束してきめておかなければならない。ことばの意味をはっきりいい表わしたものを定義という。
> 　たとえば，長方形の定義は，
> 　　　　　"4つの角がみな直角である四角形"
> である。したがって，長方形といえば，その4つの角はみな直角であり，4つの角がみな直角である四角形はすべて長方形である。

図1-2：教科書における「定義」（彌永他，1962，p.150）

　平成10年告示の中学校学習指導要領に基づく教科書（杉山他，2002）では，ただ「定義」が導入されるのではなく，図1-3のように，証明に関する問題解決の文脈が追加され，証明の根拠の1つとして定義を用いることが明示的になっている。そして，平成20年告示，平成29年告示の中学校学習指導要領に基づく教科書でも，同様の導入がされており，今日に至っている（藤井他，2012；藤井他，2021a）。

14　昭和44年告示の中学校学習指導要領では，指導内容における領域として「E 集合・論理」が位置づけられ，第1学年において「定義」，第2学年において「証明」が扱われた。しかし，教科書では第1学年から図形の性質の説明として実質的に証明が扱われている。それゆえ，証明を行っていくうえで，用語の意味を明確に述べる必要があることから定義が導入されるという位置づけに変わりはない。

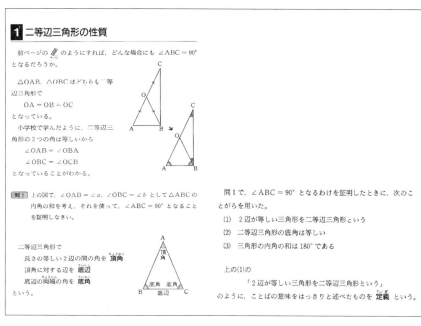

図 1-3：教科書における「定義」（杉山他，2002，pp.112-113）

　教科書における「定義」の意味は，「ことばの意味をはっきり述べたもの」である。例えば，「2辺が等しい三角形を二等辺三角形という」などである。これらの図形の定義及びそれらに伴う性質は，小学校段階において既に学習済みである。そして，中学校段階になると，定義と性質とが明示的に分化され，定義は証明の根拠の1つとして，性質は証明の対象として扱われるようになる。中学校第2学年以降，教科書において「定義」という用語が明示されることは少ないが，新しい概念を学習する際には，必ず定義が導入され，その後に性質が示される。このような配列は，高校数学においてしばしばみられるものであり，最終的には，大学数学において典型的なDTPモデル（Thurston, 1994），すなわち定義（Definition） — 定理（Theorem） — 証明（Proof）が順に羅列される配列となる。

　以上のように，学校数学の教科書においては，中学校第2学年において，証明の根拠の1つとしての「定義」が明示的に位置づけられている。一方で，「定義」という用語が明示されなくとも，小学校段階から高等学校段階に至る

まで，数や図形に関する様々な定義が示されている。

（2）生徒による定義の理解の実態

　学校数学における定義は，概念形成の基礎あるいは証明の根拠として扱われており，物事に対する前提としての役割をもつ。それゆえ，教科書において定義は，「2辺が等しい三角形を二等辺三角形という」のように，天下り的に示されることが多い。また，教師も，「これは定義だからきちんと覚えてください」のように，定義を天下り的に示すことは多いと推察される。それゆえ，生徒たちは，定義に対して，なぜそのように定義するのか，なぜ定義が必要なのかといったことを検討する機会が少ないと考えられる。

　これまでにも日本の生徒たちによる定義の理解の実態について，大きく分けて以下の3つの課題が指摘されてきた。第一に，「定義を正確に述べられない」「定義と性質を区別できない」といった定義自体の理解に関する課題である。具体的には，中学校第3学年の生徒であっても，図形に関して視覚的イメージのみに依拠した概念をもっている場合があること，図形の定義を述べる際に必要以上の条件を述べる傾向があること，図形の性質に関する同値関係の理解が不十分な場合が多いことが報告されている（小関他，1980；小関他，1981）。これらは今から約40年前の調査であるが，近年でも同様の結果が報告されており（松尾，2004），定義の理解は生徒にとっての困難性の1つであると推察される。

　第二に，「なぜ定義が必要なのか」「定義のよさは何か」といった定義の意義の理解に関する課題である。第一の課題とも関連して，たとえ生徒たちが適切な定義を述べることができたとしても，なぜそのように定義するとよいのかを納得したり，定義とはどういうものでなければならないかを理解したりすることは，難しいことが指摘されている（小関他，1982；中西・國宗他，1983）。これは定義自体の理解というよりは，定義についてのメタ的な認識に関わるものであり，生徒にとっての困難性は想像に難くない。

　第三に，「そもそも定義とは何か」「定義とはどのようなものなのか」といった定義の見方に関する課題である。具体的には，教員養成大学の数学科3年生であっても，「定義とは正しいと決められたものである」「定義とは不変なものである」といった絶対的・固定的な定義観をもっている場合があることが報告

されている（清水，1999；清水，2012）。これは大学生を対象とした調査であるが，中学生・高校生も同様に，定義に対して絶対的・固定的な見方をもっていることが推察される。

（3）国内における定義の構成活動に関する研究

　以上の3つは，古くから指摘されているものの，いまだに解決されていない教育実践上の課題である。本研究では，この課題を解決するための基本的着想として，生徒に対して定義を天下り的に提示するのではなく，生徒自身が定義を構成，洗練する活動に着目する。なぜなら，定義を構成して問題を解決したり，暫定的に構成した定義を洗練したりする活動を経験することによって，定義が様々な場面で重要な役割を果たすことや，定義が文脈や目的に応じて定められる相対的なものであることが実感しやすいと考えられるからである。この「生徒自身が定義を構成する」という着想は，古くは Fawcett（1938）や Freudenthal（1971；1973）に見られ，日本においても理論的・実践的な研究が行われてきた。

　学術雑誌における主要な理論的研究としては，以下の3つが挙げられる。第一に，礒田（1987）は，学校数学において体系化する活動を実践するにあたって，フロイデンタールによる局所的体系化の着想に基づいて，「定義する活動の階層」（第2章第3節第3項で詳説）を構築した。そして，中学校第2学年における論証指導の一環として，定義する活動を取り入れた授業を実施し，生徒たちは，二等辺三角形，平行四辺形，ひし形といった図形を定義する活動に一定程度取り組めたことを明らかにした。第二に，岡崎（1999）は，フロイデンタールの主張を前提としたうえで，小学校算数及び中学校数学における定義の位置づけの不連続を指摘し，図形の包摂関係の理解に着目することで，3つの水準からなる「図形の分類活動に着目した定義構成活動」のあり方を構築した。そして，中学校第1学年における定義の構成活動として，作図の文脈において，たこ形を導入し，その決定条件を考察すること，及び性質間の関係を考察することを提案した。第三に，清水（2000）は，フォセットによる「証明の本性」の課程を参考にすることで，図形の考察の水準及び他者の想定を視点として，定義の構成活動を取り入れた計8回のセッションからなる教授実験を構想して実施した。その結果，高等学校第1学年の生徒たちが，たこ形やブーメ

ラン形（いわゆる凹四角形）といった様々な図形の定義を構成する活動を通して，よい定義がもつべき性質とその役割を理解するようになったこと，及び他者からの批判を想定して内省的に思考できるようになったことを明らかにした。

学術雑誌における主要な実践的研究としては，以下の2つが挙げられる。第一に，中西・國宗他（1983）は，生徒たちが定義の必要性や有用性を理解していないことを指摘し，「図形の定義は，みんなで討論して決めるもの」という立場で，中学校第2学年の生徒たちが，平行四辺形の定義を自分たちで構成する授業を実施した。その結果，実験群の生徒たちは，統制群の生徒たちに比べて，図形の包摂関係の理解度が高く，定義の必要性や有用性も一定程度理解できたことが報告された。第二に，太田（1995）は，生徒に幾何の世界を構成させる図形指導の一環として，「凹四角形の外角の和は360°であるか」という問題を扱うことで，中学校第2学年の生徒たちが，外角の定義に関するディベートを行う授業を実施した。その結果，生徒たちは，外角の和の定理を保つために外角の定義を拡張したり，新しい外角の定義と元々の外角の定義との整合性を検討したりしながら，外角の定義を構成する活動に取り組み，定義や定理に関する活発な議論を行ったことが報告された。

以上のように，国内の研究において，定義の構成活動の重要性は指摘されているものの，定義の構成活動という主題は，単発的な投稿論文として位置づけられていたり，他の研究主題における着眼点として位置づけられたりしており，学位論文のような大きな研究主題としては位置づけられていない。それゆえ，国内の先行研究において，本研究のように定義の構成活動自体を真正面から取り上げて，その理論的・実践的側面を体系的に考察しようとする研究はみられないといえる。実際，中西・國宗他（1983），太田（1995）は，生徒自身が定義を構成するという着想に基づいた授業実践を報告しており，実践的研究としての色合いが強い。また，礒田（1987），岡崎（1999），清水（2000）は，Fawcett（1938）あるいは Freudenthal（1973）に依拠して理論的枠組みを構築しており，そもそも定義の構成活動とは何か，定義の構成活動はどうあるべきか，定義の構成活動を促進するための課題をどのように設計するのか，といった点についての根本的考察は十分に行われていない。

一方で，近年の国際的な研究の展開に目を向けると，1990年代頃から，結果としての定義（definition）だけでなく，定義の構成過程に関わる多様な営みである定義活動（defining）に焦点を当てた研究が展開されるようになってきている。さらに，図形教育に関する研究の調査論文では，定義及び定義活動が研究の主題の1つとして取り上げられている（Sinclair et al., 2016）。そして，数学教育研究に関する最新の研究ハンドブックでは，生徒や学生による定義活動に焦点を当てた論文の数はそれほど多くないが，豊かな研究領域になり得ることが指摘されている（Sinclair et al., 2017）。したがって，国際的な研究の文脈においても，学校数学における定義の構成活動は注目されている。以上より，本研究では，生徒による定義の構成活動を研究対象とする際の鍵概念として，「定義活動（defining）」に着目して，先行研究の批評を行うことにする。

　本節では，実在的定義と唯名的定義の視点から学校数学における定義の位置づけを明らかにしたうえで，生徒による定義の理解に関する教育実践上の課題を検討した。本節の結論は，学校数学における定義に関する教育実践上の課題を解決するためには，鍵概念として「定義活動（defining）」に着目することが有用ではないかということである。

第 3 節
定義活動に関する研究の課題の特定：スコーピングレビュー

　先行研究の批評は，学術研究における基礎的作業であるものの，少なくとも日本の数学教育研究において，その方法論的検討は十分に行われていないと思われる。第3・4節では，文献批評の方法論であるスコーピングレビューとシステマティックレビューを用いることで，定義活動に関する研究についての学術研究上の課題を導出する。具体的に，まずはスコーピングレビューによって，定義活動に関する研究課題を特定する。そのうえで，システマティックレビューによって，特定した研究課題の妥当性を検証する。以上の手続きによって，本研究の研究課題1である「数学的探究における定義活動の方法を明らかにすること」の意義を示す。

第1項　文献批評の方法論

（1）ナラティブレビューとシステマティックレビュー

　文献批評の方法には，大きく分けて，ナラティブレビュー（narrative review）とシステマティックレビュー（systematic review）とがある（Jesson et al., 2011；辺見，2016；大谷，2017）。以下では，Jesson et al. (2011) に基づいて，2種類の方法について説明する。

　ナラティブレビューとは，伝統的なレビューの方法であり，「既に知られていること，すなわちある主題における既存の知識を，所定の方法論を伴わずに記述した評価」（Jesson et al., 2011, p. 10）のことである。ナラティブレビューは，研究上の課題を特定したり，研究上の着想を獲得したりするために行われ，研究者が自身の判断に基づいて文献を選択し，その成果や課題を物語形式で論述する。ナラティブレビューに対しては，研究者の主観が介在しやすい，文献群の一部しか対象とならない，文献の包含・排除基準がない，レビュープロトコルがないので他者が再現できないといった批判がある。第1章

第2節第2項（3）では，国内における定義の構成活動に関する研究を批評することで，定義の構成活動を真正面から取り上げた体系的な研究がみられないことを指摘したが，これはナラティブレビューによる批評である。

　システマティックレビューは，臨床医学の学問領域において定式化された方法であり，現在では社会科学などの多様な学問領域においても採用されるようになっている。システマティックレビューとは，「明確に述べられた目的，問い，定義された捜索アプローチ，包含・排除基準の宣言，文献の質的査定の生成を伴う批評」（Jesson et al., 2011, p. 12）のことである。システマティックレビューは，特定の批評設問（review question）に対して厳密に答えるために行われ，データベース等からある基準に従って文献を選択し，批評設問に対する回答を表形式で論述する。システマティックレビューは，文献検索及び選択の過程をレビュープロトコルとして開示するという点において，ナラティブレビューよりも客観的な批評である。以上の2種類の批評の違いは，表1-1のようにまとめられる。

表1-1：2種類の批評の違い（Jesson et al., 2011を基に筆者作成）

	ナラティブレビュー	システマティックレビュー
目的：	課題を特定する，着想を獲得する	批評設問に対して厳密に回答する
設計：	決められた手続きはない	決められた手続きに従う
過程：	開示する必要はない	レビュープロトコルとして開示する
文献検索：	自由に検索する	データベース等で検索する
文献選択：	研究者が判断する	包含・排除基準に従う
総合：	物語形式でまとめる	表形式でまとめる
客観性：	どちらかといえば主観的である	どちらかといえば客観的である

　表1-1について，システマティックレビューはより客観的な方法であるからといって，ナラティブレビューよりも常に優れているとは限らない。なぜな

ら，システマティックレビューにおけるキーワード検索や包含・排除基準によって，当該研究領域における重要な文献が抜け落ちてしまうかもしれないからである。実際，ナラティブレビューにおける文献探索の過程では，キーワード検索では該当しないものの，当該研究領域においては重要な文献に出合うことがある。そのため，Jesson et al. (2011) は，ナラティブレビューをシステマティックレビューの前段階として位置づけることを提案している。すなわち，ナラティブレビューによって文献を探索しながら研究課題となり得る批評設問を設定し，システマティックレビューによって批評設問に回答することで研究課題の妥当性を検証する。Jesson et al. (2011) は，このような，研究課題となり得る批評設問を設定するための批評を，「スコーピングレビュー (scoping review)」と呼んでいる。以上より，システマティックレビューの手続きは，図1-4のように定式化できる。

① 領域のマップ化：スコーピングレビューによって先行研究で得られている知見の空隙（knowledge gap）を特定する。批評設問を設定する。包含・排除基準を設定する

② 包括的検索：データベースを用いて文献を検索，記録する。批評設問を洗練する

③ 質の評価：該当した文献を評価して，包含文献と排除文献の一覧表を作成する

④ データ抽出：文献を読み内容を整理しながら，包含・排除基準を改訂する

⑤ 総合：ある視点から文献をまとめて，批評設問に対する回答を示す

⑥ 執筆：システマティックレビューの様式に従って批評を執筆する

図1-4：システマティックレビューの手続き（Jesson et al., 2011を基に筆者作成）

システマティックレビューの必要性は，図書館情報学の進展による文献検索環境の変化によって生じたものである。今日では，データベースを用いることで世界中の文献に容易にアクセスすることができる。そのため，当該研究領域における文献を包括的に検索し批評することで，妥当な研究課題を導出する必要がある。実際，最近の数学教育研究においても，システマティックレビュー

52 第1章 数学教育における定義活動に関する研究の展開と課題

を使用した論文がみられる (Stahnke et al., 2016；Radovicet al., 2018など)。一方で，先述のとおり，単なるシステマティックレビューは，文献探索によって得られる重要文献を見落とす可能性を含んでいる。それゆえ，スコーピングレビューとシステマティックレビューを相補的に位置づけることによって，文献を探索的かつ包括的に検索して批評し，当該研究領域における妥当な研究課題を導出することができる。以上の方法論に基づいて，本研究では，国際的な研究の文脈を対象として，定義活動に関する研究のスコーピングレビューとシステマティックレビューを行う。

（2）スコーピングレビューの手続き

　先述のとおり，スコーピングレビューは，研究課題となり得る批評設問を設定するための批評である。スコーピングレビューに決められた手続きはないが，本研究では文献検索にあたって，主たる先行研究における引用・参考文献を，芋づる的に遡及する手続きを採用する。具体的に，定義活動に関する博士論文である Kobiela (2012)，及びそれに基づく学術論文である Kobiela & Lehrer (2015) における引用・参考文献を遡及していくことで，定義活動に関する研究を探索的に検索する。もちろん文献探索の過程においては，引用・参考文献に挙がっていない文献を偶然発見したり，他者から文献を紹介してもらったりすることもあり得るため，そのようにして入手した文献も批評には含める。このようにスコーピングレビューでは，研究上の鍵概念に関わる先行研究を探索的に検索することで，その鍵概念に関する研究の起源や展開，動向や課題を整理する。以上をふまえて，次項以降では，定義活動に関する研究のスコーピングレビューの結果として，定義活動に関する研究の起源と展開（第2項），動向と課題（第3項）を示す。

第2項　定義活動に関する研究の起源と展開

（1）定義の構成過程への着目

　第1章第1節第2項で示したように，数学教育研究において，「生徒が自分自身で定義を構成する」という着想は，古くは Fawcett (1938) にみることができる。フォセットは，数学における相対的な真理観を学校数学に導入し，教

科書や教師から天下り的に提示されがちな定義を，生徒が自分自身で構成，洗練していく学習指導を実施した。

同様の着想は，Freudenthal（1971；1973）にもみることができる。フロイデンタールは，定義はあらかじめ捉えられるものではなく，組織化する（organizing）活動の結果として得られるものであるとし，児童生徒たちが自分自身で定義を構成する活動の重要性を指摘した。実際，フロイデンタールは，次のとおりに主張した。

前もって定義されていないものについて厳密に推論することがどうしてできるのか，と尋ねられることがある。しかし，これは創造的な数学者が通常行っていることであり，学習者にも許されるべきことである。実際ほとんどの場合，定義はあらかじめ捉えられるものではなく，組織化する活動の最終的な仕上げとして得られるものである。子どもからこの特権を奪うべきではない。子どもが自身で発見できる秘密を漏らすのはよくない教え方である，それは罪でさえある。

(Freudenthal, 1973, p. 417)

ここでいう「組織化」とは，図形領域における定義に関するものであり，図形に関する様々な性質について，ある性質を他の性質から導くこと，すなわち性質間の関係を順序づけることであると捉えられる。例えば，平行四辺形には，「向かい合う辺が平行」「向かい合う辺の長さが等しい」「対角線が各々の中点で交わる」といった性質があるが，これらの性質間の関係を調べていった最終的な結果として，「2組の対辺がそれぞれ平行な四角形」という平行四辺形の定義が得られる。そして，フロイデンタールによれば，組織化する活動を通して，児童生徒たちは，定義自体を学習するだけでなく，「定義すること」や「定義とは何か」を学習するとされた。

数理哲学においても定義の構成過程への着目はされており，Lakatos（1976）にその着想をみることができる（第2章補節で詳述）。ラカトシュは，従来の数理哲学において，数学的発見の論理は演繹であるとされてきたことを批判した。具体的に，ユークリッドの『原論』のような，定義及び公理のリストから

始まり，定理が提示され，証明へと展開されていくスタイルを「演繹主義的スタイル（deductivist style）」と呼んだ。演繹主義的スタイルにおける定義は，理論の冒頭において提示される絶対的なものであり，「なぜその定義が必要なのか」「なぜそのように定義するのか」といったことは一切考慮されない。代わりにラカトシュは，「発見法的スタイル（heuristic style）」と呼ばれる，問題状況から始まり，その問題に関する推測，証明，論駁を通して，推測と証明が洗練されていき，その証明の要約として定理や定義が定式化されるスタイルを推奨した。発見法的スタイルにおける定義は，反例の発見によって顕在化する暫定的なものであり，推測，証明，論駁といった活動を通して洗練され得るものである。そしてラカトシュは，数学史の解釈や数学教育の実践において発見法的スタイルを採用することが必要であると主張した。

　以上の3つの研究は，定義の構成過程に着目することの重要性を指摘した古典的研究であり，定義活動に関する起源として位置づけられる。そして，これらの研究から得られる知見は，定義とはあらかじめ誰かによって定められている絶対的なものではなく，主体によって能動的に構成される相対的なものということである。

（2）定義活動に関する研究の展開

　1990年代以降は，生徒が自分自身で定義を構成する活動を，実証的に考察する研究が展開されるようになった。それらは，大きく以下の2つに分けることができる。

① 証明活動の類比としての定義活動

　論文の表題に「定義活動（defining）」という語を掲げた最初の研究は，Mariotti & Fischbein（1997）である。この研究では，Fischbein（1993）が提唱した「図形的概念（figural concept）」に着目し，幾何学的な概念の形成の促進における定義活動の有効性を明らかにすることが目的とされた。図形的概念の理論によれば，幾何学的概念は，現実・経験的世界，直観的，知覚依存といった図形的な側面と，数学・抽象世界，論理的，理論依存といった概念的な側面を兼ね備えたものである。それゆえ，幾何学的概念の形成のためには，図形的な側面と概念的な側面の相互作用が重要であるとされた。そして，その相互作用を自然に引き起こすためには，生徒たちが定義活動に取り組むことが必

要であるとされた。このような着想の下，第6学年の生徒たちが多面体や展開図といった幾何学的概念に関する定義活動に取り組めるような授業が実施された。その結果，幾何学的概念における図形的な側面と概念的な側面を仲立ちするためには定義への注目が決定的である一方で，生徒が定義活動に取り組むためには教師による一定の介入が必要であることが明らかにされた。

　この論文において，マリオッティたちが「定義活動（defining）」という語をどのような意図で用いたのかは明記されていない。しかし，その背景には，関連研究領域である証明研究において「証明活動（proving）」という着想が導入されたことが1つの要因としてあるとみられる。すなわち，当時の証明研究では，論理や形式に偏重した証明指導を改善するために，生成される結果である「証明（proof）」ではなく，証明を生成することに関わる多様な過程である「証明活動（proving）」に焦点を当てることが提唱され（Balacheff, 1988），国際ハンドブックにおいても「証明と証明活動（proof and proving）」（Hanna & Jahnke, 1996）のように両者が併記されるようになったことである（辻山，2018）。実際，マリオッティは，イタリアの他の研究者らと共同で証明研究に取り組んでおり（Mariotti et al., 1997など），証明研究における証明活動の提唱の影響を受けていたことは，想像に難くない。さらに，Mariotti & Fischbein（1997）において「定義活動の過程（defining processes）」という言葉がたびたび用いられていることからも，マリオッティが，過程としての証明活動の類比として，過程としての定義活動を位置づけたのではないか，ということが推察される。

　同様の位置づけは，de Villiers（1998）にもみることができる。デ・ヴィラーズは，Freudenthal（1973）による数学的活動論をふまえて，数学教育においては，定義，命題，証明といった数学的内容よりも，定義すること，推測すること，証明することといった数学的過程に注目することが重要であると主張した。そして，次のように，定義活動に関する研究に取り組むことの必要性を指摘した。

　　さらにいえば，定義の構成（定義活動）は，問題を解決すること，推
　　測を立てること，一般化すること，特殊化すること，証明することと

いった，他の過程と同じくらい重要な数学的活動である。それゆえ，ほとんどの数学指導においてそれが無視されてきたことは，全く不思議なことである。

(de Villiers, 1998, p. 249)

　上の研究では，生徒たちの定義する能力の育成を目的として，第10学年の生徒たちを対象とした教授実験が行われた。教授実験では，生徒たちが定義活動に取り組む機会を設定し，同一の概念に対する代替的定義，経済的定義と非経済的定義の違い，経済的定義の意義を理解すること[15]が目標とされた。その結果，実験群の生徒たちは，統制群の生徒たちに比べて，経済的定義を構成できた割合が高かったことが報告された。そして，生徒たちは包摂的定義よりも排反的定義[16]を好む傾向にあること（de Villiers, 1994）を挙げたうえで，生徒たちが経済的定義の意義を理解できるようにするためには，暫定的に構成した排反的定義を経済性の観点から検討することで定義を洗練していく活動を，指導に取り入れることが有効ではないかと提案した。

　この論文においても，デ・ヴィラーズが「定義活動（defining）」という語をどのような意図で用いたのかは明記されていない。しかし，マリオッティと同様に，デ・ヴィラーズも証明研究に取り組んでいたことからも（de Villiers, 1990など），定義活動を取り上げるにあたって，証明活動の影響を少なからず受けていたことが推察される。

　以上の研究から得られる知見は，関連研究領域である証明研究における証明活動の提唱は定義活動という新しい研究領域を提起し，主として図形指導の文脈において研究が行われるようになったということである。

15　代替的（alternative）定義とは，ある定義に対して，その定義と同値な性質に基づいて得られる定義である。例えば，「平行四辺形とは，2組の対辺がそれぞれ平行な四角形である」という定義に対して，「平行四辺形とは，2組の対辺の長さがそれぞれ等しい四角形である」が代替的定義の1つである。また，経済的（economical）定義とは，対象を最小の条件で規定する定義であり，非経済的定義とは，そうではない定義である。例えば，「平行四辺形とは，2組の対辺がそれぞれ平行で，長さが等しい四角形である」は，非経済的な定義の1つである。（第2章第2節第1項も参照）

16　包摂的（inclusive）定義とは，ある対象が他の対象の部分集合として位置づく定義であり，排反的（exclusive）定義とは，部分集合として位置づかない定義である。例えば，「正方形とは，4つの辺がすべて等しく，4つの角がすべて等しい四角形である」という定義に対して，「長方形とは，4つの角がすべて等しい四角形である」は包摂的定義の1つであり，「長方形とは，4つの角がすべて等しく，隣り合う2つの辺が等しくない四角形である」が排反的定義の1つである。

② メタ数学的内容としての定義

先述のように，論文の表題に「定義活動（defining）」という語を最初に掲げた研究は，Mariotti & Fischbein（1997）であるが，生徒による定義の構成活動にいち早く注目した研究として Borasi（1992）がある（第2章第1節第2項で詳述）。ボラシの問題意識は，当時の米国において支配的であった教師から生徒への一方的な知識の伝達という数学指導の見方を改善することにあり，数学指導の新しい見方として「人間的探究アプローチ」を提唱した。このアプローチを具現化する際に，生徒たちが真正な数学的探究に取り組めるような題材として数学的定義が選択された。ボラシは，Fawcett（1938）における教室内議論や，Lakatos（1976）における証明と論駁の過程を参照しながら，生徒たちが自分自身で定義を構成，洗練することを期待する教授実験を設計した。具体的には，第11学年の生徒2名が，不適切な定義や曖昧な定義を検討することを通して，定義をよりよいものに洗練していく活動が行われた。その結果，2人の生徒は当初，数学を絶対的で既に決められた創造性のないものとして捉えていたが，教授実験を通して，数学は人間的な活動の所産であり，創造的な活動の場であると捉えるようになったことが報告された。

Borasi（1992）に対する書評として Pimm（1993）がある。ピムは，Borasi（1992）における章構成や教授実験に関する問題点に加えて，数学的定義に関する検討が不十分であることを批判した。例えば，方程式，関数，円といった数学的内容と，定義という数学的内容とでは，その質が異なり，後者はメタ数学的内容であると指摘した。そして，「*定義* という語は，一握りのメタ数学的指標の用語（他には，*公理，定理，証明，補題，命題，系*）の1つであり，書かれた数学の様々な要素について，その意味された状態や機能を指示する」（Pimm, 1993, pp. 261-262, 斜体は原文）と特徴づけた。

メタ数学的内容としての定義という特徴づけは，主としてイスラエルの研究者たちによって支持された。例えば，Leikin & Winicki-Landman（2001）は，定義をメタ数学的内容の1つとして位置づけたうえで，中等学校の数学教師たちはメタ数学的知識を獲得する必要があると主張した。この研究では，現職教員を対象とした職能成長（professional development）の一環として，定義活動を取り入れたプログラムが開発された。このプログラムにおいては，絶対値

58 第 1 章 数学教育における定義活動に関する研究の展開と課題

や特別な四角形といった数学的概念について、与えられた複数の定義が同値であるかを検討したり（Winicki-Landman & Leikin, 2000; Leikin & Winicki-Landman, 2000），与えられた複数の状況からフィボナッチ数列という数学的概念を特定してその定義を構成したり（Leikin & Winicki-Landman, 2001）する活動が行われた。その結果，教師たちは，定義活動を通して，数学的定義の性質に関する理解を深めること，及び教師がもつべきメタ数学的知識を獲得することができたとされた。

　また，Zaslavsky & Shir（2005）は，上述の Pimm（1993）の特徴づけを引用したうえで，生徒たちが数学的定義をどのように捉えているかを明らかにするための調査を行った。この調査では，第12学年の生徒 4 名が，幾何及び解析領域における諸概念（増加関数，正方形，極大値，二等辺三角形）について，与えられた複数の言明のうちのどれを定義として受け入れるかを検討したり，その中でもどれが定義として最もふさわしいかを選択したりする活動に取り組んだ。その結果，生徒たちは，各概念に応じて，必要十分性といった論理的妥当性や，明確性や包括性といった伝達可能性を検討したことが報告された。また，数学的定義に関して，最小性は必須の特徴として認識されなかった，手続き的言明は定義として受け入れられなかった，といった生徒による数学的定義の捉え方の一端が報告された。さらに，生徒たちによる数学的定義の捉え方は，代替的定義の検討によって変容していったことも報告された。以上の結果を受けて，数学的定義の概念は，ある特定の概念についての，自分なりの定義，代替的定義，概念イメージの検討によって形成されていくことが指摘された。また，定義を検討する活動は，数学的定義の性質の理解の促進や，相対的な定義観の形成に寄与し得ることが示唆された。

　以上の研究から得られる知見は，Pimm（1993）による Borasi（1992）批判はメタ数学的内容としての定義に着目した研究の契機となり，それらの研究において定義活動は，数学的定義の性質の理解のための手段として位置づけられたということである。

第3項　定義活動に関する研究の動向と課題

　2000年代以降は，論文の表題に「定義活動」を掲げる研究の数が増え，学習者による定義の構成過程を詳細に捉えようとする研究が行われるようになった。以下では，定義活動に関する研究の動向を概観したうえで，本研究の研究課題を特定する。

（1）定義活動を捉えるための枠組み

① 定義活動と概念形成

　前項で取り上げた，Mariotti & Fischbein（1997），de Villiers（1998），Leikin & Winicki-Landman（2001），Zaslavsky & Shir（2005）は，確かに定義の構成過程に着目はしていたものの，どちらかといえば定義活動を，図形の概念形成や，数学的定義の性質の理解のための手段として位置づけていた。これらの研究に対して，Ouvrier-Buffet（2004）は，「"定義"は単なるメタ数学的用語ではない」（p. 473）としたうえで，定義の構成過程自体を詳細に分析しようとした。

　まず，Ouvrier-Buffet（2006）は，定義に関する認識論的考察を行い，定義活動が生じ得る状況（situation）として，アリストテレス的な分類状況，ポパー的な理論構築状況，ラカトシュ的な問題状況の3つを特定した。これをふまえて，オヴリァービュッフェは，特に分類状況と問題状況に着目することで，学習者が定義活動に取り組むことができるような状況を明らかにしようとした。そのために，大学1年生たちが，離散数学における直線（離散直線）に関する定義活動に取り組むことができるような授業を設計して実施した。その結果，学生たちは，離散直線上の通常直線を利用したり，離散直線に関する規則性に着目したり，直線に関する公理に基づいたりといった多様な観点から，様々な離散直線の定義を構成できたことが報告された。そして，定義活動と概念形成との弁証法的過程を解明し，両者の互恵的関係を構築するためには，学習者が暫定的な定義を構成するに至るまでの過程を，より詳細に分析する必要があると指摘した。

　その後，Ouvrier-Buffet（2011）は，Lakatos（1961）による定義的手続き（definitional procedure）を設計及び分析のための枠組みとして用いること

で，学習者が証明の文脈における定義活動に取り組むことができるような状況を明らかにしようとした。そのために，定義活動を分析するための枠組みとして，探究とは無関係に生じる定義である素朴定義（naive definition），探究の出発点となる暫定的な定義である零定義（zero-definition），証明上の着想に基づいて洗練される定義である証明生成定義（proof-generated definition）を設定した。そのうえで，大学1年生たちが，離散数学における諸概念（生成集合，最小生成集合）に関する定義活動に取り組むことができるような授業を設計して実施した。その結果，学生たちは，具体的な操作や代数的な思考などを用いて，活動の中では最小生成集合の意味を説明しようとしていたものの，教師による介入なしでは零定義の構成に至らなかったことが報告された。これを受けて，オヴリエ－ビュッフェは，零定義に至る前の段階として，行為における定義（in-action definition）の段階を位置づけることを提案した。行為における定義とは，「明示的な定義を伴わないが，学習者たちにとって操作可能なツールとして用いられる言明」（Ouvrier-Buffet, 2011, p. 177）であり，学習者が未知の対象を行為の中でどのように扱うかを特徴づけるものである。それゆえ，提案された枠組みは，学習者が零定義を構成するに至るまでの過程を，より詳細に分析するために有用であるとされた。一方で，学習者が問題解決の必要を伴って，定義活動に取り組むことができるような状況を設計することは，いまだに課題として残されているとされた。

　以上の研究から得られる知見は，定義活動は概念形成や数学的定義の性質の理解のための手段としての位置づけから，それ自体が目的として位置づけられるようになり，定義活動が生じる状況の考察や，定義に至るまでの過程を分析するための枠組みの提案がされているということである。

② 数学的活動としての定義活動

　定義の構成過程を分析するにあたって，Ouvrier-Buffet（2006）及びOuvrier-Buffet（2011）は，定義活動を概念形成と相補的なものとして位置づけていた。一方で，Zandieh & Rasmussen（2010）は，定義活動の数学的活動としての側面を前面に強調した。ザンディたちは，概念イメージ及び概念定義[17]の使用及び創造を，現実的数学教育（RME: Realistic Mathematics Education）における創発的モデル（emergent models）の着想に基づいて特

徴づけることで，４つの活動の水準からなる「数学的活動としての定義活動の枠組み（defining as mathematical activity framework）」を構築した[18]。それは，概念イメージを使い概念定義をつくる状況的（situational）活動，概念定義を使い概念イメージをつくる参照的（referential）活動，概念イメージと概念定義をつくる一般的（general）活動，概念イメージと概念定義を使う形式的（formal）活動である。そして，球面三角形の定義を事例に，大学生，教員候補学生，高等学校教員の計25名を対象として，５週間にわたって実施された教授実験の結果の分析によって，枠組みの有効性を次のように示した。

　まず，学習者たちは，平面三角形の定義を構成する活動に取り組んだ。その際には，三角形の内角和の性質を定義に含めるかという条件の最小性についての考察や，３点が一直線上にある場合はどうするのか，という定義に当てはまる例についての考察が行われた。これらは，平面三角形について，既有の概念イメージを用いて概念定義を構成する活動であることから，状況的活動であるとされた。次に，学習者たちは，平面三角形の定義をふまえて，球面三角形の特徴を考察する活動に取り組んだ。その際には，平面三角形の定義における「直線」を「大円」に変更してその特徴を考察したり，球面三角形の内角和が180°以上であることを確認したりすることが行われた。これらは，平面三角形の概念定義を用いて，特定の球面三角形の概念イメージを構成する活動であることから，参照的活動であるとされた。そして，学習者たちは，特定の球面三角形から離れて，一般的な球面三角形（小三角形）の定義を構成する活動に取り組んだ。その際には，球面上において，三角形の内角和の性質や二辺夾角相等の合同条件が，一般的に成り立つかどうかの考察が行われた。これらは，球面三角形について，概念イメージと概念定義を構成する活動であることから，一般的活動であるとされた。最後に，学習者たちは，球面三角形に関する推測を証明する活動に取り組んだ。その際には，球面三角形（小三角形）の定義や小三角形において一辺両端角相等の合同条件が成り立つことを用いて推測を証

17　概念イメージ（concept image）は，その概念に関する心的画像（mental pictures）の集まりであり，心的画像には，記号，図，グラフといったあらゆる表現が含まれる。概念定義（concept definition）は，その概念を説明するための言語的な定義である（Tall & Vinner, 1981; Vinner, 1983）。

18　この枠組み自体は，最初から設定されたものではなく，RME に基づいてザンディらが実施した教授実験の結果を回顧的に説明した結果として構築された。

62 第1章 数学教育における定義活動に関する研究の展開と課題

明することが行われた。これらは，構成した概念イメージと概念定義を用いる活動であることから，形式的活動であるとされた。以上のように，構築した枠組みは，概念イメージと概念定義の相互作用による定義活動の漸進的移行を捉えるために有用であるとされた。

　Zandieh & Rasmussen（2010）と同様に，Kobiela & Lehrer（2015）も定義活動の数学的活動としての側面を前面に強調した。コビエラたちは，定義活動に関する先行研究の体系的な批評[19]を通して，教室における定義活動を捉えるための枠組みを構築した。この枠組みは，定義的実践（definitional practice）において生徒が取り組む活動を，8つの側面として整理したものである[20]。それは，定義を提案すること（proposing a definition），性質あるいは関係を記述すること（describing properties or relations），例を構成したり評価したりすること（constructing or evaluating examples），定義的な説明と議論を構成すること（constructing definitional explanations and arguments），定義を改訂すること（revising definitions），体系的な関係を確立して推論すること（establishing and reasoning about systematic relations），定義的な質問を尋ねること（asking definitional questions），定義の判断の妥当性や受け入れ可能性の基準を交渉すること（negotiating criteria for judging adequacy or acceptability of definitions）である。そして，第6学年の生徒18名を対象として，6ヶ月にわたって実施されたデザイン実験[21]の結果の分析によって，枠組みの有効性を次のように示した。

　第1日目の授業では，教師から「多角形とは何か」という定義的な質問を尋ねることから定義活動が始まった。これに対して，ある生徒は，「多角形は同じ角と同じ辺の長さをもつ」と発言し，定義の提案及び性質の記述に取り組んだ。そして，提案された定義に対して，ある生徒は，「（同じ角と辺をもつの

19　Kobiela & Lehrer（2015）では，批評がシステマティックレビューであることは明示されていないが，この論文の基となった学位論文である Kobiela（2012）では，*Journal for Research in Mathematics Education* 及び *Mathematical Thinking and Learning* を中心とした，システマティックレビューによって文献が特定されている。

20　正確にいうと，先行研究から特定した8つの側面を用いてコーディングを行っていく際に，コーディングスキーマであるこれらの側面の内容が微修正され，最終的に枠組みとして提示された。

21　このデザイン実験自体は，コビエラの指導教員であるレーラーが企画した「幾何学と空間図形についての数学的探究」に関するプロジェクトとして行われた。Kobiela & Lehrer（2015）は，このプロジェクトにおける一連の授業を，定義活動の視点から分析したものである。

は）正多角形」と発言し，定義の改訂及び体系的関係の確立に取り組んだ。第
4日目の授業では，教師がアルファベットのZのような図を描き，「これは多
角形であるか知りたい。辺があって角があるから多角形だよね」と発問した。
これに対して，ある生徒は，線が「つながって（connected）いないといけな
い」と発言し，例の評価及び議論の構成に取り組んだ。そして，教師が生徒た
ちの意見を受けて線が「閉じている（closed）」という概念を導入した後，生
徒たちは「多角形は閉じていないといけない」のように，定義の改訂に取り組
んだ。このように，教師による支援を受けながらではあるものの，教室におけ
る定義活動は進行し，生徒による定義活動の諸側面が特定された。一方で，第
4，6，8日目の授業では，生徒たちが，「もしこの（多角形の）定義を受け
入れるならば，2つの辺をもつ多角形はあり得るのか？」「辺というのは一体
何なのだろう」といった，定義的な問いを自発的に尋ねるようになった。さら
に，2つの辺をもつ図形として弓形の図形を構成するといった例の構成・評価
や，弓形の図形には辺はあるが角がないため多角形ではないといった議論の構
成が，生徒たち自身によって行われるようになった。このようにして授業は展
開されていき，第26日目の授業では，生徒たちが主体となって定義活動に取り
組んだとされた。その際に生徒たちは，第1日目の頃と比べて，性質及び性質
間の関係に注目した考察，例の列挙で終わらない定義の創造に取り組むように
なったとされた。以上のように，生徒たちは，教師による発問や考察をまねし
ていくうちに，自分たちで定義を構成，改訂していくようになった。そして，
構築した枠組みは，教室における定義活動の諸側面を捉えるために有用である
とされた。

　以上の研究から得られる知見は，定義活動は数学的活動の1つとして明確に
位置づけられるようになり，中等・高等教育段階の学習者を対象とした実践を
通して，定義の構成過程に関わる多様な営みを捉えるための枠組みが，提案さ
れているということである。

（2）定義活動と他の諸活動との関係

　Zandieh & Rasmussen（2010）及びKobiela & Lehrer（2015）が，数学的活
動としての定義活動を捉えるための枠組みを構築した一方で，分類活動
（classifying）や意思決定（decision-making）といった様々な活動と，定義活

64　第1章　数学教育における定義活動に関する研究の展開と課題

動との関係を分析することも行われている。

　Alcock & Simpson（2017）は，大学生の多くが大学数学における定義の理解に困難性を抱いていることを問題として，分類活動と定義活動に取り組む際の順序関係が，定義の理解にどのように影響するかを解明しようとした。そのために，理系学部の大学1年生132名を対象として，分類課題と定義課題を用いた調査を実施した。分類課題では，増加数列，減少数列，定数数列が，外延的表記，内包的表記，グラフ表記として計15個示されており，それぞれの数列に対して，「増加数列である／減少数列である／どちらでもある／どちらでもない」を選択することが課題とされた。定義課題では，増加数列及び減少数列について，その定義を構成すること，あるいは定義文を読んで意味を説明することが課題とされた。調査の結果，分類課題→定義課題に取り組んだ学生たちは記号（形式言語）よりも英語（自然言語）で定義を構成する傾向にあったこと，定義課題における定義を構成することと定義文を読んで意味を説明することの間には有意差はなかったこと，定義課題→分類課題に取り組んだ集団は分類課題→定義課題に取り組んだ集団よりも分類課題の正答率が有意に高かったことが明らかにされた。これらの結果を受けて，大学数学における定義指導にあたっては，定義活動と分類活動に関する課題系列の影響を考慮に入れるべきであると指摘した。

　Fujita et al.（2019）は，生徒たちが階層分類[22]や包摂的定義の理解に困難を抱えていることを問題として，集団による定義活動及び分類活動における意思決定の過程を明らかにしようとした。そのために，集団による意思決定過程を分析するための枠組みを構築して，第7学年の生徒27名（3名×9グループ）を対象として実施した調査の分析を行った。調査課題は，いろいろな四角形を分類すること，平行四辺形の定義を構成すること，構成した平行四辺形の定義を活用することに関する課題であった。調査の結果，グループにおいて生徒たちは，平行四辺形について，「長方形みたいだけど長方形ではない」や「2組の辺が平行」のように，各々が個人における定義を述べた後，議論を通して

22　階層分類（hierarchical classification）とは，ある対象が他の対象の部分集合として位置づく分類でる（de Villiers, 1994）。なお，区画分類（partition classification）とは，ある対象が他の対象の部分集合として位置づかない分類である。

「90°の角をもたない長方形」といった集団における定義を構成した。また，生徒たちは，押し潰された長方形のような典型的な例（prototypical examples）に基づいて定義を構成した一方で，構成した定義を用いて問題解決に取り組むことが一定程度できたことが報告された。これらの結果を受けて，集団における定義の構成においては，集団においてその概念に関するイメージを共有すること，及び個人が構成した定義を他者の視点から検討することが重要であると指摘した。

　以上の研究から得られる知見は，定義活動は分類活動や意思決定といった活動とも密接に関係するものであり，中等・高等教育段階の学習者を対象とした実践を通して，定義活動と他の諸活動との関係が分析されているということである。

（3）定義活動に関する研究の課題

　以上の，定義活動に関する研究の起源，展開，動向を受けて，本研究では，数学教育における定義活動に関する研究について，次の2つの問題点を指摘する。

　第一に，「定義活動とは何か」が明らかにされていないことである。1990年代以降，定義活動に関する研究が数多く行われるようになっている。しかしながら，肝心の「定義活動（defining)」という用語は，無規定のまま使用されたり（Mariotti & Fischbein, 1997; Ouvrier-Buffet, 2006; Alcock & Simpson, 2017; Fujita et al., 2019），簡単に規定されたり（de Villiers, 1998; Leikin & Winicki-Landman, 2001; Zandieh & Rasmussen, 2010），直接的規定を避けられたり（Ouvrier-Buffet, 2011; Kobiela & Lehrer, 2015）している。その理由は，先行研究における関心が，学習者による定義活動を実証的に分析することを通して，「定義活動はどのように行われるか」という記述的な側面を解明することにあったからだと思われる。実際，先行研究では，定義活動の位置づけに違いはあれども，結果としての定義だけでなく過程としての定義活動に着目して，学習者たちによる定義の構成過程を分析することは共通していた。つまり，これまでの先行研究の知見を総合するならば，定義の構成過程に関わる現象の解明がされているといえる。一方で，先行研究の蓄積をふまえるならば，定義活動という概念を理論的に分析することを通して，「定義活動はどうある

べきか」という規範的側面を解明することが必要であると考える。なぜなら，定義活動の規範的側面が解明されることによって，定義活動の教育的価値を考察したり，定義活動を促進する課題設計のため基盤を構築したりすることが可能になるからである。したがって，先行研究の第一の問題点として，定義活動の規範的側面が明らかにされていないことが指摘できる。それゆえ，定義活動の概念を理論的に分析すること，すなわち定義活動の概念分析を行うことが必要である。

　第二に，「何のための定義活動か」が明らかにされていないことである。先行研究では，様々な学校段階を対象に，様々な数学的題材を用いて，学習者が定義活動に取り組めるような課題が設計されている。しかしながら，先行研究において設計されている課題は，定義活動に焦点が当てられているがゆえか，何かをするために定義するのではなく，定義すること自体が目的となっていることが多い。例えば，Zandieh & Rasmussen（2010）では平面三角形の定義を構成する課題に取り組むことから，Kobiela & Lehrer（2015）では，授業において教師が突然「多角形とは何か」という質問を尋ねることから，定義活動が始まっていた。その結果として，学習者たちは，自分たちで定義を構成したり，定義に当てはまらない例を提示したり，定義を改訂したりすることに取り組んでいたものの，学習者たちがどのような文脈において何を目的として活動していたのかは不問にされている。言い換えると，先行研究では，「どのような目的を達成するために，定義を構成するのか」「定義を構成することによって，その目的がどのように達成されたのか」といった視点からの考察が十分にされていない。したがって，先行研究の第二の問題点として，定義活動の文脈や目的が明らかではないことが指摘できる。

　第一の問題点と第二の問題点は，定義活動のあるべき姿が明らかにされていないという意味で，相互に関連している。そして，特に第二の問題点を解消するためには，定義活動を単に数学的活動の1つとして位置づけるだけでは不十分である。なぜなら，Zandieh & Rasmussen（2010）や Kobiela & Lehrer（2015）のように，定義活動を数学的活動の1つとして明確に位置づけていたとしても，課題において定義すること自体が目的となり得るからである。これは，定義活動に関する先行研究では，学習者が自分自身で定義を構成，改訂す

るという意味で，数学的活動とされているためだと推察する。それゆえ，本研究では，数学的活動としての定義活動に着目したうえで，定義活動の前提となる文脈として，数学的探究（mathematical inquiry）を位置づける。つまり，生徒による実現を期待する活動として，数学的探究における定義活動を設定する。これにより，定義のための定義ではなく，探究のための定義であることが顕在化される。また探究とは，連続的な問題解決であること（第2章第1節第1項で詳述）をふまえるならば，「どのような問題を解決するために，定義を構成するのか」「定義を構成することによって，その問題がどのように解決されたのか」といった視点からの考察が可能になる。そして，数学的探究における定義活動に取り組むことで，生徒たちは，数学における定義の意義や定義の相対性を実感しやすくなると考える。

　一方で，定義活動に対して，数学的探究のような文脈を取り入れると，場合によっては文脈が雑音となり，定義活動が起こらない可能性もあり得る。実際，先行研究では，学習者が必要性を感じながら，定義活動に取り組むことができるような課題や状況を設計することは難しいと指摘されている（Mariotti & Fischbein, 1997; Ouvrier-Buffet, 2011）。たとえそうだとしても，生徒にとっての定義の必要性を尊重するならば，定義のための定義ではなく，探究のための定義であることが望ましい。したがって，生徒が必要性を感じながら，定義活動に取り組めるようにするためにも，定義活動の前提となる文脈として，数学的探究を位置づけることが必要である。

　第1章第3節第2項（2）で示したように，定義の構成活動における文脈や目的の重要性は，Borasi（1992）によって指摘されていた。それゆえ，定義活動の前提となる文脈として数学的探究を位置づけるという本研究の着想は，Borasi（1992）に対しては独自性が保証されていないようにみえるかもしれない。このとき Borasi（1992）は，数学的探究の文脈における定義の構成活動を扱った研究ではあるものの，定義活動に関する先行研究には含まれていない点に注意する必要がある。なぜなら，Borasi（1992）の主たる関心は，定義の構成活動の促進よりも，探究的な学習指導の実現にあったとみられるからである。これは，「我々の探究の物語についての報告の意図は，他の教師たちによって再現され得る“モデル単元”を提供することでもなければ，数学におけ

68 第 1 章 数学教育における定義活動に関する研究の展開と課題

る定義指導をより効果的にするための活動を示唆するものでもなかったことを思い出してほしい」(Borasi, 1992, p. 157) という記述からも明白である。つまり，Borasi（1992）は定義の構成活動を数学的探究の事例として位置づけていたのに対して，本研究は定義活動を主たる活動として位置づけている点が特徴である。実際，Borasi（1992）では，定義の構成活動のあり方に関する理論的考察は十分に行われていないため，定義活動に関する研究の展開をふまえたうえでの批判的考察が必要である。したがって，本研究は，数学的探究における定義活動のあり方を理論的に考察する点において，Borasi（1992）に対しても独自性があるといえる。

　以上より，2つの問題点を総合することによって，「数学的探究において定義活動をどのように行うべきか」という研究設問（research question）が得られる。そして，この研究設問を研究課題の形に言い換えたものが，「数学的探究における定義活動の方法を明らかにすること」（研究課題1）である。しかしながら，この研究課題は，スコーピングレビューにおける文献探索によって得られたものであるため，本当に研究課題として妥当であるかどうかは検討の余地が残されている。それゆえ，研究課題の妥当性を示すために，システマティックレビューによって研究課題の妥当性を検証することが必要である。

第4節　定義活動に関する研究の課題の検証：システマティックレビュー　　69

第 **4** 節

定義活動に関する研究の課題の検証：
システマティックレビュー

　前節では，スコーピングレビューの結果として，定義活動に関する先行研究の問題点として，定義活動の規範的側面が明らかにされていないこと，及び定義活動の文脈や目的が不問にされていることを指摘した。本節では，先行研究においてこれらの問題点が本当に解消されていないかどうかを検証するために，システマティックレビューを行う。具体的には，スコーピングレビューによって特定した問題点に基づいて批評設問を設定し，その批評設問に回答することで，研究課題の妥当性を示す。

第 **1** 項　システマティックレビューの結果

（1）システマティックレビューの手続き

　第1章第3節第1項で示したように，システマティックレビューは，スコーピングレビューによって得られた，特定の批評設問に回答するために行われる。本研究におけるシステマティックレビューでは，次の2つの批評設問を設定する。

　○ 批評設問1：「定義活動（defining）」の概念はどのように規定されているか
　○ 批評設問2：定義活動の文脈はどのように設定されているか
　また，批評設問に関わる関連設問として次の2つを設定する。
　・関連設問1：どの教育段階を対象としているか
　・関連設問2：どのような数学的内容を題材としているか
　以下では，文献検索に関する結果（レビュープロトコル）を示す。文献検索にあたっては，米国教育省の教育資源情報センター（ERIC：Education Resources Information Center）のデータベースを利用した。検索キーワードは，「Title OR Abstract: "defining" AND "mathematics"」であり，題目あるいは要約に「定義活動」と「数学」を含む，査読付き（peer-reviewed）文献

を対象とした。検索日は2022年1月17日であり，該当数は367件であった。そして，これらの文献を，次の包含・排除基準に従って選定した。

基準1は，「数学教育研究における主要7雑誌（*Educational Studies in Mathematics, Journal for Research in Mathematics Education, For the Learning of Mathematic, Journal of Mathematical Behavior, Journal of Mathematics Teacher Education, Mathematical Thinking and Learning, ZDM: Mathematics Education*）における文献に限定すること」である。「主要7雑誌」の根拠は，雑誌評定のニュースレター（Törner & Arzarello, 2012）において，上の7雑誌の評定がA*及びAであることによる[23]。

基準2は，「数学的概念を対象とした定義活動（defining）に言及している論文に限定すること」である。これは，「定義すること（defining）」の対象が，数学的概念とは無関係な研究上の概念などである場合を除くためである。なお，definingの対象が数学的概念かどうかの判断は要約から判断する。

（2）システマティックレビューの結果

包含・排除基準による選定の結果，該当文献は，以下の15件であった（最新のものから時系列順に列挙，番号右肩の*はスコーピングレビューでも取り上げた文献）。

1*. Fujita, T., Doney, J., & Wegerif, R. (2019). Students' collaborative decision-making processes in defining and classifying quadrilaterals: A semiotic/dialogic approach. *Educational Studies in Mathematics, 101*(3), 341-356.

2. Tirosh, D., Tsamir, P., Levenson, E., Barkai, R., & Tabach, M. (2019). Preschool teachers' knowledge of repeating patterns: Focusing on structure and the unit of repeat. *Journal of Mathematics Teacher Education, 22*(3), 305-325.

---

23 この雑誌評定は，欧州数学会教育委員会（The Education Committee of the European Mathematics Society）と欧州数学教育研究学会（The European Society for Research in Mathematics Education）が中心となって作成された。32ヵ国から計75名の専門家が，認知度，査読過程及び質的基準，編集者及び編集委員会，引用の観点から，各雑誌をA*，A，B，Cの4段階で評価した。評価の結果，A*を得たのは2雑誌（ESM，JRME）であり，全体の3分の2以上からA*評価を受けた。また，Aを得たのは5雑誌（FLM，JMB，JMTE，MTL，ZDM）であり，全体の3分の2以上からA以上の評価を受けた。

3*. Alcock, L., & Simpson, A. (2017). Interactions between defining, explaining and classifying: The case of increasing and decreasing sequences. *Educational Studies in Mathematics, 94*(1), 5-19.

4*. Kobiela, M., & Lehrer, R. (2015). The codevelopment of mathematical concepts and the practice of defining. *Journal for Research in Mathematics Education, 46*(4), 423-454.

5 . Tsamir, P., Tirosh, D., Levenson, E., Barkai, R., & Tabach, M. (2015). Early-years teachers' concept images and concept definitions: Triangles, circles, and cylinders. *ZDM: Mathematics Education, 47*(3), 497-509.

6 . Johnson, H. L., Blume, G. W., Shimizu, J. K., Graysay, D., & Konnova, S. (2014). A teacher's conception of definition and use of examples when doing and teaching mathematics. *Mathematical Thinking and Learning, 16*(4), 285-311.

7 . Dawkins, P. C. (2012). Metaphor as a possible pathway to more formal understanding of the definition of sequence convergence. *Journal of Mathematical Behavior, 31*(3), 331-343.

8 . Koichu, B. (2012). Enhancing an intellectual need for defining and proving: A case of impossible objects. *For the Learning of Mathematics, 32*(1), 2-7.

9*. Ouvrier-Buffet, C. (2011). A mathematical experience involving defining processes: In-action definitions and zero-definitions. *Educational Studies in Mathematics, 76*(2), 165-182.

10. Roh, H. R. (2010). An empirical study of students' understanding of a logical structure in the definition of limit via the ε-strip activity. *Educational Studies in Mathematics, 73*(3), 263-279.

11. Tanguay, D., & Grenier, D. (2010). Experimentation and proof in a solid geometry teaching situation. *For the Learning of Mathematics, 30*(3), 36-42.

12*. Zandieh, M., & Rasmussen, C. (2010). Defining as a mathematical activity: A framework for characterizing progress from informal to more formal ways of reasoning. *Journal of Mathematical Behavior, 29* (2), 57-75.

13*. Ouvrier-Buffet, C. (2006). Exploring mathematical definition construction processes. *Educational Studies in Mathematics, 63*(3), 259-282.

14*. Winicki-Landman, G., & Leikin, R. (2000). On equivalent and non-equivalent definitions: Part 1. *For the Learning of Mathematics, 20*(1), 17-21.

15*. Mariotti, M. A., & Fischbein, E. (1997). Defining in classroom activities. *Educational Studies in Mathematics, 34*(3), 219-248.

　以上15件の文献について，対象としている教育段階，題材としている数学的内容，定義活動の概念規定，定義活動の文脈をまとめたものが，次ページの表1-4である。また，表1-2は1990年から2021年までの年代に対する文献数，表1-3は各教育段階に対する文献数をまとめたものである。

表1-2：年代に対する文献数

期間（年）	1990-1994	1995-1999	2000-2004	2005-2009	2010-2014	2015-2021
文献数（件）	0	1	1	1	7	5

表1-3：教育段階に対する文献数

教育段階	初等教育	中等教育	高等教育	教師教育
文献数（件）	0	3	8	6

第4節　定義活動に関する研究の課題の検証：システマティックレビュー　　73

表1-4：システマティックレビューの結果の一覧

番号	文献	教育段階	数学的内容	定義活動の概念規定	定義活動の文脈
1*.	Fujita et al. (2019)	中等教育	平行四辺形	定義活動と分類活動は密接に関連するとしているが，定義活動の概念規定は示されていない。	いろいろな四角形を分類した後に，平行四辺形とは何かを言葉で説明する。
2.	Tirosh et al. (2019)	教師教育	繰り返しのパターン	単に「定義すること」という意味で用いており，概念規定は示されていない。	質問紙における「繰り返しのパターンとは何か」という問いを受けて，定義を構成する。
3*.	Alcock & Simpson (2017)	高等教育	増加数列，減少数列	定義活動は数学的な活動の1つであるとしているが，定義活動の概念規定は示されていない。	定義を構成（意味を説明）した後に数列を分類する。あるいは，数列を分類した後に定義を構成（意味を説明）する。
4*.	Kobiela & Lehrer (2015)	中等教育	多角形	定義活動は一枚岩（monolithic）ではないとして，定義的実践の諸側面を示している。	教師からの「多角形とは何か」という質問を受けて，定義を構成する。
5.	Tsamir et al. (2015)	教師教育	三角形，円，円柱	単に「定義すること」という意味で用いており，概念規定は示されていない。	質問紙における「○○を定義せよ」という課題を受けて，定義を構成する。
6.	Johnson et al. (2014)	高等教育，教師教育	擬角柱	数学的定義の構成に関わる活動を含む過程，と簡単に規定されている。	「グループαの立体すべてに当てはまり，グループγの立体すべてを除外する定義を構成せよ」という課題を受けて，定義を構成する。
7.	Dawkins (2012)	高等教育	数列の収束	Zandieh & Rasmussen (2010) に依拠して定義活動を説明しており，概念規定は示されていない。	教師が直観的な定義を導入し，それを比喩的な文脈で考察しながら，定義を洗練する。
8.	Koichu (2012)	教師教育	ペンローズの三角形	単に「定義すること」という意味で用いており，概念規定は示されていない。	「空間にペンローズの三角形は存在できるか？」という問題解決のために，定義を構成する。
9*.	Ouvrier-Buffet (2011)	高等教育	生成集合	Lakatos (1961) による定義的手続きによって定義活動を概念化するとしている。	離散平面において始点から複数の移動の結合によって到達できる点の集合を考察して，定義を構成する。
10.	Roh (2010)	高等教育	数列の極限	単に「定義すること」という意味で用いており，概念規定は示されていない。	「数列の極限をどのように決めるか」という質問を受けて，定義を構成する。
11.	Tanguay & Grenier (2010)	高等教育	正多面体	De Villiers (1998) に依拠して定義活動を説明しており，概念規定は示されていない。	「正多面体を定義しなさい」という課題を受けて，定義を構成する。
12*.	Zandieh & Rasmussen (2010)	高等教育，教師教育	平面三角形，球面三角形	定義を創造することに加えて，定式化，交渉したり，改訂したりすることも含む，と簡単に規定されている。	平面三角形の定義及び定理を考察した後に，球面三角形の定義及び定理を考察する。
13*.	Ouvrier-Buffet (2006)	高等教育	離散直線	定義活動が起こり得る状況を特定しているが，定義活動の概念規定は示されていない。	離散平面において，三角形を作図したり，直線を分類したりする中で，離散直線の定義を構成する。
14*.	Winicki-Landman & Leikin (2000)	教師教育	接線	単に「定義すること」という意味で用いており，概念規定は示されていない。	いろいろな曲線に対する接線についての複数の定義を検討する。
15*.	Mariotti & Fischbein (1997)	中等教育	多面体，展開図	定義活動は数学的な活動としての側面と教育的課題としての側面をもつとしているが，定義活動の概念規定は示されていない。	立体の模型を分類する中で定義を構成する。正しい展開図を選択する中で定義を構成する。

74　第1章　数学教育における定義活動に関する研究の展開と課題

第2項　結果の分析

（1）研究課題の検証

　システマティックレビューの結果を分析することで，批評設問に対する回答を得る。

　批評設問1は，「『定義活動（defining）』の概念はどのように規定されているか」であった。これに対する回答は，先行研究において「定義活動（defining）」の概念は詳細に規定されていないということである。実際，表1-4のとおり，「定義活動（defining）」という用語は，無規定のまま使用されたり，簡単に規定されたり，直接的規定を避けられたりしていた。中には，"defining"という語を用いているものの，単なる動名詞型としての使用であり，「定義活動」よりも「定義すること」という訳の方が適切とみられる文献もみられた。したがって，先行研究において，定義活動の規範的側面は明らかにされていないこと，言い換えると，「定義活動とはどうあるべきか」の理論的分析よりも，学習者が「定義活動にどのように取り組むか」の実証的分析に主眼に置かれていることが確認された。

　批評設問2は，「定義活動の文脈はどのように設定されているか」であった。これに対する回答は，先行研究において，定義活動の文脈や目的はほとんどの場合において不問にされているということである。実際，表1-4のとおり，学習者が定義活動に取り組むにあたって，最初から定義に関する課題が与えられることがほとんどであった。これによって，学習者は確かに定義活動に取り組んでいたものの，それは「定義について問われたから，定義を考察している」という域を出ないものであった。中には，問題解決において学習者が定義の必要性を伴って定義活動に取り組めるような課題を設計する研究（Koichu, 2012）もみられたが，教材研究としての側面が強く，定義活動の概念及びその文脈の考察は十分に行われていなかった。したがって，先行研究において，定義活動の文脈や目的は十分に検討されていないこと，言い換えると，学習者にとっての定義の必要性よりも，研究としての分析の妥当性に主眼が置かれていることが確認された。

　また，「どの教育段階を対象としているか」（関連設問1）について，表

1-3のとおり，先行研究の大半では，高等教育段階と教師教育段階，つまり大学生以上を対象としていた。これは先行研究において，定義活動を取り上げるにあたっての定義が，いわゆる数学的定義のみを指しており，大学数学における定義の理解の困難性（Dawkins, 2012; Roh, 2010）や，数学的定義の性質の理解の困難性（Johnson et al., 2014; Winicki-Landman & Leikin, 2000）を問題としているためであるとみられる。中には，Fujita et al.（2019）やMariotti & Fischbein（1997）のように中等教育段階を対象とする研究もみられたが，どちらかといえば図形の概念形成に主眼が置かれていた。それゆえ，中等教育段階を対象として，定義活動を数学的活動の1つとして位置づけていた研究は，Kobiela & Lehrer（2015）のみであった。そして，この研究においても，定義活動の目的や文脈は不問にされており，定義活動を何らかの文脈に位置づけることはされていなかった。したがって，本研究が対象としている中等教育段階においては，そもそもの先行研究の数が少ないことも確認された。

　以上のシステマティックレビューによって，定義活動の規範的側面が明らかにされていないこと，及び定義活動の文脈や目的が明らかにされていないことが検証された。

（2）レビュー結果の総合

　第1章第3節第1項で説明したように，本研究では，スコーピングレビューとシステマティックレビューを相補的に位置づけることによって，当該研究領域における妥当な研究課題を導出することを試みた。結果を対比してみると，*をつけた文献のように，それぞれのレビューにおいて共通する文献もあれば，どちらかにしか含まれない文献もあった。具体的に，スコーピングレビューでは，書籍（Borasi, 1992）や書評（Pimm, 1993），国際会議のProceedingsの論文（de Villiers, 1998）といった文献を取り上げた。これらの研究は，システマティックレビューにおける文献検索では該当しないものの，2000年代以降の定義活動に関する学術論文においてしばしば参照されるものであり，当該研究領域における重要な文献であるといえる。一方で，システマティックレビューでは，"defining" という語を用いているものの，活動としての側面には焦点化されていない学術論文（Tirosh et al., 2019; Tsamir et al., 2015など）を取り上げた。これらの研究は，定義活動に関する先行研究の範疇

には含まれないが，スコーピングレビューにおける文献探索では発見できなかった関連研究を，ある程度検索し批評できたという点で意味がある。

　以上の2種類のレビュー結果を総合して概括すると，本研究の着想を次のとおりに明確にできる。それは，本研究では，まず大前提として，結果としての定義（definition）だけでなく，定義の構成過程に関わる多様な営みである定義活動（defining）に焦点を当てる。次に，概念形成のためや数学的定義の性質の理解のための定義活動ではなく，数学的活動としての定義活動に着目する。そして，それが「定義のための定義」ではなく「探究のための定義」になるように，定義活動の前提となる文脈として，数学的探究を位置づけるということである。

　第3・4節では，スコーピングレビューとシステマティックレビューによって，定義活動に関する研究についての学術研究上の課題を導出した。第3・4節の結論は，数学教育における定義活動に関する研究の課題として，「数学的探究における定義活動の方法を明らかにすること」（研究課題1）がスコーピングレビューによって特定され，その妥当性がシステマティックレビューによって検証されたということである。

　第1章の目的は，「数学的探究における定義活動の方法を明らかにすること」（研究課題1）に取り組むことの必要性を指摘することであった。この目的に対する結論は，定義活動に関する先行研究では，定義活動の文脈や目的が不問にされているため，定義活動の前提となる文脈として数学的探究を位置づける必要がある，ということである。

第 **2** 章

数学的探究における
定義活動の意義

第 **1** 節
「数学的探究」の概念規定

第 **2** 節
「定義活動」の概念規定

第 **3** 節
数学的探究における定義活動の類型

第 **4** 節
数学的探究における定義活動の教育的価値

補 節
証明と論駁を通した数学的知識の生成活動

第2章では，「数学的探究における定義活動の方法を明らかにすること」
（研究課題1）を達成するために，実現を期待する活動である，数学的探究
における定義活動の意義，すなわち意味及び価値を明らかにすることを目
的とする。そのために，鍵概念である「数学的探究」及び「定義活動」を
規定したうえで，本研究が対象とする「数学的探究における定義活動」の
意味を明らかにし，その活動の教育的価値を考察する。

第 **1** 節 ....

「数学的探究」の概念規定

　第1章で示したように，本研究の着想は，定義活動が「定義のための定義」ではなく「探究のための定義」になるように，定義活動の前提となる文脈として，数学的探究を位置づけるということであった。第1・2節では，数学的探究における定義活動の方法を理論的に考察するための基礎的作業として，本研究の鍵概念である「数学的探究」及び「定義活動」を規定する。本節では，哲学における探究の捉え方を前提に，ボラシによる研究（Borasi, 1992）に依拠することで，「数学的探究」を「不確かさや葛藤などの疑念の解消を目指して，既知の事柄を整理したり未知の事柄を創造したりしながら，問題を解決していき，得られた知識を組織立てられた知識の全体との関連で考察していく活動」と規定する。

第 **1** 項　**哲学における探究の捉え方**

（1）パースによる「探究」の意味
　探究（inquiry）は，論理学において，パース（C. S. Peirce）が提唱した概念である。パースは，「信念の確定（The fixation of belief）」という論文（Peirce, 1877）において，人間の精神の習慣である推論について論じ，そこで探究の概念を提唱した。パースによれば，人間の精神状態には，疑念（doubt）と信念（belief）の2つがある。疑念とは，主体が何らかの問いを抱いている状態である。人間は，疑念をもっていると，落ち着かず不満を感じるため，何とかしてそれから逃れようと努力する。これに対して，信念とは，問いを解決している状態である。人間は，信念に達すると，落ち着いて満足を感じ，その信念に基づいた行動をとる。このように，疑念と信念は，人間の精神における正反対の2つの状態である。これをふまえて，パースは「探究」を次のとおりに説明した。

第 1 節 「数学的探究」の概念規定　　79

> 疑念の刺激は，信念の状態に到達しようとする努力（struggle）を呼
> び起こす。あまり適切な呼称ではないことを認めざるを得ないが，私
> はこの努力を探究（inquiry）と呼ぶことにする。　　（Peirce, 1877, p. 6）

　ここで重要なのは，到達した信念はあくまで暫定的なものであり，そこから新たな疑念が生じ得るということである。つまり，信念の状態に達した人間は，その信念に基づいた行動をとるが，その行動によって新しい疑念が生じることがある。そして今度は，その疑念が刺激となって，信念の状態に到達しようと努力する。このように探究においては，疑念から信念へ，信念から疑念へという，疑念と信念の相互循環が行われる。

　さらにパースは，「いかにして観念を明瞭にするか（How to make our ideas clear）」という論文（Peirce, 1878）において，探究によって人間が追究すべきものは実在（reality）であると主張した。実在とは，完全に明瞭な観念（idea）であり，絶対的な信念の状態に到達するものである。それゆえ，実在に関する主張は真理（truth）とされる。しかし，人間がもっている観念は大抵曖昧であり，それは疑念を呼び起こす。それゆえ，人間は実在を追究するために，探究によって曖昧な観念を少しでも明瞭にしよう[1]と努力する。したがって，探究の目的は，曖昧な観念を明瞭にすることによる実在の追究である。そして，探究の過程においては，疑念と信念の相互循環が行われ，観念が明瞭化されていくのである。

　以上のように，パースによる探究の説明は，疑念と信念という主体の精神状態によって探究を規定したこと，及び完全に明瞭な観念である実在の追究を探

1　曖昧な観念を明瞭にするための最良の方法としてパースが主張したのが，プラグマティズムの格率（maxim）であり，次のとおりに説明される。「我々の概念（conception）の対象が，実際的な影響（practical bearings）をもつだろうどのような効果（effects）をもつと我々が考えているのか，を考えよ。そうすれば，これらの効果についての我々の観念が，その対象についての我々の観念のすべてである」（Peirce, 1878, p. 293）
　　宇佐美（1968/1987）によれば，この主張の要点は，ある対象についての概念を，実際的な影響をもつだろう効果についての概念に置き換える点である。例えば，「硬さ」という概念に関する，実際的影響をもつだろう効果は，「もしこの硬さの石をガラスにぶつけたら割れるだろう」といった仮言命題の形式で表現され得る。このような仮言命題は無数に構成することができるがゆえに，それらの中には粗雑なものや知覚と矛盾するものも含まれ得る。それゆえ，概念形成とは，仮言命題を構成したり，それを知覚と対比したりすることを通して，不十分な概念を精緻化していく動的で複雑な過程である。

究の目的として設定したことが特徴であるといえる。

（2）デューイによる「探究」の意味

「探究」を規定するにあたって，パースが主体の精神状態に着目したのに対して，デューイ（J. Dewey）は主体を取り巻く環境である状況（situation）に着目した。デューイは『論理学：探究の理論（Logic: The theory of inquiry)』という書籍（Dewey, 1938）において，論理学の主題（subject-matter）について論じ，そのなかで「探究」を次のとおりに規定した。

> 探究とは，ある不確定な（*indeterminate*）状況を確定的な（*determinate*）状況へ，すなわち当初の状況の諸要素が統一された全体へと転換するくらいに，状況を構成する区別及び関係が確定的になるような，統制されたあるいは方向づけられた移行（*transformation*）である。
> （Dewey, 1938, pp. 104-105，斜体は原文）

ここでいう「状況」とは，デューイによる探究を特徴づける際の鍵概念であり，デューイは「状況」を次のとおりに説明した。

> "状況" という語によって指示されるものは，単一の対象や出来事でなければ，対象や出来事の集まりでもない。というのも我々は，分離した対象や出来事について経験をしたり判断をしたりするのではなく，1つの文脈的な全体のつながりにおいてのみ，経験や判断をするからである。この後者が，"状況" と呼ばれるものである。
> （Dewey, 1938, p. 66，斜体は原文）

デューイは，探究において疑念と信念が関わることを認めつつも，「信念（belief)」という語の使用は，個人の主観的な側面を示す場合もあれば，客観的な側面を示す場合もあるため，不適切であるとした。代わりにデューイが用いたのは，主体を取り巻いている，つながりのある全体を示す語である「状況」である。つまり，デューイによれば，探究の契機となる要因は状況の不確定性にあり，それゆえに主体は疑念をもつとされる。そして，その状況が確定

第1節 「数学的探究」の概念規定 **81**

的,すなわち客観的にみて統一されており安定していることが,探究の終着点であるとした[2]。また,デューイは,真理に到達することは探究の目的として自明であるとしつつも,パースのように実在の追究こそが探究の目的であるとは主張しなかった。つまり,デューイによる探究の目的は,いうならば状況における諸要素の統一であり,パースによる探究の目的よりも広い範囲を射程としていたことがうかがえる。

 以上のように,デューイによる探究の説明は,主体を取り巻く状況によって探究を規定したこと,及び探究の目的を広く捉えたことが特徴であるといえる。

(3)「数学的探究」の概念規定の必要性

 パース及びデューイによる探究の説明を総合すると,主体のもつ疑念あるいは不確定な状況と,主体のもつ信念あるいは確定的な状況とが,相互に循環していき,その過程において知識が構成されたり洗練されたりするということであるといえる。ここで,疑念や不確定な状況を「問題」,信念や確定的な状況を問題の「解決」として捉えるならば,探究は問題とその解決が交互に繰り返されることである。したがって,探究を一言で言い換えると,連続的な問題解決ということができる。

 しかしながら,パース及びデューイによる探究の説明は,数学に限らない一般的なものである点に注意する必要がある。それゆえ,上記の探究の説明は,本研究が対象としたい「数学的探究」の説明としては不十分である。このような問題意識の下,日本の数学教育研究において,「数学的探究」の概念規定をすることが行われている。例えば,小松(2009)及び小松(2010)はボラシによる探究的アプローチ(Borasi, 1992; Borasi, 1994; Borasi, 1996)を視点として,小松(2011)及び小松(2014)はラカトシュによる可謬主義(Lakatos, 1976)を視点として,特に証明に焦点を当てることで,数学の特性が反映されるように「数学的探究」を規定した。具体的には,次のとおりである。

---

2 先のパースによる探究の説明と同様に,確定的な状況というのは暫定的なものであり,確定的な状況が再び不確定になることはあり得る。実際,デューイは,確定した状況において得られるものを,「信念」や「知識」ではなく,「保証された主張(warranted assertion)」と呼ぶことが適切であるとしており,信念や知識を暫定的なものと捉えている。

> 主体が他者と相互作用しながら，不確かさや疑念の解消を目指して，
> 事柄を予想して証明し，さらにその事柄や証明を洗練し続ける活動
>
> （小松，2010，p. 6）

> 数学的な対象について調べていく中で事柄を推測し，その事柄を証明
> し，さらに事柄と証明の不確かさを解消することを目指して，その事
> 柄と証明を論駁しながら洗練していく活動　　（小松，2014，p. 82）

　一方で，これらの概念規定は，証明に焦点が当てられているため，本研究の関心である定義及び定義活動，すなわち定義を構成，洗練する側面や，知識体系との関連で定義を考察する側面は，十分反映されていない。それゆえ，本研究では，これらの概念規定を参考にしつつも，定義に焦点を当てることで，「数学的探究」を規定する。その際には，ボラシによる一連の研究（Borasi, 1992; Borasi, 1994; Borasi, 1996）の中でも，定義の構成活動に関わる事例を多数取り上げながら数学的探究を論じた『探究を通した数学の学習（Learning mathematics through inquiry）』（Borasi, 1992）に着目する。

　第1章第3節第2項（2）で示したように，Borasi（1992）は，定義の構成活動にいち早く着目した研究であり，生徒たちが様々な数学的概念に関する定義の構成活動に取り組む豊富なデータを挙げていた。一方で，Pimm（1993）による Borasi（1992）批判にみるように，それはメタ数学的内容としての定義に関する議論を呼び起こすものであった。さらに，ボラシは，「定義活動（defining）」という語を，鍵概念として意図的に用いておらず，定義の構成活動に関する理論的考察については検討の余地がある。したがって，ボラシによる研究は，「定義活動」の概念規定においては他の研究による補完が必要であるものの，定義に焦点を当てた「数学的探究」の理論的考察及び概念規定においては示唆的である。

第1節 「数学的探究」の概念規定　83

第 2 項　ボラシによる人間的探究アプローチ

（1）人間的探究アプローチの背景

　ボラシ（R. Borasi）[3]の問題意識は，当時の米国のほとんどの数学授業では，教師が新しい内容を短く説明し，生徒は練習を繰り返し，最後に教師が復習や評価をすることが行われていたことにある。ボラシは，このような数学指導の背景にある見方を「確立した結果の直接的伝達（direct transmission of established results）」と呼び，その見方は，「一方では，数学を文脈や価値に依存しない不変な事実や規則の体系とみなすことによって，他方では，学習を主に記憶や練習を通して断片的な情報や技能を連続的に蓄積していくことと解釈することによって正当化されている」（Borasi, 1992, p. 2）と指摘した。

　ボラシは，このような現状を改善するためには，数学指導の新しい見方が必要であるとし，人間的探究アプローチ（humanistic inquiry approach）を提唱し，その教育学的前提（pedagogical assumptions）として次の4つの見方を示した。

- ・数学を，人間的な（humanistic）学問とみる。数学的結果は絶対的に真であったり不変であったりするのではなく，人間の活動の結果に他ならないこと，すなわち社会的に構成され，誤り得るものであり，発展や使用を動機づける目的や文脈によって知らされ，個人の価値観だけでなく文化によっても形成されることの理解。
- ・知識を，より一般的に，確立した結果の安定的な体系ではなく，探究の動的な過程とみる。そこでは，不確かさ（uncertainty），葛藤（conflict），疑念（doubt）が，世界をよりよく理解しようと絶えず追求する動機を提供する。
- ・学習を，個人的に構成され，学習活動自身の文脈や目的によって知

3　ボラシは，イタリアのトリノ大学で数学及び教育学の学士号を取得後，米国のニューヨーク州立大学バッファロー校へ留学し，数学教育学の修士号及び博士号を取得した。博士論文の題目は「数学的誤りの教育的役割について：診断と修正を超えて（On the educational roles of mathematical errors: Beyond diagnosis and remediation）」（Borasi, 1986）である。1985年からはロチェスター大学に勤務し，2001年から2018年まで教育学部長を務めた。

らされ，社会的相互作用によって強化される意味生成の発生的な過
程とみる。

・指導を，生徒の探究を刺激する豊かな学習環境を創造したり，数学
的知識の創造に取り組む学習者集団としての数学の教室を組織化し
たりすることによって，生徒自身の理解の追求に必要な援助を提供
することとみる。 (Borasi, 1992, pp. 2 - 3)

　ボラシはこれらの前提に基づき，数学教育を再考するための価値ある比喩と
して，人間的探究を挙げた。そして，この概念を規定する代わりに，ある特定
の指導経験の物語（後述の教授実験の内容）を語りながら，その意味を明らか
にすることを選択した。したがって，人間的探究の意味を明らかにするために
は，上の教育学的前提に加えて，その指導経験の物語から解釈することが必要
である。

　Borasi（1992）では，人間的探究アプローチによる学習指導を実現するため
に，数学的定義を事例とした教授実験が行われた。数学的定義を選択した理由
は，「"真の（real）"数学者たちが行うような真正な（genuine）数学的探究に
取り組むためのよい文脈を生徒たちに提供できると信じていたから」（Borasi,
1992, p. 3 ）である。この教授実験では，第11学年の生徒2名が，不適切な
（incorrect）定義や曖昧な定義を検討することを通して，定義を洗練していく
活動が行われた。その結果，2人の高校生は当初，数学を絶対的で固定的な創
造性のないものとして捉えていたが，教授実験を通して，数学は人間的な活動
の所産であり，創造的な活動の場であると捉えるようになったことが報告され
た。以下では，その教授実験の概要を説明する。

（2）教授実験の概要

　教授実験は，米国ニューヨーク州ロチェスターにある School Without Walls
という，米国における最古のオルタナティブスクールの1つとされる高等学校
で実施された。この学校は，その名のとおり，学校と地域，生徒と教員，各教
科といった伝統的な学校における典型的な障壁を取り除いた，革新的な学校を
目指していた。また，学校目標は，学び方を学ぶこと（learn how to learn）
であり，学習の過程や方法が重視され，自身の学習に対して責任をもつことが

奨励された。このような背景の下，「人間の精神」や「20世紀の生活」といっ
た教科横断的な主題を扱った授業が実施されていた。一方で，数学や理科につ
いては，これらの主題と関連づけられることは少なく，どちらかといえば従来
的な指導がされていた。それゆえ，School Without Walls は，ボラシが研究を
行うにあたって，開放的で自由な雰囲気をもつ学校という点においては支援的
であり，数学指導に改善の余地があるという点においては挑戦的であったとい
う。

　教授実験は，正規の授業としてではなく，放課後のミニコースとして実施さ
れた。ボラシ自身は School Without Walls の正規の教員ではなかったが，進
行中の研究プロジェクトの一環として学校に関わっており，第11学年を対象と
した実験的な授業を1学期間担当していた。その授業の受講生のうち，カティ
ア（Katya）とメアリー（Mary）という2名の生徒は，欠席日数が多かった
ため単位を取得できない状況であった。生徒たちがボラシに補講の設定を依頼
したところ，ボラシから数学的定義を主題としたミニコースの提案があり，生
徒たちは参加を快諾した。ミニコースは，当初は3週間の予定であったが，
様々な事情によって日程が延長され，結果的には約2ヶ月にわたって実施され
た。

　カティアとメアリーは，School Without Walls における典型的な生徒であっ
たという。社会問題について関心をもち，自立的・主体的に考察する能力を
もっていた。一方で，数学に対しては強い嫌悪感をもっており，「数学という
教科についてどう思うか」と尋ねられると，数学が嫌いであることを躊躇なく
表明した。数学の成績に関して，カティアは試験で高得点を取ったこともあっ
たが，メアリーは恒常的に点数が悪かった。メアリーは，数学の試験の点数が
悪いことを気にしておらず，数学が意味のない性質や証明の暗記を要求してく
ることに対して拒否感を抱いていた。このような状況に対してボラシは，生徒
たちの数学に対する認識は従来的な数学指導によって形成されたものであり，
生徒たちの元々の潜在能力は高いと予想した。それゆえ，ボラシは，究極的に
は生徒たちの数学観の変容を意図して，数学的定義を事例とした教授実験を構
想した。

　教授実験は，10回分の授業として実施された。教授実験の目的は，「生徒た

ちが，数学的定義という概念の複雑性，数学における定義使用の多様性，数学的定義の動的本性，定義解釈における文脈の役割を認識できること」（Borasi, 1992, p. 8）であった。教授実験では，定義に関する様々な主題が扱われた。ここでは，本研究に特に関連する，① 問題解決における定義の使用，② 未知の概念に関する定義の構成，③ 既知の概念に関する定義の拡張，④ 他の文脈における定義の検討を取り上げることにする。

① 問題解決における定義の使用

第1回の授業では，円，正方形，多角形，変数，指数，方程式といった様々な概念の定義を記述する課題が扱われた。これは，目的や文脈を伴わずに定義を記述させる課題であったが，生徒たちの既有知識を確認するための診断（diagnosis）としての役割をもつとされた。第2回の授業では，円（circle）について，自分たちが記述した定義を含む，8つの不適切な定義を検討する課題が扱われた。具体的にメアリーは，「閉じていて，連続で，丸い線」という定義に対して，閉じた螺線を描いて，それも定義を満たすことを指摘したり，自分が記述した「ある1つの点から等距離のすべての点」という定義について，ボラシが球もその定義を満たすことを指摘すると，「平面上の」という条件を追加して定義を洗練したりした。また，冗長な定義に対して，カティアが「（長すぎる定義は）覚えづらい」と発言したり，メアリーが「（定義は）できる限り簡潔に述べられるべきである」と発言したりした。このように，不適切な定義や曖昧な定義を検討して洗練していく活動を通して，生徒たちは，定義における概念の分離性や条件の最小性といった，よい定義のために必要とされる性質を学習していった。

第3回の授業では，「与えられた3点を通る円を求めなさい」及び「正五角形の1つの内角の大きさを求めなさい」という課題が扱われた。これらの課題は，問題解決における定義の使用を意図するものであった。カティアとメアリーは，ボラシによる支援を受けながらではあったが，求めた点が円の中心である理由を説明するために円の定義に立ち返ったり，補助線を引いて作成した三角形が二等辺三角形であると主張するために二等辺三角形の定義を構成したりした。また，問題解決後に振り返りとして，ボラシが第2回の授業時に検討した不適切な定義の一覧を再検討することを提案したところ，カティアとメア

リーは，その一覧の多くは問題を解決する際には不正確あるいは曖昧すぎて全く助けにならないと即座に指摘した。このように，教授実験においては，全体を通して，定義を使用して問題を解決することが意図されており，生徒たちは教師による支援を受けることで，問題解決において定義が果たす役割を認識していった。

② 未知の概念に関する定義の構成

第3回の授業では，円や二等辺三角形といった，生徒たちがよく知っている（familiar）概念の定義を構成することが意図された。一方で，第5回の授業では，生徒たちがよく知らない（unfamiliar）概念の定義を構成，洗練することが意図された[4]。ボラシは，ラカトシュによる『証明と論駁』（Lakatos, 1976）を参照しつつ，多角形の内角和の性質を事例とすることで，生徒たちがラカトシュ風の（à la Lakatos）活動，すなわち証明の文脈において，暫定的に構成した定義を洗練していく活動に取り組むことを目指した。

これまでの授業において，カティアとメアリーは，「多角形：閉じていて，真っ直ぐな線の幾何学的図形」という定義を得ていたが[5]，これが多角形の定義として適切であることの確信を抱いてはいなかった。そこでボラシは，証明に関する文脈において定義を検討することを意図して，「どんな多角形においても，内角の和は180°の（辺の数）倍になる」という定理を提示した。この「180°×辺の数」は，ボラシによる単純な間違いであったが，結果的にカティアとメアリーは，ボラシが提示した定理を自分たちで修正し，「多角形の内角の和は180°×（辺の数−2）である」という定理を得ることができた。この時点でメアリーは，定理に対する反例を見つけることに関心をもつようになっており，星形五角形を描いて，「私たちはこういう多角形を除いたかな？　含んで

4　第4回の授業では，前時の問題解決においてカティアが提示した誤った解法の問題点を検討することが行われた。カティアの解法は，一見ただの誤りに見えるものであったが，問題点を詳細に検討することを通して，正答を得るための別解法として再構成することができた。

5　第1回の授業において，カティアは「多角形（四角形）：4つの辺からなる幾何学的図形で角の和は360°」，メアリーは「多角形：等しい長さの辺をもたない真っ直ぐな線の幾何学的図形」と記述した。ボラシはこれらの記述及び2人の反応から，カティアとメアリーにとって多角形は，どちらかといえばよく知らない概念であると判断した。その後，第4回の授業においてボラシは，曲線をもつ図形や閉じていない図形といった病理的な（pathological）例を提示することで，カティアとメアリーに定義の洗練を促した。その結果として得られたのが，この定義であった。

いると思う」と発言した。これを受けて２人は，多角形の内角和の定理が成り立つかという観点から多角形の定義を再検討し，曲線をもつ図形，閉じていない図形，辺同士が交差する図形では，多角形の内角和の定理が成り立たないことを確認した。そして，自分たちで構成した多角形の定義が，ある程度適切であることを確信しつつも，若干の修正の必要があることを認識し，最終的には「多角形：交差しない真っ直ぐな辺をもつ閉じた幾何学的図形」と定義を洗練した。

　振り返りにおいて，カティアは，授業を通して得られた多角形の定義に当面は満足しているが，いずれはより的確なものが必要になるかもしれないという旨を記述した。また，メアリーは，得られた定義を満たすが，内角の和の性質を満たさない例をさらに探すことで，自分たちの理論を検証していく必要がある，という旨を記述した。このように生徒たちは，証明の文脈において，暫定的に構成した定義を反例の発見に応じて洗練する活動を通して，数学的定義の性質の１つとしての暫定性を認識していった。

③ 既知の概念に関する定義の拡張

　第５回の授業では，問題解決において定義を使用するにあたっての，未知の定義を考察する際の文脈の１つとして証明が取り上げられた。続いて，第６，７，８，９回の授業では，既知の定義を考察する際の文脈の１つとして演算の拡張が取り上げられた。具体的には，冪乗（exponentiation）において指数を自然数から有理数へ拡張する課題が扱われた。冪乗は第11学年においては既習事項であったものの，カティアとメアリーは冪乗について，乗法の繰り返し（repeated multiplication）という直観的な定義しか覚えていなかった。ボラシはこれを好機と捉え，既習の概念の定義を拡張する機会を設けようとした。

　第６回の授業では，冪乗を扱うための準備として，負の数の乗法の意味を，パターンに基づいて考察する課題が扱われた。カティアは，$3 \times 2 = 6$　$3 \times 1 = 3$　$3 \times 0 = ?$　$3 \times (-1) = ?$　$3 \times (-2) = ?$ という式の系列から，乗数が１ずつ減ると結果は３ずつ減るというパターンを即座に見いだすことができた。メアリーは，別解法として，$3 \times (-2) = (-2) \times 3 = (-2) + (-2) + (-2) = -6$を挙げたが，負の数において乗法の交換法則が成り立つことには言及しなかった。ボラシは，この点については深入りせず，カティアとメアリー

が，冪乗を考えるにあたってのパターンの利用や規則の拡張を把握できたとした。

第7回の授業では，乗法における乗数の負の数への拡張をふまえたうえで，冪乗における指数を負の整数へと拡張するために，「もし我々が“負の指数”についても同様のことをしたいとき，どのような指数の性質を保存したいか？どのような種類のパターンを使用したいか？」という課題が扱われた。カティアとメアリーは，ボラシによる支援を受けながら，指数が1ずつ減ると結果は$1/2$になっていくというパターンを見いだし，$2^3 = 2 \times 2 \times 2 = 8$　$2^2 = 2 \times 2 = 4$　$2^1 = 2$　$2^0 = 1$　$2^{-1} = 1/2$　$2^{-2} = 1/4$　$2^{-3} = 1/8$という式の系列を構成できた。この時点でメアリーは，「ということは，2^{-6}だったら$1/2^6$になるの？」という一般的な規則に関する疑問を表明した。これは，「$2^{-1} = 1/2$という定義は適切であるか」という疑問であることから，ボラシは，冪乗に関する既知の性質である指数法則（$a^m \times a^n = a^{m+n}$ 及び $(ab)^m = a^m b^m$）が，負の指数についても成り立つかどうか調べることを提案した。カティアが，$2^3 \times 2^{-1} = 2^{3+(-1)} = 2^2 = 4$と，$2^3 = 8$　$2^{-1} = 1/2$　$2^3 \times 2^{-1} = 8 \times 1/2 = 4$から，結果が一致することを確かめたところ，メアリーは「わあ，本当に合っている」と感嘆の声を上げた。この時点でカティアとメアリーは，ボラシによる支援を受けてはいたものの，ボラシに依存することはなく，自立的に学習を行うようになっていた。実際メアリーは，上の結果に対して，「でも冪乗を結合できるのは，底の数が同じときだけでは？」と批判的に考察した。そして，底が異なる場合である$3^2 \times 12^{-1}$を例に，再度指数法則を用いることで，結果が一致することを確かめることができた。

第8回の授業では，第7回の授業と同様にして，冪乗における指数を有理数へと拡張することが行われた。そして，第9回の授業では，冪乗において底が負の数の場合，及び指数と底の両方が0の場合についての検討が行われた。ボラシがカティアとメアリーに対して，「0^0はどうなると思う？」と尋ねると，カティアは「0？」，メアリーは「定義されない（undefined）」と発言した。続いてボラシが「いろいろな数を0乗すると1になるから，$0^0 = 1$といえる？」と尋ねた後，2人は，$3^0 = 1$　$2^0 = 1$　$1^0 = 1$　$0^0 = 1$　という底を1ずつ減らすパターンによって，$0^0 = 1$が得られることを確認した。一方で，$0^3 = 0$　$0^2 = 0$

90 第2章　数学的探究における定義活動の意義

$0^1 = 0$　$0^0 = 0$という指数を1ずつ減らすという他のパターンによって，$0^0 = 0$が得られることを確認した。ボラシは，この2パターンの結果について，「どう思うか？」と尋ねたところ，カティアは「これだとわからない」，メアリーは「好きではない」と発言した。メアリーは，これまで学習してきた数学において，答えが一意に定まらないことがなかったことから，定義が一意に決まらないことに対して，不満をもっていた。このような反応についてボラシは，生徒たちに提示される数学は大抵，常に使用可能で，最終的に整えられた結果のみであるため，驚くことではないとした。そして，0^0の定義が一意に決まらないことは，冪乗の拡張において避けられない問題であり，生徒たちがこのような経験をすることは重要であると主張した。

　0^0の定義を考察する活動は，カティアとメアリーがもっていた固定的な数学観に対して影響を与えたとされた。実際，メアリーは，振り返りにおいて，問題を解決するためには，0という数を使わない新しい体系を構築すればいいと提案した。ボラシは，この提案がよいかどうかはさておき，メアリーが既存の確立した体系に対して挑戦の意思を示したことは注目に値するとした。以上のように，生徒たちは，拡張の文脈において，既知の概念に関する定義の再構成をする活動や0^0の定義を検討する活動を通して，自立的な学習者としての姿勢や，定義に対する相対的な見方を獲得していった。

④ 他の文脈における定義の検討

　第8回の授業では，累乗における指数を有理数へ拡張することに加えて，第3回の授業で扱われた円の定義を，これまでとは全く異なる文脈で検討することも行われた。これは，第9回の授業における0^0の定義の検討と同様に，定義の相対的な見方の獲得を意図するものであった。具体的には，円の定義を検討する際の文脈として，タクシー幾何学（taxicab geometry）が扱われた。タクシー幾何学とは，日本における京都，米国におけるマンハッタンのような碁盤の目状の街をタクシーで縦方向と横方向に移動することに喩えて名付けられた

6　一般的に，学校数学では，ユークリッド幾何学における距離が採用されており，2点 (x_1, y_1)，(x_2, y_2) の距離は，$\sqrt{(x_1 - x_2)^2 + (y_1 - y_2)^2}$と定義される。

7　正確には正方形は，離散的な点ではなく，連続的な直線から構成されるが，Borasi (1992) に準じて，離散的な点の図を引用する。これは後述するように，授業において碁盤の目状の街を移動することに関する物語が導入されるため，座標平面における格子点のみを考えているからであるとみられる。

幾何学であり，2 点 (x_1, y_1)，(x_2, y_2) の距離は $|x_1-x_2| + |y_1-y_2|$ と定義される[6]。タクシー幾何学において，「平面上において，ある点から距離の等しい点の集合」という円の定義を解釈すると，図2-1[7]のような，斜めに配置された正方形が得られる。つまり，タクシー幾何学における円は，「円」という名称をもっているにもかかわらず，いわゆる丸い形ではない。それゆえ，「円は丸い形」という概念をもっているとみられる生徒たちにとって，タクシー幾何学の文脈において円の定義を検討する活動は，定義の考察における文脈の役割を理解するために効果的であるとボラシは考えた。

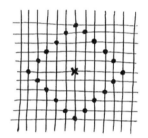

図2-1：タクシー幾何学における円（Borasi, 1992, p. 84）

　授業（宿題を含む）では，まず碁盤の目状の街を移動することに関する物語（story）として，タクシー幾何学の文脈が導入された。次に，この街における移動は，縦方向と横方向のみで，斜め方向は不可能なことが確認された。そして，グラフ用紙上に2点を取り，その距離を上で定められた方法（罫線は道，正方形は建物を表す）で考察することで，2点間の距離は縦方向の長さと横方向の長さの和であることが確認された。続いてボラシは，「この街において，与えられた点から距離5のすべての点を描きましょう」という課題を提示した。カティアとメアリーは，これまでの考察によって，「平面上において，ある点から距離の等しい点の集合」という円の定義を得ていた。それゆえ，カティアは即座に，課題の文が円の定義を満たすことに気づき，「たぶん円？」と発言した。一方で，メアリーは，図2-1のような，条件を満たす点を描いた後，「私はダイヤモンドになるべきだと思う」と発言した。このように，カティアは円の定義を満たすはずなのに連続な線からなる丸い形にならないこと

に困惑していた一方で，メアリーは角をもっていることやコンパスで描けないことから円ではないと主張した。ここで，ボラシが「あなたたちのどちらも正しいということはあり得るの？」と尋ねると，メアリーは即座に「もちろん！それは私たちが"距離"を何としたいかに依存します」と回答した。このようにメアリーは，定義が主体の目的や解釈の文脈に依存することを理解し始めていた。

　さらにボラシは，「（あなたたちの解釈は）どちらも円と呼んでいい？　両方とも定義は満たしているけど」と尋ねた。これに対してメアリーは，円の性質を調べること，すなわち中心の周りが360°であることや，円周の長さが$2\pi r$であることが，成り立つかどうか調べることを提案した。そして，通常の（ユークリッド）幾何学における円の性質である，丸い形をしていること，連続的な曲線からなること，円周の長さは$2\pi r$であることといった性質は，タクシー幾何学における円では成り立たないことを確認した。これを受けてメアリーは，ダイヤモンドは確かに円の定義は満たしているものの，上のような円の性質は満たしていないため，やはり円ではないと結論づけた。このように，タクシー幾何学における円の性質を探究することまでは至らなかったものの，メアリーは定義と性質を区別し，定義が同一だとしても文脈によって性質が異なり得ることを認識した。

⑤ 教授実験の成果

　先述のとおり，カティアとメアリーは元々，数学に対して嫌悪感を抱いていた。その理由は，数学という教科が2人にとって意味をもたない性質や証明の羅列であり，有用性や人間味を感じることができなかったからであった。しかしながら，教授実験を通して，2人は，数学における定義が洗練の対象となり続ける暫定的なものであることや，文脈や目的に応じて構成される相対的なものであることを認識した。つまり，問題解決の文脈において定義を構成，洗練する経験は，2人にとって，数学が本来もっている創造的な側面を認識する重要な機会となった。実際メアリーは，教授実験後のインタビューにおける「数学とはどういうものだと思いますか？」という質問に対して，次のとおりに発言した。

だから，私はそれ（＝数学）の本性は，よくパターン化されつつも，あらゆるもののように，言語のように，例外があり得るもの，ということだと思います。それ（＝数学）は，明確な形があって，目的があって，そして私でもわかるものなのです！　以前は，私が数学をわかるなんて思ってもみませんでした……。

（Borasi, 1992, p. 128, 丸括弧は引用者）

　ここでいう「私でもわかるもの」という言葉の意味は，数学は人間によって創造されたものなのだから，そのように創造されるに至った理由があるということである。実際メアリーは，以前のインタビューにおいて，次のとおりに発言していた。

自分や隣の人ではわからないことがあったとき，それ（＝数学）は人間によって発明されたということを思い出します。それ（＝数学）は，私たちが生まれたときに一本の木があって，その木がずっとそこにあり続けるといったものではないのです。それ（＝数学）は，私たちの頭の中から発明されたものなのです。

（Borasi, 1992, p. 127, 丸括弧は引用者）

　メアリーほど明示的ではないものの，インタビューにおいてカティアも，数学の人間的側面や，数学的発見の創造的な側面に言及した。つまり，カティアとメアリーは，当初は数学を絶対的で固定的な創造性のないものと捉えていたが，教授実験を通して，数学とは人間による創造的な活動の所産であると捉えるようになったのであった。

　以上のように，ボラシによる教授実験では，まずもって問題解決における定義の使用，すなわち定義を考察する際の文脈が重視された。そのうえで，未知の概念を考察する際の文脈として証明が，既知の概念を考察する際の文脈として拡張が取り上げられた。また，タクシー幾何学のような，通常とは異なった体系において定義を検討することも行われた。このような定義に関する様々な主題を通して，カティアとメアリーは，暫定性や相対性といった数学的定義の

性質や，定義の解釈において文脈が果たす役割を理解することができた。そして，2人が当初もっていた絶対的で固定的な定義観あるいは数学観は，相対的で創造的なものへと変容していったのであった。

第3項 「数学的探究」の概念規定

　ボラシによる教授実験では，自身が開発した多様な数学的事例と生徒による豊富なデータによって，人間的探究アプローチが具体的に実現されている。それゆえ，ボラシによる人間的探究アプローチに基づいて，「数学的探究」の概念を規定する際には，その教育学的前提だけでなく，教授実験の内容からも解釈することが必要である。

　第2章第1節第2項で示したように，人間的探究アプローチの教育学的前提は，数学観，知識観，学習観，指導観の4つから構成されていた。これらのうち，数学観，知識観，学習観は，「数学的探究」の概念規定に直接関わるものである一方で，指導観は，生徒による数学的探究を促進するための指導方法に関わるものである。それゆえ，本項では，特に数学観，知識観，学習観を取り上げ，指導観については，数学的探究における定義活動を促進するための課題を設計する際に（第4章第1節第2項），再度取り上げることにする。以上をふまえて本研究では，数学的探究を捉えるための視点として，以下の（1）〜（3）を設定する。

（1）不確かさや葛藤などの疑念の解消

　第2章第1節第1項で示したように，探究は，疑念と信念との相互循環による知識の構成，洗練であり，連続的な問題解決と捉えることができる。ボラシ自身も，探究を説明するにあたって，パース及びデューイによる探究論を参照している。これらの探究論を受けてボラシは，知識を「確立した結果の安定的な体系ではなく，探究の動的な過程」（Borasi, 1992, p. 2）を通して得られるものとして捉えている。それゆえ，ボラシによる知識とは，確定的なものではなく，探究の過程において得られる暫定的なものである。

　この知識観を前提としてボラシは，探究の動機として，不確かさ（uncertainty），葛藤（conflict），疑念（doubt）を挙げている。これらは，一

般的な探究の動機にも当てはまり，数学的探究に固有な動機とは限らない。しかしながらボラシは，クラインによる数学史及び数学論（Kline, 1980）や，ラカトシュによる可謬主義（Lakatos, 1976）を参照しながら，数学が絶対的で不変なものではないという数学の本性を受け入れたうえで，不確かさや曖昧さを少しでも解消しようとすることは，数学的探究の主要な原動力であると主張した。このようなボラシの数学観は，「数学は，可謬的であり，社会的に構成され，文脈化され，文化に依存しており，不確かさを完全に取り除くことができると期待しないものの，それを減少させたいという人間の願いによって突き動かされている学問とみるもの」（Borasi, 1992, p. 163）という説明に集約される。それゆえ，ボラシにとって，不確かさ，葛藤，疑念は，数学的探究の動機となる問題をもたらす重要な概念であるといえる。

　しかしながらボラシは，これらの概念の意味や概念間の関係を詳細に説明していないため，教授実験の内容をふまえながら，概念を整理する必要がある。まず，不確かさ（uncertainty）は，字義どおり確かさ（certainty）が不足している状態である。特に数学においては，自身の推測や所与の命題といった，事柄の真偽が不明の状態であると特徴づけられる。また，確かさを得るためには，事柄の真偽判断だけでなく，その事柄がなぜ真であるのか，あるいは偽であるのかの理由を説明することも必要である。したがって，数学における不確かさは，「事柄の真偽及び真偽の理由が不明なこと」と捉えることができる。例えば，教授実験において「多角形の内角の和は$180° ×$辺の数」という事柄が提示された当初，カティアとメアリーにとって，事柄の真偽や真偽の理由は不明であったが，これは2人が不確かさを抱いている状態であったといえる。

　次に，葛藤（conflict）は，2つ以上の主張が対立している状態である。特に数学においては，ある問題に対して，ある根拠を伴う解答Aと，それと同等の根拠を伴う解答B（ただし，解答Aと論理的に同値ではない）が同時に得られている状態であると特徴づけられる。したがって，数学における葛藤は，「ある問題に対して答えが1つに定まらないこと」と捉えることができる。例えば，教授実験において，0^0の答えを求める問題が提示されたとき，カティアとメアリーは，指数を1ずつ減らすパターンを根拠にすると0，底を1ずつ減らすパターンを根拠にすると1になることを確認し，どちらが答えにな

96 第2章 数学的探究における定義活動の意義

るか困惑していたが，これは2人が葛藤を抱いている状態であったといえる。

　最後に，疑念（doubt）は，パース及びデューイの探究論にみるように，何らかの問題が生じている状態である。一般的に，数学における問題は，答えを求める問題（求答問題）と，理由を説明する問題（証明問題）に大別できる（Polya, 1962）。この区別と，不確かさ及び葛藤の概念を突き合わせて考察するならば，いささか大略的ではあるものの，求答問題は葛藤によって生じる問題であり，証明問題は不確かさによって生じる問題であると対応づけられる。それゆえ，数学における疑念は，不確かさ，葛藤など[8]を含む上位の概念として整理することができる。

　以上より，数学的探究を捉えるための第一の視点として，「不確かさや葛藤などの疑念の解消を目指して，問題を解決していく活動であること」が抽出できる。

（2）既知の事柄の整理，未知の事柄の創造

　ボラシは，人間的探究アプローチにおける学習観は構成主義（constructivism）の基礎的前提と整合的であり，特に急進的構成主義（radical constructivism）によって明らかにされるとしている[9]。急進的構成主義とは，主体による能動的な知識の構成を前提として知識の適応可能性を重視する立場であり，次の2つの原理によって特徴づけられる。

　　1．知識は，認識主体によって能動的に構成されるものであって，
　　　環境から受動的に受け取るものではない。
　　2．知るようになること（coming to know）は，個人の経験的世界
　　　を組織化する適応的な過程である；それは，知覚者の精神の外

8　ここで「など」としたのは，ボラシは数学的探究の動機として，不確かさ，葛藤，疑念以外に，曖昧さ（ambiguity）や異常さ（anomaly）といったものも挙げているからである。本研究では，数学的探究の動機を一言でいうならば疑念であり，その主要な要素は不確かさと葛藤の2つであると整理する。

9　ボラシは急進的構成主義に言及した直後に，「実際，もし我々が，数学的知識の本性は社会的にも構成されるということを認識しないのであれば，構成主義者の学習に関する視点の教育学的意義は十分に承認され得ないと私は主張したい」（Borasi, 1992, p. 175）と述べている。このように，ボラシは「急進的構成主義」という語を用いてはいるものの，その認識論的立場は明確ではない。そのため，ボラシによる研究は，急進的構成主義を含む広義の構成主義の立場にあると捉えられる。そして本研究でも，そのような広義の構成主義の認識論的立場を採用する。

側にある，独立的で既存的な世界を発見するのではない。

（Kilpatrick, 1987, p. 7 ）

　ボラシは，上の Kilpatrick（1987）を引用してはいるものの，構成主義における鍵概念について詳細に論じていない。そのため，ボラシがどのような構成主義の立場にあるのかは不明瞭であるが，少なくとも主体にとっての知識の有効性は重視しているとみられる。それは，第2章第1節第2項で示したように，ボラシが教授実験の内容を説明する際に，「よく知っている（familiar）」と「よく知らない（unfamiliar）」という主体に依存する語を，たびたび使用していることによる。実際，教授実験においてカティアとメアリーは，よく知っている概念である円や二等辺三角形の定義を構成したり，よく知らない概念である多角形の定義を構成したりする活動に取り組んでいた。さらには，乗法の繰り返しとして知っている冪乗の定義について，指数が負の整数や有理数の場合へと拡張したり，ある点から距離の等しい点の集合として知っている円の定義について，タクシー幾何学の文脈において検討したりする活動にも取り組んでいた。このようにボラシは，よく知っていること，すなわち既知の事柄と，よく知らないこと，すなわち未知の事柄の両方を検討することを重視している。それゆえ，疑念の解消を目指して問題を解決していく際には，既知の事柄の意味を改めて確認したり，未知の事柄を創って試したりすることも特徴である。

　以上より，数学的探究を捉えるための第二の視点として，「主体にとって，既知の事柄を整理したり，未知の事柄を創造したりしながら，問題を解決していく活動であること」が抽出できる。

（3）組織立てられた知識の全体への関連づけ

　教授実験においてボラシは，定義を考察する際の文脈（context）を非常に重視していた。第1回，第2回の授業では，目的や文脈を伴わずに定義を考察させる課題が扱われることもあったが，第3回の授業以降では，証明や拡張といった問題解決の文脈において定義を使用することが意図されていた。また第8回の授業では，タクシー幾何学における円の定義を，ユークリッド幾何学における円の定義と対比して検討する活動が行われた。ここで　ボラシは，ユー

クリッド幾何学やタクシー幾何学といった幾何学的体系に対しても「文脈」という語を用いていた。これは，定義の相対的な見方の獲得，すなわち定義の解釈が絶対的で固定的なものではなく，文脈にある程度依存することを認識することが意図されていたためである。したがって，ボラシにおける「文脈」には，問題解決における状況としての意味に加えて，公理的体系としての意味も含まれていると捉えられる。実際，ある体系における定義を考察することは，「数学的探究」の数学性に関わる重要な側面である。なぜなら，ユークリッド幾何学や楕円幾何学といった公理的体系を特徴づける際に，定義や公理といった前提は決定的な役割を果たしているからである。

　一方で，もちろん学校数学において公理的体系を明示的に扱うことは適切ではない。実際，ボラシによる教授実験においても，タクシー幾何学を教えることが目標ではなく，定義の相対的な見方を獲得することが目標であった。具体的に，これまで学習してきた円の定義をタクシー幾何学という他の文脈において解釈することを通して，円に関する知識をより広い知識の全体の中で考察することが目指された。このように教授実験においては，ユークリッド幾何学やタクシー幾何学といった幾何学的体系が扱われていたものの，その目指すところは，主体が問題解決を通して得た知識を，より広い知識の全体に関連づけることであったと捉えられる。したがって，既知の事柄を整理したり，未知の事柄を創造したりすることによって得られた知識を，組織立てられた知識の全体との関連において考察していくことも数学的探究の特徴であるといえる。

　以上より，数学的探究を捉えるための第三の視点として，「問題の解決を通して得られた知識を，組織立てられた知識の全体との関連で考察する活動であること」が抽出できる。

（4）「数学的探究」の概念規定

　本項で設定した，数学的探究を捉えるための3つの視点を総合することで，「数学的探究」を次のとおりに規定する。それは，「不確かさや葛藤などの疑念の解消を目指して，既知の事柄を整理したり未知の事柄を創造したりしながら，問題を解決していき，得られた知識を組織立てられた知識の全体との関連で考察していく活動」である。この概念規定の特徴は，人間的探究アプローチ（Borasi, 1992）を視点としつつ，特に定義に焦点を当てることで，数学の特性

が反映されるようにしている点である。具体的には，以下の2点である。

第一に，数学的探究に特有な疑念として，不確かさと葛藤を主要な要素としている点である。先述のように，不確かさ，葛藤，疑念は，一般的な探究の動機にも当てはまるが，本研究では，不確かさを証明問題の動機として，葛藤を求答問題の動機として整理し，疑念を不確かさや葛藤などを含む上位概念として位置づけた。つまり疑念を，単に問いを抱いている状態ではなく，求答問題と証明問題という数学的な問いを抱いている状態として特徴づけることで，数学的探究の動機をより焦点化できると考えた。

第二に，問題解決を通して得られた知識を，組織立てられた知識の全体との関連において考察することにまで言及している点である。教科教育において問題解決と知識獲得を両立することは古くから問われてきたため，問題解決を通して知識を獲得することは一般的な探究にも当てはまる。しかし，特に数学は体系的な学問とされており，教科としての数学もその特性を有している。本研究では，体系の考察を，公理的体系を明示的に扱うことではなく，ある知識をより広い知識の全体に関連づけることとして捉え直した。これにより，問題解決を通して得られた知識を，組織立てられた知識の全体との関連で考察する活動を特徴づけ，数学的探究の数学性をより明確化できると考えた。

本節では，ボラシによる研究に依拠して「数学的探究」を規定した。本節の結論は，「数学的探究」とは，「不確かさや葛藤などの疑念の解消を目指して，既知の事柄を整理したり未知の事柄を創造したりしながら，問題を解決していき，得られた知識を組織立てられた知識の全体との関連で考察していく活動」であるということである。

第 **2** 節 ··

「定義活動」の概念規定

　前節では，定義活動の前提となる文脈である「数学的探究」の概念を規定した。本節では，主たる活動である「定義活動」の概念を規定する。第1章第3・4節で示したように，先行研究において「定義活動」の概念は詳細に規定されていない一方で，定義活動に含まれる要素は指摘されている。本節では，定義活動の構成要素に着目したうえで，定義活動に関する先行研究（Zandieh & Rasmussen, 2010; Kobiela & Lehrer, 2015）と数学的定義の要件に関する先行研究（Borasi, 1986; Borasi, 1992; van Dormolen & Zaslavsky, 2003）を批判的に考察し，「定義活動」を，「ある目的を達成するために，他者と相互作用しながら，対象の例や性質を検討して暫定的な定義を構成し，数学的定義の要件に基づいて定義を洗練していく活動」と規定する。

第 **1** 項　定義活動の構成要素

（1）対象，定義，例

　第1章第3節第3項（1）で示したように，定義活動に関する先行研究では，概念イメージと概念定義（Tall & Vinner, 1981; Vinner, 1983）の相互作用が注目されてきた。概念イメージ（concept image）とは，その概念に関する心的画像（mental pictures）の集まりであり，心的画像には，記号，図，グラフといったあらゆる表現が含まれる。また，概念定義（concept definition）とは，その概念を説明するための言語的な定義である。概念イメージと概念定義に関する先行研究では，学習者のもつ概念イメージと概念定義の不一致が課題として指摘されており，概念イメージと概念定義の相互作用を詳細に分析することが行われてきた（Vinner & Dreyfus, 1989; Vinner, 1991など）。そして，概念イメージと概念定義の相互作用は，定義活動を捉えるための枠組みにも取り入れられている。例えば，Zandieh & Rasmussen（2010）は，概念イメージ及び概念定義を，それらの使用及び創造と組み合わせること

で，4つの水準からなる「数学的活動としての定義活動の枠組み」を構築し，定義活動の漸進的移行を特徴づけている。

概念イメージと概念定義は，学習者による概念形成を捉えるために，概念における心的画像と言語の二面性に着目した着想である。一方で，学習者による概念形成を捉えるために，概念における抽象と具体の関係性，すなわち定義と例の相互作用に着目した研究（Wilson, 1990）もみられる。第1章第2節第1項で示したように，定義は，「範疇の性質を明らかにして要素を決める言明」であった。これをふまえると，例（example）は，「抽象としての定義に対する，具体としての要素」ということができる。例えば，5という要素は，「2で割り切れない数」という奇数の定義に対する例であり，「1と自身以外で割り切れない2以上の数」という素数の定義に対する例でもある。このように，ある要素が例であるかどうかは，どのような定義を抽象とみているかに依存する。そして人間は，抽象としての定義と具体としての例の両方を用いることによって，要素の集まりである範疇を考察し，概念を形成していく。なお範疇は，現代数学においてはしばしば「集合（set）」と呼ばれるが，本研究の射程は学校数学である。それゆえ，本研究では，「例や定義が指示する範疇としてのもの」を「対象（object）」と呼ぶことにする。

定義と例に関する先行研究においても，概念イメージと概念定義の場合と同様に，学習者の活動における例と定義の不一致が課題として指摘されてきた。具体的に，ある定義に対してその定義に当てはまる例を選ぶことができなかったり，複数の例に対してそれらを当てはめる定義を述べることができなかったりといった課題である。一般的に，ある定義における条件をすべて満たす例は正例（example），定義における条件を一部でも満たさない例は負例（nonexample）と呼ばれる。つまり，ある定義に対して正例及び負例を適切に選択することや，正例及び負例の集まりから適切な定義を構成することが，課題として指摘されており，例と定義の相互作用を詳細に分析することが行われてきた（Wilson, 1990など）。そして，例と定義の相互作用は，定義活動を捉える枠組みにも取り入れられている。例えば，Kobiela & Lehrer（2015）は，教室における定義活動を捉えるための枠組みに，例を構成したり評価したりすることを含めることで，定義活動の多様な側面を特徴づけている。

102 第2章 数学的探究における定義活動の意義

　以上より，定義活動に関する先行研究では，概念イメージと概念定義の相互作用あるいは例と定義の相互作用が注目されている。ここで本研究の関心が，個々の学習者のもつ概念の分析よりも，定義活動を促進するための課題設計にあることをふまえるならば，定義活動を捉える際に，「概念」ではなく「対象」という語を用いた方が明確である。つまり，定義活動においては，ある対象について，定義を構成したり，改訂したりすることだけでなく，その正例・負例を検討したりすることも含まれる。したがって，定義活動の構成要素として，対象，定義，例が挙げられる。

（2）数学的定義の要件

　定義は，対象を区別したり議論の基盤を構築したりするために，数学に限らず広く用いられている。一方で，数学における定義は，より厳密に対象を識別したり議論の基盤を確立したりするためのものである（Borasi, 1992）。それゆえ，数学における定義では，定義における用語の意味が明確であることや，定義同士が矛盾しないことなど，一定の要件が課される。第1章第2節第1項で示したように，本研究では，学校数学における定義を，素朴な意味規定としての定義から数学的定義への移行過程として特徴づけている。これをふまえるならば，定義活動を捉える際には，定義から数学的定義への移行過程，すなわち素朴な定義をより数学的な定義へと洗練していく過程を，どのように取り入れるかが問題となる。そのために本研究では，数学における定義のあり方に着目する。

　Borasi（1992）は，数学的定義を事例とした教授実験の構想にあたって，数学的定義の要件（requirements for mathematical definition）として，次の5つ[10]を挙げた（pp. 17-18）。第一に，定義において用いられるすべての用語は，公理的体系の出発点として想定される少数の無定義用語でない限り，前もって定義されているべきであるという「専門用語における正確性（precision in terminology）」である。第二に，ある概念のすべての正例は，その定義において述べられているすべての条件を満たさなければならず，負例はそれらのうち少なくとも1つを満たさないという「概念の分離性（isolation of the concept）」である。第三に，定義においては，当該の概念を他の概念から区別するために厳密に必要な用語及び性質のみが明示的に述べられるという「本質

性（essentiality）」である。第四に，定義において述べられているすべての条件は共存できるべきであるという「無矛盾性（noncontradiction）」である。第五に，定義は，定義しようとしている用語を用いるべきではないという「非循環性（noncircularity）」である。

同様に，van Dormolen & Zaslavsky（2003）は，周期関数の定義に関する議論を契機として，よい定義が満たしている基準を検討することで，定義に要請される次の7つの基準（criteria）を挙げた。第一に，あらゆる新しい概念は，より一般的な概念の特殊の場合として記述されなければならないという「階層（hierarchy）の基準」である。第二に，新しく定義された概念は，その文脈において少なくとも1つの例が存在することを証明しなければならないという「存在（existence）の基準」である。第三に，同一概念に1つ以上の明確な記述（formulations）を与えるときには，それらが同値であることを証明しなければならず，また任意の1つを定義として選択し，それ以外は定理として証明しなければならないという「同値（equivalence）の基準」である。第四に，定義は演繹的体系の中に位置づけられなければならず，ある演繹的体系において，潜在的に定義される用語（無定義用語）以外は，明示的に定義されなければならないという「公理化（axiomatization）の基準」である。第五に，概念の存在のために必要以上の性質を述べる必要はないという「最小（minimality）の基準」である。第六に，同値な定義に対しては，よりよく見えたり，より少ない用語や記号を必要としたり，より一般的で基礎的な概念を用いて新しく定義される概念を生み出したりする方を選択しなければならないという「優美（elegance）の基準」である。第七に，定義の結果，その概念に

---

10 これら5つの要件は，ボラシの学位論文（Borasi, 1986）における，円の定義に関する実践研究に基づいて作成されたものである。この研究では，大学生と現職教員を対象とした円の定義に関する調査，及び調査結果に基づいて「よい数学的定義とは何か」を考える授業が行われた。調査と授業を受けて，数学的定義の性質（nature）が次の5つにまとめられた。それは，「a）専門用語の使用（use of terminology）」「b）概念の分離性（isolation of the concept）」「c）本質性（essentiality）」「d）理解可能性（understandability）」「e）有用性（usefulness）あるいは利用可能性（usability）」である。これらの性質のうち，a），b），c）は Borasi（1992）における第一，第二，第三の要件にそれぞれ対応している一方で，d），e）は削除され，無矛盾性と非循環性が追加されている。この点について，Borasi（1986）は，d），e）は数学者よりも教師にとって重要な性質であること，及び定義を考察する際の文脈の役割も考慮に入れるべきであることを指摘した。これをふまえると，Borasi（1992）では，d），e）を数学的定義の要件ではなく文脈の役割として還元し，無矛盾性と非循環性という学問数学において必要とされる性質を追加したことが推察される。

ついての我々の直観と一致しない例を含むことがあるという「変異（degenerations）の基準」である。以上の7つの基準について，第一から第四の基準は論理的に必要な基準である一方で，第五から第七の基準は論理的な立場から必ずしも必要なものではなく一般的な文化の一部であるとされた。特に第六及び第七の基準について，何を優美または変異とするかは，極めて主観的であるため，それらを決めるための客観的な基準はないとされた。

　以上のような，数学的定義の要件は，定義に対するメタ的な認識であり，定義の構成，洗練を進めるための原動力となり得るものである。それゆえ，定義活動には，暫定的に構成した定義を，数学的定義の要件に基づきながら洗練していくことが含まれる。つまり，定義活動の構成要素として，数学的定義の要件が挙げられる。

第2項　「定義活動」の概念規定

　前項では，定義活動に関する先行研究と数学的定義の要件に関する先行研究に基づいて，定義活動の構成要素として，対象，定義，例，数学的定義の要件の4つを特定した。本項では，これらの構成要素間の関係を考察することで，定義活動を捉えるための視点として，以下の（1）～（3）を設定する。

（1）対象の定義の暫定的な構成

　定義活動に関する先行研究（Zandieh & Rasmussen, 2010; Kobiela & Lehrer, 2015）において指摘されているように，定義活動においては，ある対象についての定義を構成したり，改訂したりすることだけでなく，対象の例を検討したり，対象の性質を検討したりすることも含まれる。例えば，三角形という対象を考察する際に，定義が天下り的に提示される場合を除けば，最初から「3つの直線で囲まれた図形」という定義が得られることはあり得ない。一般的には，次の過程を経る必要がある。

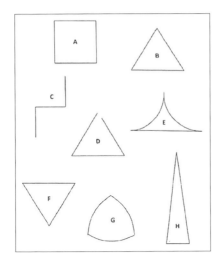
図 2-2：三角形の例（Kobiela et al., 2018, p. 253）

　まずは，図 2-2 のような，三角形を含むであろう例の集まりから，どれが三角形の正例であり，どれが三角形の負例であるかを判断する。次に，三角形の正例の集まりから，「3 つの線をもつ」「3 つの角をもつ」「真っ直ぐな線でできている」といった共通する性質を記述する。そして，記述した性質に基づいて，「三角形とは，3 つの直線でできた図形である」といった三角形の定義を構成する。このようにして構成される定義は，しばしば当初の正例を含んでいなかったり，当初の負例を含んでいたりする。あるいは，定義として十分な性質に言及していなかったり，必要以上の性質に言及していたりもする。それゆえ，このようにして構成される定義は，あくまで暫定的なものである。

　以上より，定義活動を捉えるための第一の視点として，「対象の例や性質を検討しながら暫定的な定義を構成すること」が抽出できる。

（2）数学的定義の要件に基づいた洗練

　例や性質を検討することで構成される「定義」は，ある対象について言及する言明であり，「用語の意味」とも言い換えられるものである。一方で，数学的定義の要件に関する先行研究（Borasi, 1986; Borasi, 1992; van Dormolen & Zaslavsky, 2003）において指摘されているように，数学的定義には，ある対象への言及を超えた一般的な性質がある。具体的には，定義において用いられ

る語は明確でなければならない，既存の定義や定理と整合的でなければならないといった性質である。つまり，定義を考察する際には，ある対象の例や性質を検討するだけで十分であるのに対して，数学的定義を考察する際には，ある対象を超えた一般的な性質をも考慮する必要がある。実際，ある対象の例や性質を検討することで得られる定義は，数学的定義としては不適切であることが多い。例えば，「三角形とは3つの直線でできた図形である」という定義において，「(直線で) できた」という語は曖昧であり，対象を識別したり証明の根拠としたりするには不適切である。そのため，「囲まれた」や「閉じた」といった，より明確な語を用いる必要がある。このように，例や性質を検討することで構成される暫定的な定義は，数学的定義の要件に基づく洗練の対象となり続けるものである。

　以上より，定義活動を捉えるための第二の視点として，「数学的定義の要件に基づきながら，定義を洗練していくこと」が抽出できる。

（3）目的の達成，他者との相互作用

　前項では，定義活動の構成要素として，対象，定義，例，数学的定義の要件の4つを挙げた。そのうえで，本項では，定義活動を捉えるための視点として，（1）対象の例や性質を検討しながら暫定的な定義をすること，（2）数学的定義の要件に基づきながら，定義を洗練していくことの2つを挙げた。これらをふまえると，定義活動の構成要素間の関係は，図2-3のように表記できる[11]。

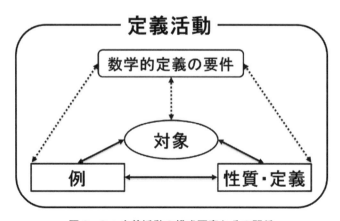

図2-3：定義活動の構成要素とその関係

図2-3について，まず定義と性質はどちらも言明であることから，要素としては同一カテゴリーのものとしている。「対象」が丸で囲まれており，「例」及び「性質・定義」が四角で囲まれているのは，対象は定義されるものであり，例及び性質・定義はその表現だからである。これらの要素を結ぶ実線矢印は，第一の視点である「対象の例や性質を検討しながら暫定的な定義を構成すること」を表している。一方，「数学的定義の要件」が丸四角で囲まれているのは，数学的定義の要件はある対象への言及を超えて数学的定義一般について言及するメタ的な要素だからである。数学的定義の要件と，対象，例，性質・定義とを結ぶ点線矢印は，第二の視点である「数学的定義の要件に基づきながら，定義を洗練していくこと」を表している。

以上より，定義活動の構成要素とその関係を整理した。しかし，図2-3には，そもそも何のために定義活動を行うのかという，定義活動の目的は反映されていない。目的なしで定義を考えることは，単にその対象の定義を知っているかどうかの確認に過ぎず，活動的な側面が薄れてしまう。実際，第2章第1節第2項で示した，ボラシによる教授実験においても，定義を考察する際の文脈（context）の役割，あるいは問題解決における定義の使用が重視されていた（Borasi, 1992）。それゆえ，定義活動は，無目的に行われるのではなく，何らかの目的（purpose）を達成するために行われるものである。

さらに，ある目的を達成するために定義活動に取り組むにあたっては，主体1人だけでなく，他者と協働して活動に取り組むことが必要な場合もある。例えば，主体が定義を構成した後に，その定義に主体が想定していなかった例が含まれることを，他者から指摘されることはあり得る。あるいは，主体が構成した定義において前提とされている事項が，他者にとっては前提とする事項ではないために，その定義が受け入れられないこともあり得る。つまり，対象の識別や議論の基盤の確立といった定義の役割を果たすためには，他者との相互作用の中で，定義を構成したり洗練したりすることも，場合によっては必要である。

---

11 図2-3において，定義活動の「目的」及び「他者」との相互作用が位置づけられていないことから明らかなように，図2-3は定義活動の構成要素とその関係を，視覚的に整理したものであり，定義活動の概念規定を完全に表現するものではない。

108　第 2 章　数学的探究における定義活動の意義

以上より，定義活動を捉えるための第三の視点として，「ある目的を達成す
るために，他者と相互作用しながら，定義を構成，洗練していくこと」が抽出
できる。

（4）「定義活動」の概念規定

本項で設定した，定義活動を捉えるための 3 つの視点を総合することで，
「定義活動」を次のとおりに規定する。それは，「ある目的を達成するために，
他者と相互作用しながら，対象の例や性質を検討して暫定的な定義を構成し，
数学的定義の要件に基づいて定義を洗練していく活動」である。この概念規定
の特徴は，定義活動に関する先行研究及び数学的定義の要件に関する先行研究
を参考にしつつ，定義活動を，対象，例，性質・定義，数学的定義の要件とい
う 4 つの構成要素の相互作用として捉えようとする点である。具体的には，以
下の 2 点である。

第一に，対象，例，性質・定義だけでなく，数学的定義の要件にも注目して
いる点である。実際，定義活動に関する先行研究（Zandieh & Rasmussen,
2010; Kobiela & Lehrer, 2015）では，定義と例の相互作用のみに焦点が当てら
れることが多かった。これらの研究では，学習者たちが，条件過剰の定義や極
端な例を検討したり，定義内の用語や概念の負例を検討したりする活動に取り
組んだことが報告されている。しかしながら，定義活動において，「どの数学
的定義の要件に基づいて，どのように定義を洗練していくべきか」ということ
には，焦点が当てられていない。本研究では，数学的定義の要件を定義活動の
構成要素に含めることで，場当たり的な定義の改訂ではなく，数学的定義の要
件に基づいた定義の洗練を捉えることができると考えた。

第二に，結果としての数学的定義の要件ではなく，数学的定義への洗練過程
に焦点を当てようとしている点である。先行研究が挙げている数学的定義の要
件（Borasi, 1986; Borasi, 1992; van Dormolen & Zaslavsky, 2003）は，「結果
としての数学的定義はどうあるべきか」を説明したものであり，「どのように
して定義をより数学的な定義に洗練していくべきか」を説明するものではな
い。本研究では，対象，例，性質・定義と数学的定義の要件との相互作用（図
2-3 における点線矢印）にも注目している。これにより，暫定的に構成した
定義を，数学的定義の要件を満たすように洗練していく際の，理想的な過程を

明らかにすることができると考えた。この点については，第3章第1節におい
て詳述する。

　本節では，定義活動に関する先行研究と数学的定義の要件に関する先行研究
の批判的考察を通して「定義活動」を規定した。本節の結論は，「定義活動」
とは，「ある目的を達成するために，他者と相互作用しながら，対象の例や性
質を検討して暫定的な定義を構成し，数学的定義の要件に基づいて定義を洗練
していく活動」であるということである。

第2章　数学的探究における定義活動の意義

第**3**節 --
数学的探究における
定義活動の類型

　第1・2節では，本研究の鍵概念である「数学的探究」と「定義活動」を規定した。本節では，これら2つの概念を組み合わせることによって，本研究が実現を目指す活動である「数学的探究における定義活動」の意味を明らかにする。具体的には，本研究が焦点を当てる数学的探究として，事柄の証明と論駁，数学的概念の拡張，局所的体系の構築の3つを取り上げたうえで，それぞれの数学的探究における定義活動の特徴を考察する。

第**1**項　事柄の証明と論駁における定義活動

（1）数学的探究としての証明と論駁

　第2章第1節第3項で示したとおり，本研究では数学的探究の動機である疑念の1つとして，不確かさを取り上げている。不確かさは，事柄の真偽判断や事柄の理由の説明といった証明問題の解決を誘発するものであった。また，第2章第1節第2項で示したボラシによる教授実験では，『証明と論駁』（Lakatos, 1976）を参考に，生徒たちが証明の文脈において，未知の事柄である多角形の定義を構成，洗練していく活動に取り組むことが目指されていた。これらをふまえると，数学的探究の中でも，特に証明の文脈において，不確かさという疑念の解消を目指して，証明問題を解決していくことに焦点を当てた活動があるといえる。

　この活動をより詳細に考察していくにあたって，ラカトシュによる証明と論駁の活動に注目する。その際には，数学教育研究において，しばしば引用・参照される『証明と論駁』（Lakatos, 1976）ではなく，ラカトシュの学位論文である『数学的発見の論理におけるエッセイ（*Essays in the logic of mathematical discovery*）』（Lakatos, 1961）に注目する。『証明と論駁』（Lakatos, 1976）は，編者序文で説明されているように，ラカトシュの学位論

文の第1章を大幅に修正したものに，学位論文の第2章と第3章の一部を追加することで構成されている。正確にいうと，ラカトシュ自身によって学位論文の第1章を大幅に改訂・増補したものが，「証明と論駁」（Lakatos, 1963a, 1963b, 1963c, 1964）として，*The British Journal for the Philosophy of Science* に掲載され，ラカトシュの没後，この4編の論文は，編者であるウォラル（J. Worrall）とザハール（E. Zahar）によって合併されて，『証明と論駁』の第1章となったのである。実際ラカトシュは学位論文において，零定義や証明生成定義といった独自の概念を用いて，定義を構成，洗練していく過程を説明している。これらの概念は，『証明と論駁』に至るまでの改訂と編集の過程において抜け落ちてしまい，先行研究では注目されてこなかったものの，本研究からみて示唆的である。

　以上の問題意識の下，村田（2021）は，ラカトシュの学位論文を分析することで，「証明と論駁を通した数学的知識の生成活動」の諸相を，「0．問題状況」を前提として，次のとおりにまとめた（各相の導出の詳細については，第2章補節を参照）。

　　1．零概念を含む原始的推測
　　2．証明
　　3．大局的反例の発見による零定義の顕在化
　　4．補題組み込み法／演繹的推量による推測の洗練
　　5．証明生成定義の定式化　　　　　　　　　　　（村田，2021, p. 338）

　まず，「零概念（zero concept）」とは，「探究活動の冒頭において主体がある数学的対象についてもっている概念」（村田，2021, p. 335）であり，「零定義（zero-definition）」とは「零概念を定義の形式で暫定的に表現したもの」（村田，2021, p. 335）である。例えば，Lakatos（1961）が事例としていた，「任意の多面体において，頂点の数をV，辺の数をE，面の数をFとするとき，$V-E+F=2$が成り立つ」という原始的推測でいうと，多面体が零概念であり，「多面体とは，いくつかの平面で囲まれた立体である」という表現が零定義である。次に，上の諸相における証明は，定理が真であることを厳密に示

すことではなく，原始的推測をいくつかの補題に分解することを指す。そして，推測と証明は常に論駁の対象となり，推測を論駁する例は「大局的反例（global counterexample）」，証明を論駁する例は「局所的反例（local counterexample）」と呼ばれる。大局的反例に対処するにあたっては，大局的反例によって論駁される隠れた補題を証明分析によって特定し，その補題を条件として推測に組み込む方法である，補題組み込み法（the method of lemma-incorporation），あるいは大局的反例を含むような拡張された推測を演繹によって特定する方法である，演繹的推量による内容の増加（increasing content by deductive guessing）が推奨される。補題組み込み法あるいは演繹的推量は推測を洗練する方法である一方で，零定義を的確に制限したり拡張したりする方法でもある。それゆえ，これらの方法を通して洗練される定義は，証明上の着想に基づいて得られる定義であることから，「証明生成定義（proof-generated definition）」と呼ばれる[12]。

　以上の活動を，本研究が焦点を当てる数学的探究の1つとして位置づけるにあたって，上の諸相に対して次の修正を加える。それは，諸相の1．における「原始的推測」を，自身の推測だけでなく所与の命題を含む「事柄」に変更することである。なぜなら，生徒たちは，自身の推測だけでなく所与の命題に対しても，数学的探究の動機の1つである不確かさを抱くことはあり得ると考えたからである。また，本研究の目的である，数学的探究における定義活動の促進にあたっては，生徒たちが，推測を構成することよりも，推測と証明の論駁に取り組む中で定義を構成，洗練することの方が重要である。それゆえ，諸相の1．を「零概念を含む事柄」，4．を「補題組み込み法／演繹的推量による事柄の洗練」に変更し，生徒が自分自身で推測を構成することは必須としないことにする。

　以上より，本研究が焦点を当てる数学的探究の1つとして，事柄と証明を論駁しながら事柄，証明，定義を洗練していく活動である，「事柄の証明と論駁」

---

12 大局的反例に対処するための他の方法として，反例をモンスターとして捉えて，そのモンスターに対処するために，定義を場当たり的に修正する方法である，モンスター排除法（the method of monster-barring）がある。モンスター排除法によって得られるモンスター排除定義は，零定義を場当たり的に修正して得られる定義であるため，証明生成定義のように零定義を的確に制限したり拡張したりするものではない。

を設定した。

（2）事柄の証明と論駁における定義活動の特徴

　事柄の証明と論駁において行われる定義活動の特徴を，定義活動の目的及び定義される対象に焦点を当てて考察する。この活動における目的は不確かさという疑念の解消であり，その達成は証明問題の解決である。具体的にいうと，事柄の不確かさを解消するために，証明と論駁を通して事柄と証明を洗練していくことである。これをふまえると，事柄の証明と論駁における定義活動は，事柄の不確かさを解消するという目的を達成するために，暫定的な定義を構成し，数学的定義の要件に基づいて定義を洗練していく活動であるといえる。正確にいうと，暫定的に構成した零定義を，補題組み込み法あるいは演繹的推量を通して，より数学的な定義である証明生成定義へと洗練していく活動である。

　事柄の証明と論駁における定義活動では，大局的反例の発見を契機として，ある対象についての零定義が顕在化する。例えば，「任意の多面体において，頂点の数を V，辺の数を E，面の数を F とするとき，$V - E + F = 2$ が成り立つ」という事柄であれば，$V - E + F = 2$ が成り立たない多面体の例が見つかることによって，多面体の定義を検討することが必要となる。このように，反例の発見を契機として定義が検討されることをふまえるならば，事柄の証明と論駁における定義活動では，事柄に含まれている対象の定義が構成，洗練される。つまり広い視点から複数の対象の定義や定義間の関係を考察することよりも，目の前で問題となっている対象の定義を考察することが中心となる。

　以上より，事柄の証明と論駁における定義活動の特徴として，事柄の不確かさを解消するという目的を達成するために，事柄に含まれている対象の定義を構成，洗練する活動であることが挙げられる。

第2項　数学的概念の拡張における定義活動

（1）数学的探究としての拡張

　本研究では数学的探究の動機である疑念の1つとして，不確かさの他に，葛藤を取り上げている。葛藤は，対立の解消という求答問題の解決を誘発するも

のであった。また，ボラシによる教授実験では，拡張の文脈において，既知の事柄である冪乗の定義を構成，洗練していく活動に取り組むことが目指されていた。一方で，Borasi（1992）では，「そもそも拡張とは何か」ということや，数学的概念を拡張する活動に含まれる側面は，詳細に説明されていない。一般的に「拡張」とは，「ある領域においてある条件が成り立つとき，その領域を含むより広い領域において成り立つ条件が，元の領域に限定したときの元の条件と同値であるように，ある領域をより広い領域へと埋め込むこと」と規定される（中島，1981；岩﨑，2003，早田，2014など）。この概念規定からわかるように，拡張においては，ある数学的概念の適用範囲を広げる際に，広げた領域における条件と元々の領域における条件とが同値であるように，領域を埋め込むことが要点である。これらをふまえると，数学的探究の中でも，特に数学的概念の拡張の文脈において，葛藤という疑念の解消を目指して，求答問題を解決していくことに焦点を当てた活動があるといえる。

　この活動をより詳細に考察していくにあたって，ボラシによる教授実験の内容に加えて，「拡張による定義の再構成過程」[13]（四之宮，2014）に着目する。四之宮（2014）は，凹四角形の外角の定義の再構成を事例として，中学生ペアを対象とした教授実験を通して，生徒が概念を拡張して既習の定義を再構成する過程には，次の4つの段階があることを明らかにした。第一に，「問題の生起」である。例えば，凹四角形の外角を考える際に，（360°－内角）の箇所を外角とすると，既知の定理である「多角形の外角の和は360°」が成り立たないという問題が生じることである。第二に，「既習の定義の探究」である。例えば，生起した問題を受けて，これまでの外角の求め方は（180°－内角）であったことを確認したり，角度の範囲に負の場合は含まれるのかを検討したりすることである。第三に，「新たな観点の導入」である。例えば，角に対して，反時計回りは正，時計回りは負といった方向の観点を取り入れることである。第四に，「既習の概念との統合」である。例えば，角に対して正負の方向を取り入れた際に，負の角だけでなく正の角の意味やその角度を，問題なく説明できるかを確認することである。以上の諸段階は，教授実験の結果という実践的側

13　正確には「拡張による数学的定義の再構成過程」であるが，この論文においては定義と数学的定義の使い分けはされていないため，本研究における区分に対応させた表記にしている。

面に基づいて構築されたものであり，理論的な面からの裏付けが必要ではあるものの，拡張の文脈において定義活動を遂行する際の一般的な過程を示している。

　以上の活動を，本研究が焦点を当てる数学的探究の1つとして位置づけるにあたって，上の諸段階に対して次の修正を加える。それは，「拡張による定義の再構成過程」における4つの側面である，1．問題の生起，2．既習の定義の探究，3．新たな観点の導入，4．既習の概念との統合を，段階（stages）ではなく相（phases）として捉え直すことである。つまり，4つの側面を，順序的かつ不可逆的なものではなく，相互に行き来し得るものとして捉える。具体的には，先に新しい観点を導入した後に既習の定義を探究したり，既習の定義を探究しながら新しい観点を導入したりすることも，あり得るものとする。

　以上より，本研究が焦点を当てる数学的探究の1つとして，既知の数学的概念を，その適用範囲を広げて考察しながら，その概念の定義を構成，洗練していく活動である，「数学的概念の拡張」を設定した。

（2）数学的概念の拡張における定義活動の特徴

　数学的概念の拡張において行われる定義活動の特徴を，定義活動の目的及び定義される対象に焦点を当てて考察する。この活動における目的は葛藤という疑念の解消であり，その達成は求答問題の解決である。具体的にいうと，拡張後の状況における主張の対立を解消するために，拡張の前後において一貫性が保たれるように，定義を構成，洗練することである。これをふまえると，数学的概念の拡張における定義活動は，主張の葛藤を解消するという目的を達成するために，暫定的な定義を構成し，数学的定義の要件に基づいて定義を洗練していく活動であるといえる。正確にいうと，拡張の前後の状況において暫定的に構成した定義を，より数学的な定義へと洗練していく活動である。

　数学的概念の拡張における定義活動では，拡張後の状況における主張の葛藤を契機として，定義の必要性が顕在化する。例えば，四角形を凹四角形まで拡張した状況においては，「凹四角形の外角の和は $(180n+360)°$ である」という主張と，「凹四角形の外角の和は360°である」という主張が対立する。このとき，前者の主張を支えているのは（360°−内角）という拡張後の状況における

116 第2章 数学的探究における定義活動の意義

外角の定義であり，後者の主張を支えているのは（180°－内角）という拡張前の状況における外角の定義である。この対立を解消するためには，凹凸で場合分けをしたり，拡張の前後で一貫したりするように，定義を構成，洗練する必要がある。このように，拡張の前後において定義が検討されることをふまえるならば，数学的概念の拡張における定義活動では，複数の状況において，ある対象の定義が構成，洗練される。つまり，事柄の証明と論駁における定義活動では，事柄の証明という単一の状況において定義を考察するのに対して，数学的概念の拡張における定義活動では，拡張前と拡張後という複数の状況において定義を考察する。それゆえ，問題となっている対象の定義を，それぞれの状況において考察することが中心となる。

　以上より，数学的概念の拡張における定義活動の特徴として，主張の葛藤を解消するという目的を達成するために，拡張前と拡張後という複数の状況において，対象の定義を構成，洗練することが挙げられる。

第3項　局所的体系の構築における定義活動

（1）数学的探究としての体系の構築

　本研究では数学的探究の動機である疑念の主要な要素として，不確かさ及び葛藤を取り上げたうえで，前者を証明問題に後者を求答問題に対応させている。これまでに，証明問題の解決に関わる活動として「事柄の推測と証明」を，求答問題の解決に関わる活動として「数学的概念の拡張」を設定した。第2章第1節第3項で示したように，本研究における数学的探究には，「問題の解決を通して得られた知識を組織立てられた知識の全体との関連で考察する」側面が含まれる。それゆえ，ここでは，求答問題と証明問題の両方の解決に関わる活動として，体系の構築を取り上げる。「体系（system）」とは，「定義群・公理群に基づいて演繹される命題の系列」である。体系を構築するためには，定義あるいは公理から演繹できる命題を特定すること，及び特定した命題が真であることを証明することが必要である。それゆえ，体系の構築にあたっては，事柄を特定することと事柄を証明することの両方が必要となる。これらをふまえると，数学的探究の中でも，特に体系の構築の文脈において，不確か

第3節　数学的探究における定義活動の類型　　**117**

さや葛藤などの疑念の解消を目指して，求答問題と証明問題の両方を解決して
いくことに焦点を当てた活動があるといえる。

　この活動をより詳細に考察していくにあたって，フロイデンタールによる体
系化論（Freudenthal, 1971; 1973）に着目する。フロイデンタールによれば，
体系化（systematization）すなわち体系を構築する活動には，大局的組織化
と局所的組織化がある[14]。大局的組織化（global organization）とは，ユーク
リッド幾何学や楕円幾何学といった公理的体系を構築したり，その公理的体系
の完全性を確認したりすることである。局所的組織化（local organization）と
は，ある対象についての性質間の関係や，命題間の関係を順序づけることに
よって，局所的体系を構築することである。フロイデンタールは，局所的組織
化の例として，「三角形の3つの辺の垂直二等分線が1点で交わること」（三角
形の外心の性質）の証明を挙げている。具体的には，△ABC において，AB
の垂直二等分線と BC の垂直二等分線の交点を M とするとき，垂直二等分線
の性質より，MA＝MB，MB＝MC，これらより，MA＝MC であるから，M
は AC の垂直二等分線上にある，という証明である。この証明は，「線分 XY
の垂直二等分線は，X と Y から等距離にある点の集合と同値であること」（垂
直二等分線の性質）及び「MA＝MB，MB＝MC ならば，MA＝MC」（推移
律）に基づいている。局所的組織化においては，これら性質を直観的に認め
る[15]ものとして，三角形の外心の性質を証明することによって，垂直二等分線
の性質から三角形の外心の性質が演繹されるという命題の系列を構築していく
のである。以上より，「局所的体系（local system）」とは，「直観的に認めら
れるいくつかの事柄に基づいて演繹される命題の局所的な系列」と捉えること
ができる。

　フロイデンタールは，大局的組織化の前には局所的組織化が必要であること
を指摘した。つまり，体系化の最終的な到達点は公理的体系であるとしても，
それに至るまでには，まず局所的体系を構築し，それらを拡張していくことが

14　第1章第3節第2項（1）で示したように，組織化（organization）は，フロイデンタールの数
　　学的活動論における鍵概念である。幾何学に関する組織化は，図形に関する様々な性質につい
　　て，ある性質を他の性質から導くこと，すなわち性質間の関係を順序づけることであると捉えら
　　れる。
15　大局的組織化の視点からすると，垂直二等分線の性質はさらなる証明の対象であり，推移律は命
　　題を一般化したうえで公理として設定されるものであるといえる。

必要であると指摘した。そして，局所的組織化に関する問いとして，「何を定義として選択し，何を定理として導くか？」「これをあれの命題の補題とすべきか，それとも他のやり方にすべきか？」「これをあれの特殊な場合として証明すべきか，それとも特殊な場合から始めて一般化した方がいいか？」を挙げた。これらについて，礒田（1987）は，第一の問いを「定義する活動」，第二，三の問いを「命題を系列化する活動」と特徴づけた。そのうえで，「定義をする活動の階層」として次の3つを挙げた。第一に，「定義をしたい図形の性質を探る」である。例えば，二等辺三角形について，「2つの辺が等しい三角形」「2つの角が等しい三角形」「2つの辺及び2つの角がそれぞれ等しい三角形」といった性質を考察することである。第二に，「その図形を規定する最少の性質を選び，定義とする」である。例えば，上の性質の中から，条件の数が最も少ない「2つの辺が等しい三角形」を定義として選択することである。第三に，「定義と他の性質との関係を考え，証明する」である。例えば，上の定義から「二等辺三角形の2つの角は等しい」ことや，「二等辺三角形の頂角の二等分線は底辺を垂直に二等分する」ことを証明したり，その逆を証明したりすることである。以上の階層のうち特に第一及び第二は，第2章第2節第2項で示した，定義活動の概念規定における「対象の例や性質を検討して暫定的な定義を構成し，数学的定義の要件に基づいて定義を洗練していく」に相当する活動であるといえる。

　以上より，本研究が焦点を当てる数学的探究の1つとして，ある対象における性質間の関係や，命題間の関係を順序づけながら，定義を構成，洗練していく活動である，「局所的体系の構築」を設定した。

（2）局所的体系の構築における定義活動の特徴

　局所的体系の構築において行われる定義活動の特徴を，定義活動の目的及び定義される対象に焦点を当てて考察する。この活動における目的は不確かさや葛藤など疑念の解消であり，その達成は証明問題及び求答問題の解決である。具体的にいうと，局所的体系を完成させたり拡張したりするために，必要な定義や命題を特定したり，特定した命題が真であることを証明したり，特定した定義を洗練したりすることである。これをふまえると，局所的体系の構築における定義活動は，局所的体系に関する疑念を解消するという目的を達成するた

めに，暫定的な定義を構成し，数学的定義の要件に基づいて定義を洗練していく活動であるといえる。

　局所的体系の構築における定義活動では，目の前で問題となっている対象の定義を考察することだけでなく，広い視点から複数の対象の定義や定義間の関係を考察することも必要となる。例えば，正三角形を「3つの辺がすべて等しい三角形」と定義した際に，二等辺三角形の定義を「2つの辺が等しい三角形」とするのか，「2つの辺だけが等しい三角形」とするのかといったことである。前者を定義とした場合は，「正三角形は二等辺三角形である」という命題は真である一方で，後者を定義とした場合は「正三角形は二等辺三角形ではない」という命題が真である。そして，「ある線分の垂直二等分線上の1点と線分の両端を結んでできる図形は二等辺三角形である」という命題は，前者の定義とは同値であるが，後者の定義とは同値ではないため，前者と後者では局所的体系が異なってくる。このように，局所的体系の構築として性質や命題を順序づける際には，図形の包摂関係等の定義間の関係を考慮しながら，定義を構成，洗練することが必要となる。つまり，事柄の証明と論駁及び数学的概念の拡張における定義活動は目の前で問題となっている対象の定義を考察する活動であるのに対して，局所的体系の構築における定義活動は広い視点から複数の対象の定義を考察することが中心となる。

　以上より，局所的体系の構築における定義活動の特徴として，局所的体系に関する疑念を解消するために，ある対象について，その性質間の関係を考察したり，他の対象の定義との関係を考察したりしながら，定義を構成，洗練することが挙げられる。

　本節では，「数学的探究」及び「定義活動」の概念規定に基づきながら，本研究が焦点を当てる数学的探究の類型を考察した。本節の結論は，本研究が焦点を当てる数学的探究における定義活動の類型は，事柄の証明と論駁における定義活動，数学的概念の拡張における定義活動，局所的体系の構築における定義活動の3つであり，定義を構成する状況及び定義する対象に関して，それぞれ異なる特徴をもつということである。

120　第2章　数学的探究における定義活動の意義

第4節
数学的探究における
定義活動の教育的価値

　本節では，前節において明らかにした数学的探究における定義活動の意味を
ふまえて，その教育的価値を考察する。具体的には，学校数学における定義の
理解の実態の中でも，特に定義の意義の理解及び定義の見方について，数学に
おける定義の役割，生徒のもつ定義観，生徒の思考の育成という3つの視点か
ら教育的価値を考察する。考察にあたっては，定義の構成活動の重要性を指摘
した古典的研究や，学習者による定義の理解の実態を調査した日本の研究を適
宜引用，参照する。

第1項　数学における定義の役割を反映した
　　　数学学習の実現

　第1章第3節第2項（1）で示したように，定義の構成活動の重要性を指摘
した古典的研究は，教科書においてあるいは教師から定義を天下り的に提示す
ることを批判した。その理由は，いわゆる適切な定義ができあがるまでにあっ
たはずの，「なぜその定義が必要なのか」「なぜそのように定義するのか」と
いった問いが，一切消え去ってしまうからである。例えば，ラカトシュは演繹
主義的スタイル，特に問題状況を伴わずに最初から定義を提示することを批判
した。そのうえで，ラカトシュは，このような問題状況を伴わない定義が数学
教育上の問題でもあることを，次のとおりに指摘した。

　　　学生たちは，コーシー，リーマン，ライプニッツといった様々な積分
　　の定義を引用することはできるが，それらの定義がどの問題の解決と
　　して発明されたのか，あるいはどの問題を解決する道程において発見
　　されたのか，ということを知らない。これは現在の数学教育が恥ずべ
　　きことである。　　　　　　　　　　　　　　　（Lakatos, 1961, p. 137）

第4節　数学的探究における定義活動の教育的価値　　121

　これは高等教育を想定した指摘であるが，昨今の中等教育にも当てはまると考える。すなわち，たとえ適切な定義を述べることができたとしても，その定義がどのような問題解決においてどのような役割を果たすのかということまで説明できる生徒は多くないと推察される。実際，第1章第2節第2項（2）で示したように，生徒たちの多くが定義の意義を理解していないことは，古くから指摘されている（小関他，1982；中西・國宗他，1983）。

　この課題を解消するためには，数学における定義の役割が反映されるような定義の学習指導を構想することが必要である。これまで示してきたように，数学における定義は，問題を解決する際，特に事柄を証明したり，概念を拡張したり，体系を構築したりする際に重要な役割を果たす。そのため定義は，これらの数学的な問題解決，すなわち数学的探究において扱ってこそ，その役割が顕在化する。本研究では，定義の役割が顕在化し得る数学的探究の類型として，事柄の証明と論駁，数学的概念の拡張，局所的体系の構築を設定した。そして，数学的探究における定義活動では，これらの問題解決に取り組む過程において，対象の定義を構成，洗練する必要性が自然に生じる。それゆえ，生徒たちは，数学的探究を通して定義を考察しながら，数学的知識を獲得することを経験できる。これにより，生徒たちは，様々な問題を解決する際に定義が重要な役割を果たすことを理解しやすくなると考える。そのような機会を設定するにあたって，数学的探究における定義活動は，問題解決において定義が役割を果たす活動についての一定の様式を示している。

　以上より，数学的探究における定義活動の第一の教育的価値として，数学における定義の役割を反映した定義学習の実現が指摘できる。

第2項　絶対的・固定的な定義観の変容

　定義を天下り的に提示することは，定義が本来もっているはずの役割を見えにくくするだけでなく，いわゆる適切な定義に至るまでに定義を洗練していく過程も見えにくくする。例えば，フロイデンタールは，定義はあらかじめ捉えられるものではなく組織化する活動の結果として得られるものであるとし，生徒たちが自分自身で定義を構成，洗練していく活動の重要性を指摘した。ま

た，ラカトシュは，証明生成定義，すなわち暫定的に構成した零定義を，証明上の着想に基づいて制限したり拡張したりすることを推奨し，定義の位置づけについて，次のとおりに指摘した。

> 私は価値ある分類あるいは題材の定義は証明アイディアにのみ基づき得るものであると確信するようになりました。分類あるいは定義は，探究（investigation）と，説明する―証明する活動を，同時に発生させます。分類あるいは定義が，先行するものでないことは確かです。定義的な活動を探究から切り離し，探究の前に位置づける方法は，最も悪い失敗の１つです。　　　　　　　　　　　　　（Lakatos, 1961, p. 74）

　このようにフロイデンタールやラカトシュによれば，そもそも数学において定義は，絶対的・固定的なものではなく，常に洗練の対象となり続け得る相対的・可変的なものである。一方で，学校数学では，教科書においてあるいは教師から，いわゆる適切な定義のみが，天下り的に提示される場合が多く，生徒が定義を洗練する機会はほとんどない。それゆえ，第１章第２節第２項（２）で示したように，定義を「絶対的なもの」「変わらないもの」と捉えている学生が一定数いることが報告されており（清水，1999；清水，2012），生徒たちの多くも，定義を絶対的・固定的なものと捉えていることが推察される。

　この課題を解消するためには，暫定的に構成した定義を，より数学的な定義へと洗練していくような定義の学習指導を構想することが必要である。その際に，数学的探究における定義活動では，大局的反例の発見によって顕在化した零定義を証明生成定義へと洗練したり，拡張後の場面における定義を拡張の前後で一貫性が保たれるように洗練したりすることが行われる。このような暫定的に構成した定義を，より数学的な定義へと洗練していく経験は，生徒たちに対して，定義は絶対的なものではなく，問題解決に応じて，洗練され得る相対的なものであると捉えられるようになる機会を与えると考える。

　このような定義観の変容に関して，第２章第１節第２項で示したように，ボラシによる教授実験では，カティアとメアリーが，不適切な定義や曖昧な定義を検討することを通して，定義をより数学的な定義へと洗練していくことが長

期間にわたって行われた。その結果，当初カティアとメアリーは，定義を固定的なものと捉えていたが，次第に定義を創造的なものと捉えるようになったことが報告された。このように長期的な学習指導が必要ではあるものの，数学的探究における定義活動において行われる，暫定的に構成した定義をより数学的な定義へと洗練していく過程は，生徒の定義観の変容に寄与し得るものである。

　以上より，数学的探究における定義活動の第二の教育的価値として，絶対的・固定的な定義観の変容が指摘できる。

第3項　批判的・反省的思考の育成

　序章第1節第1項で示したように，本研究は，数学教育における定義及び定義活動を扱っているが，本来，定義及び定義活動を通して育成を目指す資質・能力は，広く学校教育，さらには人間形成を見据えたものである必要がある。実際，数学に限らず様々な場面においても，主張の真偽を判断したり，説得的な論を構成したり，議論の前提を共有したりするために，定義を活用できるようになることは望ましい。これについては，フォセットによる「証明の本性」の課程が生徒たちに与えた影響が示唆的である。第1章第1節第2項で示したように，「証明の本性」では，生徒たちが数学場面と日常場面の双方において，主張を取り巻いている定義及び前提を検討したり，暫定的に構成した定義を修正したりする活動に取り組んだ。その結果，生徒たちは，感情にとらわれない論理的な議論を行うためには，鍵概念の定義と主張の前提を示すことが必要であることを理解し，レポートや書籍の執筆といった数学以外の場面においても，定義と前提を明記するようになった。そして，回顧録において生徒たちは，「証明の本性」での学習を，他教科の学習や日常場面においても活用し，物事に対して批判的・反省的に思考できるようになったと回想していた。このように，生徒たちが自分自身で定義を構成したり洗練したりする活動は，生徒たちの批判的・反省的思考の育成に寄与し得るものである。

　数学的探究における定義活動は，フォセットによる「証明の本性」の実践に基本的な着想を得つつも，ボラシによる数学的探究論への依拠，及び定義活動に関する先行研究に対する批判的考察を通して，定義活動のあるべき姿を示し

たものである。言い換えると，生徒たちが自分自身で定義を構成するという着想の教育的価値を大切にしつつ，その着想が活動として具現化・明確化されるように，鍵概念を規定してそれらを組み合わせたものである。これまで示してきたように，数学的探究における定義活動では，事柄の証明，概念の拡張，体系の構築といった，様々な目的を達成するために，定義を構成したり洗練したりする。これらの目的は，数学に関するものであるが，活動を通して育成される批判的・反省的思考は，数学以外の目的を達成する際にも発揮される可能性がある。したがって，数学的探究における定義活動は，ある意味では，フォセットによる実践を，現代の数学教育研究の文脈の中に位置づけ直したものであるといえる。

　批判的・反省的思考の育成は，最も重要な教育的価値であるものの，即座に達成されるものではない。それゆえ，この価値が達成されるためには，定義観の変容が達成される以上に，長期的・継続的な学習指導が必要である。また，フォセットが指摘したように，批判的・反省的思考の育成は，数学科だけの役割ではなく，国語科，社会科，理科，体育科といった他教科の役割とも連携した教科教育全体として，達成を目指す必要がある。本研究では，このような他教科との連携までを扱うことはできないが，数学的探究における定義活動には，広く学校教育，さらには人間形成を見据えた教育的価値が含まれている。

　以上より，数学的探究における定義活動の第三の教育的価値として，批判的・反省的思考の育成が指摘できる。

　本節では，数学的探究における定義活動の意味をふまえながら，その活動を通して達成され得る教育的価値を考察した。本節の結論は，数学的探究における定義活動の教育的価値は，数学における定義の役割を反映した数学学習の実現，絶対的・固定的な定義観の変容，批判的・反省的思考の育成の3つであるということである。

　第2章の目的は，数学的探究における定義活動の意義，すなわち意味及び価値を明らかにすることであった。この目的に対する結論は，鍵概念の規定及び教育的価値の考察によって，「数学的探究における定義活動の方法を明らかにする」（研究課題1）ための基礎的作業が完了したということである。

補　節 ---

証明と論駁を通した
数学的知識の生成活動

　本節は，第2章第3節第1項で示した，「証明と論駁を通した数学的知識の生成活動」の諸相が導出されるまでの過程を示す。本節の内容は，次の論文における第Ⅰ～Ⅲ章を加筆修正したものである。

　村田翔吾（2021）．「ラカトシュによる数学的知識の生成論とその学校数学への援用可能性：零定義から証明生成定義への洗練に焦点を当てて」．『科学教育研究』，第45巻 第3号，pp. 331-346.

第1項　問題の所在と本節の目的

　イムレ・ラカトシュ（Imre Lakatos, 1922-1974）の主著『証明と論駁（*Proofs and refutations*）』（Lakatos, 1976）は，数学的発見の論理としての証明と論駁の方法を提唱し，数理哲学における可謬主義（fallibilism）を確立した文献である。この文献では，数学における発見が，公理や定義からの演繹によってではなく，推測，証明，論駁によってなされていくこと，及びその過程を通して得られていく数学的知識は無謬ではなく可謬であることが主張されている。ラカトシュによる可謬主義は，数学教育研究にも大きな影響を与えており，特に数学的活動や数学的探究に関する研究の数理哲学的基盤として位置づけられている（大谷，2002；小松，2014など）。

　『証明と論駁』を引用・参照する数学教育研究は数多くみられるが，その中でもラカトシュが示した証明と論駁の活動を学校数学において実現しようとする研究がある。その端緒とみられる Lampert（1990）は，ラカトシュが数学に取り組む姿勢として重視した，「意識的な推量（conscious guessing）」に注目し，小学生たちが，推測，証明，論駁に取り組めるような授業を構想して実施した。その結果，小学生たちは累乗の性質について，自分なりに推測を立てた

後，その推測を証明して一般化したり，一般化した性質を論駁したりしたことが報告された。

　ランパートが証明と論駁の活動を大略的に捉えたのに対して，Larsen & Zandieh（2008）は，ラカトシュが証明と論駁の方法の1つとして指摘した「補題組み込み法（the method of lemma-incorporation）」に焦点を当てた。そして，ラカトシュによる数学的発見の論理は，現実的数学教育（Realistic Mathematics Education）における追発明（reinvention）の実現に示唆的であるとして，大学生を対象とした教授実験を構想して実施した。その結果，大学生たちは，部分群の性質を推測して証明した後に反例に直面し，証明分析を通して特定された隠れた補題を，条件として推測に追加する活動が行われたことが報告された。

　ラーセンとザンディが補題組み込み法という推測を制限する方法に焦点を当てたのに対して，Komatsu（2016）は，推測を拡張する方法である「演繹的推量による内容の増加（increasing content by deductive guessing）」に焦点を当てた。そして，小中学生が推測，証明，論駁に取り組めるような教授実験を構想して実施した。その結果，小中学生たちは，数や図形の性質に関する問題に取り組む過程において，推測を証明した後に直面した反例に対して，補題組み込み法を適用するだけでなく，演繹的推量を適用することで，一般的な推測を生成する活動が行われたことが報告された。

　さらに，Komatsu & Jones（2019）は，証明と論駁の活動を促進するための課題設計原理を構築し，その原理に基づいて設計した課題によって，高校生あるいは大学生による証明と論駁の活動を促進できることを示している。以上のように，先行研究ではラカトシュによる数学的発見の論理を参考にすることで，学校数学において活動的な証明学習，すなわち生徒が，推測，証明，論駁を通して，推測と証明を洗練していく活動に取り組むことを実現可能であることが明らかにされている。

　一方，Komatsu & Jones（2022）は，推測，証明，論駁を通して，推測と証明を洗練するだけでなく，新しい数学的知識を生成する活動の実現可能性も示している。しかしながら，この研究では，生成される数学的知識の種類を，定義や性質等と広く捉えており，その種類を検討する必要があると考える。そこ

で本研究では，数学的知識の中でも，特に定義に焦点を当てる。なぜなら，定義は，教科書において，あるいは教師から天下り的に与えられることが多いため，証明と論駁を通して新しい数学的知識を生成する活動を，特に定義に焦点を当てて特徴づけようとすることには，意義があると考えるからである。実際，ラカトシュは，推測，証明，論駁だけでなく，定義についても論じている。したがって，本研究では，ラカトシュによる数学的発見の論理を参考にすることで，学校数学において活動的な定義学習を実現することを目指す。ここでいう「活動的な定義学習」[16]とは，生徒が，推測，証明，論駁を通して，推測と証明を洗練していくだけでなく，その過程において定義を構成，洗練していき，新しい数学的知識を生成する活動に取り組むことを指す。

　活動的な定義学習の実現可能性を検討するにあたって，本研究では，『証明と論駁』（Lakatos, 1976）ではなく，ラカトシュの学位論文である『数学的発見の論理におけるエッセイ（*Essays in the logic of mathematical discovery*）』（Lakatos, 1961）に注目する。編者序文で説明されているように，『証明と論駁』は，ラカトシュの学位論文の第1章を大幅に修正したものに，学位論文の第2章と第3章の一部を追加することで構成されている。正確にいうと，ラカトシュ自身によって学位論文の第1章を大幅に改訂・増補したものが，「証明と論駁」（Lakatos, 1963a, 1963b, 1963c, 1964）として，*The British Journal for the Philosophy of Science* に掲載され，ラカトシュの没後，この4編の論文は，編者であるウォラル（J. Worrall）とザハール（E. Zahar）によって合併されて[17]，『証明と論駁』の第1章となったのである。実際ラカトシュは学位論文において，零定義や証明生成定義（第3項で詳述）といった独自の概念を用いて，定義を構成，洗練していく過程を説明している。これらの概念は，『証明と論駁』に至るまでの改訂と編集の過程において抜け落ちてしまい，先行研究では注目されてこなかったものの，活動的な定義学習の実現を目指す本研究からみて示唆的である。

　以上の背景より，本節では，ラカトシュによる数学的知識の生成論を，特に

16　本節では，本研究の鍵概念である「定義活動」という語は登場しないが，基本的には「活動的な定義学習」という語句を，「定義活動」と同等の意味で使用している。

17　編者であるウォラルとザハールは，この合併において，少々の誤植と明らかな誤字脱字以外の修正は，一切行っていないと述べている。

128 第2章 数学的探究における定義活動の意義

零定義と証明生成定義に焦点を当てて明らかにすることを目的とする。この目的を達成するために，ラカトシュによる数学的発見の論理の背景を確認したうえで（第2項），証明と論駁を通した数学的知識の生成活動の諸相を規定する（第3項）。

第2項 数学的発見の論理

本項では，ラカトシュの文献を分析する際の前提として，数学的発見の論理の背景となる事柄を整理する。

（1）基本情報の整理

ラカトシュは，1922年にハンガリーで生まれた[18]。1947年にハンガリー教育省の高官となったが，1956年にはウィーン，ロンドンへと移った。イギリスでは，ケンブリッジ大学で数理哲学の研究に従事し，1961年に，学位論文『数学的発見の論理におけるエッセイ』で博士号を取得した。また，1960年からは，London School of Economics で教鞭をとるようになり，1974年に急逝するまで，その仕事を務めた。

ラカトシュの初期の研究領域は数理哲学であったが，晩年はその領域を拡大して科学哲学の研究に取り組んだ。ラカトシュは，科学と疑似科学を区別するための方法論として，研究プログラム（research programmes）を提案した（Lakatos, 1978）。この方法論における着想は，数学教育研究にも援用されている（布川，1994など）。一方で，『科学的研究プログラムの方法論（The methodology of scientific research programmes）』（Lakatos, 1978）の編者であるウォラルとキュリー（G. Currie）は，「ラカトシュは，物理科学の哲学における研究でよく知られるようになっただろうけれども，彼は本来自分自身を数学の哲学の研究者とみなしていた」（Lakatos, 1978, p. v）と述べている。

第1項で示したように，本研究の関心は，ラカトシュによる数学的発見の論理を参考にすることで，学校数学において活動的な定義学習を実現しようとすることにある。したがって，本節では，ラカトシュによる文献の中でも，数理哲学に関する文献，特にラカトシュの学位論文を中心として分析を行う。

---

18 ラカトシュの略歴については，ウォラルによる解説（Worrall, 1976）を参照した。

（2）演繹主義的スタイルと発見法的スタイル

　ラカトシュの学位論文における問題意識は，従来の数理哲学において，数学的発見の論理は演繹であるとされてきたことにある。この立場においては，「演繹主義的スタイル（deductivist style）」と呼ばれる，定義及び公理のリストから始まり，定理が提示され，証明へと展開されていくスタイルが採用される。演繹主義的スタイルにおいては，すべての命題は真であり，すべての推論は妥当である。それゆえ，演繹主義的スタイルにおける数学は，疑いなく真の知識である定義及び公理から，妥当な推論である演繹によって，定理を得ていく学問であり，得られる数学的知識は無謬であるとされる。

　これに対してラカトシュは，数学的発見の論理は，演繹ではなく，推測，証明，論駁であることを主張した。この立場においては，「発見法的スタイル（heuristic style）」と呼ばれる，問題状況から始まり，その問題に関する推測，証明，論駁を通して，推測と証明が洗練されていき，その証明の要約として定理や定義が定式化されていくスタイルが採用される。発見法的スタイルでは，演繹主義的スタイルでは表れない論駁に焦点が当てられ，推測と証明は論駁に対して常に開かれている。それゆえ，発見法的スタイルにおける数学は，ある問題状況において推測して証明し，論駁に応じて推測と証明を洗練し続けていく学問であり，得られる知識は可謬であるとされる。したがって，ラカトシュによる数理哲学は「可謬主義」と呼ばれる。

　ラカトシュによる可謬主義の背景には，次の3つの思想がある。第一にポリア（G. Polya）による発見法（heuristic）である。ポリアは数学における発見の方法と規則を明らかにしようとしたが，ラカトシュも同様の意図の下，数学的発見の論理を明らかにしようとした。第二にポパー（K. R. Popper）による反証主義（falsificationism）である。ポパーは仮説や理論が反証可能性によって評価されるべきであると主張し，科学的発見の論理は帰納ではなく推測と論駁であることを指摘した。これと同様に，ラカトシュは数学的発見の論理は演繹ではなく推測と証明と論駁であることを指摘しようとした。第三にヘーゲル（G. W. F. Hegel）による弁証法（dialectic）である。ヘーゲルは，弁証法を，定立（thesis），反定立（antithesis），総合（synthesis）の3つ組として定式化した。ラカトシュは，ヘーゲル的弁証法を用いて，つまり推測を定立に，論

130 第2章 数学的探究における定義活動の意義

駁を反定立に，証明分析を通して得られる定理や定義を総合にそれぞれ対応させることで，自身による数学的発見の論理を説明しようとした。

（3）数学的発見のパターン

ラカトシュは，数学的発見のパターンとして次の諸段階（stages）を提示した。

1．原始的推測
2．証明（原始的推測を部分推測あるいは補題に分解する大まかな思考実験や議論）
3．"大局的"反例（原始的推測に対する反例）の発生
4．証明の再検討：大局的反例が"局所的"反例となるような"有罪補題"の特定。その有罪補題は以前には"隠れて"いたり，誤認されたりしている。今やそれは明確となり，条件として原始的推測の中に組み込まれる。定理—改良された推測—は，卓越した新しい特徴として，新しい証明生成概念を伴い，原始的推測を乗り越える。　(Lakatos, 1961, p. 140; Lakatos, 1976, p. 127)[19]

諸段階としては明示されていないが，これらの前提には，問題状況（problem-situation）がある。つまり，ある問題状況において，まずは何らかの原始的推測（primitive conjecture）を行い，その推測を証明する。ここでいう証明とは，定理が真であることを厳密に示すことではなく，原始的推測をいくつかの補題に分解することを指す。その後，「大局的反例（global counterexample）」と呼ばれる，推測を論駁する反例が見つかる。ここで，反例を排除するのではなく，証明に着目することで反例に対処しようとする。具体的には，証明分析を行い，大局的反例によって論駁される補題を特定する。これにより，証明を構成している補題のうち，どの補題に問題があったのかが明らかとなる。このように反例は，推測を論駁するだけでなく，証明を論駁す

19　本節におけるラカトシュの文献の引用について，学位論文と『証明と論駁』で文章が同一の箇所は，両文献の頁を記載する。また，学位論文における図は手描きで不鮮明なものが多いため，数学的内容が同一の箇所は『証明と論駁』のものを引用する。

るものでもあるため，後者は「局所的反例（local counterexample）」と呼ばれる。そして，特定した補題を，条件として推測に組み込むことで，推測が成り立つ領域を制限する。この過程においては，これまで注目されてこなかった概念が得られる。それらは，偶然得られたものではなく，証明から得られたものであるため，「証明生成概念（proof-generated concept）」と呼ばれる。

　ラカトシュは，先述の数学的発見のパターンは成熟した理論では起こらないかもしれないが，成長中の理論で確かに起こると述べた。そして，発見法的スタイルが，歴史的，教育的に重要であることを次のとおりに指摘した。

> これら成長中の理論では直観は未熟であり，つまずき，誤りを犯す。そのような成長期を通らない理論は存在せず，さらにこの時期は歴史的視点からみて最も興味深く，指導的視点からみても最も重要であるべきである。これらの時期は，証明手続きを理解することなしに，可謬主義的アプローチを採用することなしに，適切に理解されることができない。　　　　　　　（Lakatos, 1961: p. 169；Lakatos, 1976: p. 149）

　このように，ラカトシュは，成熟した理論すなわち形式的な数学ではなく，成長中の理論すなわち非形式的（informal）で準経験的（quasi-empirical）な数学に焦点を当てた。そして，非形式的で準経験的な数学における発見は先述のパターンを経ると指摘した。さらに，ラカトシュは発見の過程をより明確にするために，発見法的規則（heuristic rules）を定式化した。この規則は，ラカトシュによる数学的発見の論理の根幹をなすものであるものの，学位論文（Lakatos, 1961）と『証明と論駁』（Lakatos, 1976）とでは，いくつかの相違点がみられる。具体的に，学位論文には『証明と論駁』には見られない，定義の構成，洗練に関する発見法的規則が定式化されている。それゆえ，本節では特に定義に関する発見法的規則に着目して分析を行う。

　以上をふまえて次項では，学校数学における活動的な定義学習の実現可能性を検討するために，推測，証明，論駁を通して，推測と証明を洗練していくだけでなく，その過程において定義を構成，洗練していき，新しい数学的知識を生成する活動（以下，証明と論駁を通した数学的知識の生成活動）の諸相を規

132 第2章 数学的探究における定義活動の意義

定する。

第3項 証明と論駁を通した数学的知識の生成活動

（1）推測，証明，論駁

① 零概念を含む原始的推測

　発見法的規則の分析を行うにあたって，ラカトシュが事例として用いた，デカルト＝オイラー予想を用いて規則を説明する。この事例における問題状況は，「多面体において，頂点，辺，面の数の間には，どのような関係が成り立つか」である。また，この問題状況における原始的推測は，「任意の多面体において，頂点の数を V，辺の数を E，面の数を F とするとき，$V-E+F=2$ が成り立つ」である[20]。

　この推測は，多面体に関するものである。そのため，主体がこの推測を得ているということは，多面体について何らかの概念をもっているということである。このような，探究活動の冒頭において主体がある数学的対象についてもっている概念を，ラカトシュは「零概念（zero-concept）」と呼んだ。また，零概念を定義の形式で暫定的に表現したものを「零定義（zero-definition）」と呼んだ。ここで重要なのは，原始的推測の段階において，零定義が明示される必要はないということである。実際ラカトシュは，次のように主張した。

　　教師[21]：私は定義によって概念を伝達しようとすることを認めます。
　　例えば，"多面体は，その表面が多角形の面から構成される立体である"を暫定的に採用します。私は，このような暫定的な定義を"零定
　　義"と呼びます。零定義が我々をどこに導くかわからないとき，それ
　　は探究（investigation）の出発点であることを示唆すると同時に，零
　　定義自体はそこまで重要ではないことを示しています。繰り返し強調

20　デカルト＝オイラー予想に関する問題状況から原始的推測に至るまでの過程の一例は，ポリアによって示されている（Polya, 1954）。実際，ラカトシュも学位論文においてポリアの文献を挙げている。

21　学位論文（Lakatos, 1961）の第1，2章は，架空の教室における生徒と教師の対話によって構成されている。本節における引用箇所について，敬体で表記されているものは対話の箇所であり，常体で表記されているものは地の文の箇所である。

するように，我々は自分たちの零概念のすべてを定義する必要はないですし，実際それは不可能です。(Lakatos, 1961, p. 69, 下線は原文)

したがって，零定義は，主体がある数学的対象について抱いている概念を暫定的な定義として表現したものである。それゆえ，探究活動の冒頭において，それを厳密に規定する必要はない。実際，ラカトシュは，ユークリッド原論における「点とは部分をもたないものである」のような，理論の冒頭における無理矢理な定義を「過定義 (overdefinition)」と呼んだ。

② **証明**

続いてラカトシュは，原始的推測に対して，コーシー (A. L. Cauchy) による次のような証明を示した。

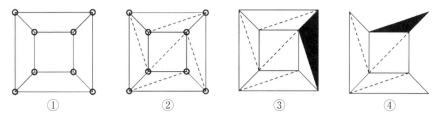

図 2 - 4 ：コーシーによる証明（Lakatos, 1976, p. 8 ）

第 1 段階：多面体が中空で表面が薄いゴムでできているとする。面の 1 つを切り出すと，残りの表面を破らずに平面上に伸開することができる（図 2 - 4 は立方体の場合）。このとき，面や辺の形は変化するが，V，E，F の値は変わらない。それゆえ，多面体で $V-E+F=2$ であることと，平面伸開された図形で $V-E+F=1$ であることとは，同値である。

第 2 段階：平面伸開された図形において，三角形ではない多角形があれば，対角線を引くことによって，三角形に分割する。対角線を 1 つ引くとき，E と F はそれぞれ 1 増えるので，$V-E+F$ の値は変化しない。

第 3 段階：三角形分割された図形から，三角形を 1 つずつ取り除いていく。このとき，(a) 1 つの辺と 1 つの面を取り除くとき（図 2 - 4 ③）は，E と F はそれぞれ 1 減る。(b) 1 つの頂点と 2 つの辺と 1 つの面を取り除くとき

(図2-4④)は，VとFはそれぞれ1減り，Eは2減る。それゆえ，いずれの場合においても，V－E＋Fの値は変化しない。この操作を続けていくと，最終的に三角形が1つ残るが，三角形においてはV－E＋F＝1なので，推測は成り立つ。

　補節第2項（3）で示したように，ここでいう証明とは，定理が真であることを厳密に示すことではなく，原始的推測をいくつかの補題に分解することを指す。つまり，推測と証明は確定的なものではなく，反例の発見に応じて，洗練され得るものである。

③ 大局的反例の発見による零定義の顕在化

　次に，原始的推測を論駁し得る反例，すなわち大局的反例の候補として，例えば，「額縁」（図2-5左）や「重なり立方体」（図2-5右）が見つかったとする。

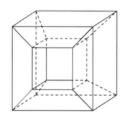 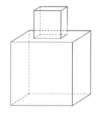

図2-5：原始的推測に対する大局的反例（Lakatos, 1976, p. 19; Lakatos, 1976, p. 34）

　実際，「額縁」はV－E＋F＝0であり，「重なり立方体」はV－E＋F＝3である。しかし，厳密にいうと，これらが反例であるかどうかは，多面体の定義に依存する。それゆえ，大局的反例の候補が発見された段階において初めて，多面体の定義を考える必要性が生じる。実際ラカトシュは，次のとおりに説明した。

　　教師：例えば，私は'多面体'をこれまで定義してきませんでした，
　　それは，私がその概念に精通していること，すなわち多面体であるものとそうでないものを区別することが少なくともできること，論理学

補　節　証明と論駁を通した数学的知識の生成活動　**135**

者たちがいうところの多面体の概念の外延を知っていることを仮定し
ていました。その概念の外延が何かは全然明瞭ではないことが明らか
となりました，定義は大抵反例が現れたときに論じられるのです。

（Lakatos, 1961, p. 24）

したがって，この段階において初めて，「多面体とは，いくつかの平面で囲
まれた立体である」といった多面体の零定義が顕在化し，「額縁」及び「重な
り立方体」は大局的反例であることが確認される。

（2）推測の洗練

大局的反例が発見されると，それらにどのように対処するかが問題となる。
このとき，大局的反例に対処するための方法として，ラカトシュは次の2つを
挙げた。第一に，反例が生じないように推測が成り立つ領域を制限することで
ある。第二に，反例が反例でなくなるように推測が成り立つ領域を拡張するこ
とである。それぞれの方法について示す。

① 補題組み込み法による推測の制限

反例に対処するために推測を制限するにあたって，ラカトシュは，反例を病
理的（pathological）な例，すなわちモンスターとして捉えたり，あるいは例
外として捉えたりすることを批判した。そして，発見された反例をモンスター
として捉え，そのモンスターに対処するために，定義を場当たり的に修正する
方法を，「モンスター排除法（the method of monster-barring）」と呼んだ。
また，発見された反例を例外として捉え，その例外に対処するために，推測を
場当たり的に修正する方法を，「例外排除法（the method of exception-
barring）」と呼んだ。そして，ラカトシュは，これらの方法に対して，反例に
対処する際に，発見された反例のみに注目し，証明を無視している点を批判し
た。

ラカトシュは，これらの方法の代わりに，証明分析を通して，大局的反例に
よって論駁される，隠れた補題（有罪補題）を特定することを推奨した。具体
的に，「額縁」は，面を1つ取り除いて平面伸開することができないため，先
述の証明における第1段階を論駁する反例である。また，「重なり立方体」
は，平面伸開できるが，環状面に対角線を1つ引く際に，Eは1増えるがF

は変わらないため，第2段階を論駁する反例である。このように，得られた大局的反例は，証明分析によって，証明（補題）を論駁する反例，すなわち局所的反例となる。そして，論駁される補題を条件として推測に組み込む。具体的には，1つの面を取り除いて平面伸開できる多面体を「単純多面体（simple polyhedron）」と呼び，原始的推測を「任意の単純多面体において，V−E+F＝2が成り立つ」に制限する。同様にして，対角線によって面が2つに分割される面を「単連結面（simply-connected face）」と呼び，制限された推測を「すべての面が単連結な，任意の単純多面体において，V−E+F＝2が成り立つ」に再制限する。

　以上のような，証明から着想を得ることで推測と証明を洗練していく方法を，ラカトシュは「補題組み込み法（the method of lemma-incorporation）」と呼んだ。モンスター排除法では，推測や証明を確定的なものと捉え，定義を場当たり的に修正する。また，例外排除法では，証明を確定的なものと捉え，推測を場当たり的に修正する。これらに対して，補題組み込み法は，推測と証明を暫定的なものと捉え，証明から着想を得ることで，推測を的確に制限する点が特徴である。

② 演繹的推量による推測の拡張

　補題組み込み法が推測の成り立つ領域を制限する方法である一方で，ラカトシュは推測の成り立つ領域を拡張する方法についても言及した。具体的に，「額縁」や「重なり立方体」は，原始的推測に対する大局的反例であるが，これらを含むような拡張された推測を見つけるのである。その際にラカトシュは，種々の立体における V−E+F の値を観察して推量するのではなく，「演繹的推量（deductive guessing）」によって推測を拡張することを推奨した[22]。

　まず演繹的推量の前提となる「完全（perfect）多角形」と「正規（normal）多面体」という概念を導入する。完全多角形とは，1つの頂点から始めて，V−Eの値を変えずに（E−1）辺を接着していき，最後にV−Eを1だけ減らす閉じる辺を接着することで得られる多角形である。例えば，四角形の場合は，図2−6のように，1つの頂点から始めて，3つの辺と3つの頂点を順々

22　正確にいうと，学位論文（Lakatos, 1961）では，拡張された推測を見つけることまでしか言及されず，『証明と論駁』（Lakatos, 1976）において，演繹的推量が示された。

に接着していき（このときV＝4，E＝3である），最後に閉じる1辺を接着することで，V＝E＝4，つまりV－E＝0となる四角形が完成する．

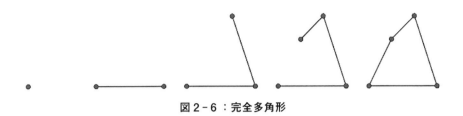

図2-6：完全多角形

　正規多面体とは，1つの完全多角形から始めて，V－E＋Fの値を変えずに（F－2）面を接着していき，最後にV－E＋Fを1だけ増やす閉じる面を接着することで得られる多面体である．例えば，立方体の場合は，図2-7のように，1つの完全多角形から始めて，4つの面を接着していき（このときV＝8，E＝12，F＝5である），最後に閉じる1面を接着することで，V－E＋F＝2となる立方体が完成する．端的にいうと，正規多面体は，補節第3項（1）②のコーシーによる証明を，逆向きに辿っていくことによって得られる多面体である．

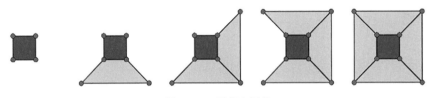

図2-7：正規多面体

　次に，図2-8①のような2つの合同な正規多面体を用意する．ここで，2つの面同士が重なるように接着すると，VとEは8ずつ減り，Fは4減るため，V－E＋F＝0となる（図2-8②）．さらに，この「額縁」に対して，図2-8③のような正規多面体を接着すると，Vは4，Eは2，Fは2減るため，V－E＋F＝－2となる（図2-8④）[23]．これを繰り返すことによって，「額縁」を含むような，拡張された推測「すべての面が単連結な，m個の穴をもつ

多面体において，V－E＋F＝2－2m が成り立つ」を得ることができる。

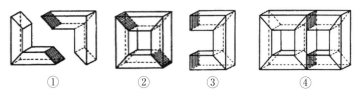

図2-8：演繹的推量（Lakatos, 1976, p. 77）

以上のように，ラカトシュは，大局的反例に対処するために推測を洗練する方法として，推測を制限する方法である補題組み込み法と，推測を拡張する方法である演繹的推量の2つを提示した。

（3）証明生成定義の定式化
① 零定義から証明生成定義への制限

（2）では，補題組み込み法や演繹的推量を適用することで，推測を洗練していく過程を示した。一方でラカトシュは，これらの過程は，多面体に関する定義を洗練していく過程でもあることを指摘した。

補節第3項（1）③で示したように，大局的反例の候補が見つかると，「多面体とは，いくつかの平面で囲まれた立体である」といった零定義が顕在化する。そして，この零定義は，（2）で示したように，「1つの面を取り除いて平面伸開できる多面体（単純多面体）」「対角線によって面が2つに分割される面をもつ多面体（単連結面をもつ多面体）」「1つの完全多角形から始めて，V－E＋Fの値を変えずに（F－2）面を接着していき，最後にV－E＋Fを1だけ増やす閉じる面を接着することで得られる多面体（正規多面体）」などに洗練される。これらの洗練された定義は，偶然得られたものではなく，補題組み込み法あるいは演繹的推量を適用する過程において，証明から得られた定義である。それゆえ，ラカトシュは，これを「証明生成定義（proof-generated definition）」と呼んだ。証明生成定義の特徴は，大局的反例に対処する際に，モンスター排除法のように場当たり的に零定義を修正するのではなく，平面伸

---

23 図2-8の②及び③において，上の面と下の面がそれぞれ同一の面になると考える場合は，Vは4，Eは6，Fは4減ることになるが，いずれにせよV－E＋F＝－2という結果は成り立つ。

開，対角線分割，$V-E+F$ の値の変化といった，証明上の着想に基づいて零定義を制限する点である。それゆえ，大局的反例に対処する際に，零定義を的確に制限することができる[24]。そして，これらの過程を通して，洗練された推測が得られるだけでなく，「単純多面体」「単連結面」「正規多面体」といった新しい数学的知識も得られるのである。

補節第3項（1）①で示したように，探究活動の冒頭においては，零定義が明示される必要はない。その理由は，反例や証明を検討せずに，定義だけを厳密に規定しようとしても，過定義に陥るからである。一方で，ラカトシュが重視したのは，証明における着想から得られた証明生成定義である。以上のような，零定義の制限に関する発見法的規則は，次のとおりに定式化された。

規則4.1
零定義は，証明生成定義よりも広い限り問題とならない—それゆえ，この条件を満たす零定義について口論をしてはならない，生命力のある証明生成定義に集中せよ。　　　　　　　　　　（Lakatos, 1961, p. 73）

規則4.1.1
過定義に夢中になってはならない。　　　　　　　　（Lakatos, 1961, p. 73）

② 零定義から証明生成定義への拡張

①で例として挙げた，「多面体とは，いくつかの平面で囲まれた立体である」という零定義は，証明生成定義よりも広い。そのため，零定義の洗練において，零定義は証明生成定義へと制限されることになる。一方で，零定義とは，主体がある数学的対象についてもっている概念（零概念）を，定義の形式で暫定的に表現したものであるから，零定義が証明生成定義よりも狭い場合も考えられる。

---

24 本研究は，ラカトシュの数学的発見の論理に基づいて，活動的な定義学習の実現可能性を検討するものである。そのため，本研究において，生徒がモンスター排除法を適用して，零定義をモンスター排除定義に修正することは，活動的な定義学習として十分であると捉えない。あくまで，補題組み込み法あるいは演繹的推量を適用して，零定義を証明生成定義へと洗練することが必要であると捉える。

140 第2章 数学的探究における定義活動の意義

例えば，主体が「多面体とは，いくつかの平面で囲まれた，へこみのない立体である」という零概念をもっていたとする。この場合，原始的推測に対して，「額縁」等は，そもそも推測の仮定を満たさないため，反例とならず，証明によって推測の確実性は保証される。しかし，ラカトシュは，零概念が狭すぎるために証明生成概念を包含できていないことは概念的貧困（conceptual poverty）であると批判した。また，概念は競争（competition）の中で成長するものであるため，証明上の着想に注目することで，零概念を拡張すべきであると主張した。実際，証明分析をしてみると，証明において多面体がへこんでいるかどうかは，問題とならない。それゆえ，へこみのあるものも多面体に含めるように，零概念を拡張する。ただしその際には，無条件に拡張するのではなく，平面伸開等の証明上の着想に基づいて拡張する。これにより，①の場合と同様の証明生成概念あるいは証明生成定義が得られるのである。以上のような，零概念の拡張に関する発見法的規則は，次のとおりに定式化された。

規則4.2.1
明らかに真の補題，反例の不足，原始的推測の"一般的"妥当性の擁護は，確実性をほとんど意味しないだろう。狭い零概念は，より広い証明アイディアの拘束着である。証明生成定義をそれに値する場所にもっていくためには，零概念を拡張する必要がある。

（Lakatos, 1961, p. 73）

規則4.2.2
より深い証明アイディアによって拡張が続くならば，零概念を拡張せよ。

（Lakatos, 1961, p. 74）

（4）証明と論駁を通した数学的知識の生成活動の諸相

本項で示した活動の諸相をふまえると，証明と論駁を通した数学的知識の生成活動は，まず問題状況から始まり，推測，証明，論駁を通して，推測を洗練していくと同時に，零定義を証明生成定義へと洗練していくような活動である。それゆえ，活動の諸相[25]は，「0．問題状況」を前提として，次のとおり

に規定できる。

1．零概念を含む原始的推測
2．証明
3．大局的反例の発見による零定義の顕在化
4．補題組み込み法／演繹的推量による推測の洗練
5．証明生成定義の定式化

　この活動の諸相について，2点補足する。第一に，1～5．の各相は，順々に行われるとは限らないことである。実際ラカトシュは，「推測を得たならば，それを証明し，論駁せよ」（Lakatos, 1961, p. 47）と述べており，推測に対する証明と論駁は同時に行われるべきであると指摘した。それゆえ，相同士は行き来し得るものである。第二に，1～5．の各相は，すべて行われるとは限らないことである。補節第3項（3）②で示したように，零概念が証明生成概念よりも狭い場合は，反例が反例として認識されないため，論駁が行われない。それゆえ，場合によっては，2．の後に，3.4．が行われず，5．が行われることもあり得る。

　本節では，ラカトシュの学位論文（Lakatos, 1961）に注目することで，ラカトシュによる数学的知識の生成論を，特に零定義と証明生成定義に焦点を当てて明らかにした。本節の結論は，証明と論駁を通した数学的知識の生成活動の諸相は，「0．問題状況」を前提としたうえでの，上記の1～5．であるということである。

25　ラカトシュは「諸段階（stages）」という語を用いていたが，本研究では，各活動を互いに行き来し得るものであると捉える。それゆえ，本研究では，「諸相（phases）」という語を用いる。

第 **3** 章

数学的探究における
定義活動の方法

第 **1** 節
数学的探究における定義活動の方法

第 **2** 節
方法の適用可能性の例証

第 3 章では，「数学的探究における定義活動の方法を明らかにすること」
（研究課題 1 ）を達成することを目的とする。そのために，理論的考察を通
して数学的探究における定義活動の方法を特定したうえで，特定した方法
が適用可能であることを，局所的体系の構築における定義活動を事例とし
た教材研究によって例証する。

第1節 数学的探究における 定義活動の方法

　第2章では，本研究の鍵概念について，前提となる文脈である「数学的探究」と主たる活動である「定義活動」を規定した。本節では，数学的探究において定義活動をどのように行うべきかを理論的に考察することで，数学的探究における定義活動の方法を特定する。具体的には，数学的探究の目的に応じた定義の構成と，暫定的に構成した定義の数学的定義への洗練という2つの観点からの考察を通して，5つの方法を特定する。

第1項 目的による選択／命名

　本研究では定義活動の前提となる文脈として数学的探究を設定している。「数学的探究」とは，「不確かさや葛藤などの疑念の解消を目指して，既知の事柄を整理したり未知の事柄を創造したりしながら，問題を解決していき，得られた知識を組織立てられた知識の全体との関連で考察していく活動」であった。また，「定義活動」とは，「ある目的を達成するために，他者と相互作用しながら，対象の例や性質を検討して暫定的な定義を構成し，数学的定義の要件に基づいて定義を洗練していく活動」であった。これらをふまえると，定義活動の概念規定における「ある目的を達成する」の内容は，数学的探究の目的，すなわち不確かさや葛藤などの疑念の解消であると捉えられる。正確にいうと，事柄の証明と論駁においては不確かさの解消，数学的概念の拡張においては葛藤の解消，局所的体系の構築においては局所的体系に関する疑念の解消である。したがって，数学的探究における定義活動では，これらの問題を解決するという目的を達成するために，主体にとって，既知の事柄を整理したり，未知の事柄を創造したりしながら，定義を構成，洗練していくことが行われる。

　定義活動が数学的探究の目的を達成するために行われることをふまえるならば，定義活動において構成される定義は，主体の目的に適したものである必要

がある。主体が目的に応じて定義を構成する際には，対象の名称が既知であるかどうかによって，次の2つの場合が考えられる。

　第一に，主体が定義する対象の名称を既に知っている場合である。この場合は，定義する対象の例や性質を検討して，1つ以上の定義の候補を作成し，それらの中から，目的により適しているものを選択することが行われる。例えば，「平行線」について，その名称を既に知っており，それを定義する際には，延長しても交わらない2直線，同位角が等しい2直線，同側内角が補角である2直線といった候補の中から，目的に適したものを定義として選択する。このように，名称を知っている対象について定義する際には，定義の候補から1つを選択するという側面が中心となる。

　第二に，主体が定義される対象の名称を知らない場合である。この場合は，定義する対象自体が明確でないため，対象の候補となる例や性質を検討し，その対象をある観点に着目して命名することが行われる。このことに関して，第2章第1節第2項で示したボラシによる教授実験では，カティアとメアリーがタクシー幾何学における円の定義を検討した後に，メアリーがたこ形を定義する活動に取り組んだ。その際に彼女は，「たこ形（kite）」という名称を知らず，タクシー幾何学において円を解釈することで得られた図を「ダイヤモンド（diamond）」と呼んだ。そして，通常の幾何学，すなわちユークリッド幾何学において，その性質を検討したり，性質を満たす例を挙げたりする活動に取り組んだ。結果として彼女は，「ダイヤモンドは，平面上にあって，角を共有する2組の等しい辺をもつ図形である」という定義を構成することができた。このように，名称を知らない対象について定義する際には，ある観点に着目して対象を命名するという側面が中心となる。

　以上のような，定義は絶対的なものではなく，主体の目的に応じて決まる相対的なものであるという見方は，本研究が「数学的探究」を規定するにあたって依拠した，Borasi（1992）における定義観あるいは数学観とも整合的である。加えて，上記で考察した2つの側面は，対象の名称の既知性に関わることであり，数学的探究の概念規定における「既知の事柄を整理したり，未知の事柄を創造したり」することとも合致する。したがって，数学的探究における定義活動では，他者との相互作用を前提としつつ，定義の候補から1つを選択し

たり，ある観点に着目して命名したりして，主体の目的に適した定義を構成することが必要である。これを，定義活動の方法の１つ，「複数の定義が考えられる場合には，主体の目的に応じて，定義の候補から１つを選択したり，ある観点に着目して対象を命名したりする。」（目的による選択／命名）とする。正確にいうと，主体にとって，対象の名称が既知の場合は「複数の定義が考えられる場合には，主体の目的に応じて，定義の候補から１つを選択する。」（目的による選択），対象の名称が未知の場合は「複数の定義が考えられる場合には，主体の目的に応じて，ある観点に着目して対象を命名する。」（目的による命名）となる。

「目的による選択／命名」は，定義活動の概念規定における「対象の例や性質を検討して暫定的な定義を構成」する活動のあり方を具体的に示したものである。また，第２章第２節第２項で示した定義活動の図（図３-１として再掲）でいうと，対象と，例，性質・定義の間の相互作用（実線矢印）に相当する，対象レベルの活動であるといえる。

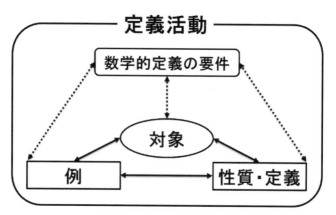

図３-１：定義活動の構成要素とその関係（図２-３の再掲）

第２項　数学的定義への洗練

　数学的探究における定義活動では，暫定的に構成した定義を，単に修正，改訂すればいいのではなく，不確かさや葛藤などの疑念が少しでも解消されるよ

うにしなければならない。そのためには，数学的定義の要件（Borasi, 1986; Borasi, 1992; van Dormolen & Zaslavsky, 2003）に基づきながら，定義をより数学的な定義へと洗練していくことが必要である。

第2章第2節第1項で示したように，Borasi（1992）は，数学的定義の要件（requirements for mathematical definition）として，次の5つを挙げた（pp. 17-18）。第一に，定義において用いられるすべての用語は，公理的体系の出発点として想定される少数の無定義用語でない限り，前もって定義されているべきであるという「専門用語における正確性（precision in terminology）」である。第二に，ある概念のすべての正例は，その定義において述べられているすべての条件を満たさなければならず，負例はそれらのうち少なくとも1つを満たさないという「概念の分離性（isolation of the concept）」である。第三に，定義においては，当該の概念を他の概念から区別するために厳密に必要な用語及び性質のみが明示的に述べられるという「本質性（essentiality）」である。第四に，定義において述べられているすべての条件は共存できるべきであるという「無矛盾性（noncontradiction）」である。第五に，定義は，定義しようとしている用語を用いるべきではないという「非循環性（noncircularity）」である。

以上の5つの要件は，いずれも「結果としての数学的定義はどうあるべきか」を説明したものであり，「どのようにして定義をより数学的な定義へと洗練していくべきか」を説明するものではない。言い換えると，図3-1において，数学的定義の要件のみに言及しているに過ぎず，例や性質を検討して定義を構成，洗練していく活動には言及していない。したがって，これらの要件を，定義活動の視点から考察することで，定義をより数学的な定義へと洗練していくための方法を特定する。

（1）階層性の構成

Borasi（1992）が第一に挙げた「専門用語における正確性」とは，定義における用語は，既に定義されているか，あるいは無定義用語でなければならないというものであった。この要件を満たす数学的定義を得るためには，対象の定義を暫定的に構成した後に，その定義に含まれている曖昧な用語を洗練することが必要である。例えば，「三角形とは，3つの線で囲まれた形である」と定

義したとする。その後，「線」とは何か，「囲まれた」とは何か，「形」とは何かということが問題となり，これらの用語を定義したり，これ以上の遡及が困難である場合には無定義用語としたりする。

　加えて，定義を遡及する際には，Borasi（1992）が第五に挙げた「非循環性」を満たさなければならない。すなわち，定義に含まれている曖昧な用語を定義する際には，最初の定義を含んではならず，また遡及を続けた結果として最初の定義に帰着してはならない。したがって，定義が，「専門用語における正確性」及び「非循環性」を満たすようにするためには，定義における曖昧な用語を，循環しないやり方で洗練することによって，定義の「階層性（hierarchy）」（van Dormolen & Zaslavsky, 2003）を構成することが必要である。これを，「定義において曖昧な用語がある場合には，それを循環しないように定義していき，遡及が困難となったら無定義用語とする。」（階層性の構成）とする。

（２）的確性の追求

　Borasi（1992）が第二に挙げた「概念の分離性」とは，定義における条件をすべて満たすものは正例であり，1つでも満たさないものは負例であるというものであった。この要件を満たす数学的定義を得るためには，対象の定義を暫定的に構成した後に，その対象を定義する際に想定していなかった例の発見に応じて，定義に条件を追加することが必要である。例えば，図3-2左のような図形を想定して，「隣接角とは，共通の頂点と共通の辺をもつ二角である」と定義したとする。

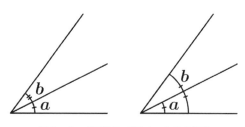

図3-2：隣接角（図1-1の再掲）

　この定義では，図3-2右のような二角も隣接角の正例となる。そのため，

このような例が見つかった場合には，「隣接角とは，共通の頂点と，それぞれの角の間に共通の辺をもつ二角である」のように，図3-2右を除くような条件を定義に追加する。したがって，定義が，「概念の分離性」を満たすようにするためには，定義する際に想定していなかった例の発見に応じて，定義がより的確に（exact）なるように条件を追加することが必要である。これを，「対象を定義する際に想定していなかった例がある場合には，それを除くような条件を定義に追加する。」（的確性の追求）とする。

（3）最小性の追求

Borasi（1992）が第三に挙げた「本質性」とは，対象を区別するために必要以上の条件を述べる必要はないというものであった。この要件を満たす数学的定義を得るためには，対象の定義を暫定的に構成した後に，その定義における条件のうち，対象を決定するのに過剰なものを削減することが必要である。例えば，「二等辺三角形とは，2つの辺と2つの角が等しい三角形である」と定義したとする。このとき，「2つの角が等しい」という条件はなくとも，二等辺三角形という対象を決定することができる。そのため，「二等辺三角形とは，2つの辺が等しい三角形である」のように，対象を決定するのに過剰な条件を定義から削減する。したがって，定義が「本質性」を満たすようにするためには，定義における条件の数が「最小（minimal）」（van Dormolen & Zaslavsky, 2003）になるように，対象を決定するのに過剰な条件を削減することが必要である。これを，「対象を決定するために必要以上の条件がある場合には，過剰な条件を定義から削減する。」（最小性の追求）とする。

（4）整合性の確認

Borasi（1992）が第四に挙げた「無矛盾性」とは，定義における条件が矛盾してはならないというものであった。この要件を満たす数学的定義を得るためには，対象の定義を暫定的に構成した際に，その定義における条件が矛盾していないかを確認することが必要である。例えば，「平行四辺形とは，2組の対辺が平行で，2組の対角が等しくない四角形である」と定義したとする。このとき，「2組の対辺が平行」という条件は「2組の対角が等しい」という条件と同値であるため，「2組の対角が等しくない」という条件と矛盾する。そのため，上の定義は数学的定義として成立しない。

Borasi (1992) は定義内における無矛盾性にしか言及していないが，その定義が他の定義や定理と整合的であるかを確認することも必要である．例えば，一般的に対角線は「多角形において隣り合わない2つの頂点を結ぶ線分」と定義される．ここで，凹四角形の対角線について考えると，図3-3のように対角線が交わらない．そこで，凹四角形においても対角線が交わるように，対角線を「多角形の隣り合わない2つの頂点を結ぶ直線である」と定義したとする．このとき，「多角形の対角線は（多角形の内部あるいは外部に）交点をもつ」という定理は成り立つ．一方で，対角線を直線としたことにより，その中点が定まらなくなることから，「平行四辺形の対角線は各々の中点で交わる」といった対角線の中点に関する定理は成り立たなくなる．そして，もしこれらの対角線の中点に関する定理が，既存の定理であった場合，上の新しい対角線の定義は，既存の定理に対して整合的に定義されていない（ill-defined）ということになる．

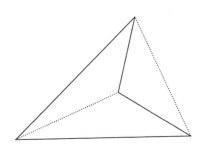

図3-3：凹四角形の対角線

したがって，定義が「無矛盾性」を満たすようにするためには，定義内において，あるいは他の定義や定理との間において，整合的に定義されている（well-defined）かどうかを確認することが必要である．これを，「新しい定義をつくった場合には，その定義内において，あるいは既存の定義や定理との間において，不整合が生じないかを確認する．」（整合性の確認）とする．

以上のように，Borasi (1992) が挙げた5つの数学的定義の要件を，定義活動の視点から考察することで，定義をより数学的な定義へと洗練していくための4つの方法を特定した．これらは，定義活動の概念規定における「（暫定的

に構成した定義を，）数学的定義の要件に基づいて定義を洗練していく」活動のあり方を具体的に示したものである。また，図3-1でいうと，数学的定義の要件と，対象，例，性質・定義の間の相互作用（点線矢印）に相当する，メタレベルの活動であるといえる。

第3項　5つの方法の位置づけ

　以上より，数学的探究における定義活動の5つの方法を特定した。まず，数学的探究の目的に応じて定義を構成するという観点から考察することによって，「目的による選択／命名」を導出した。次に，数学的定義の要件を，定義をより数学的な定義に洗練していく過程という観点から考察することによって，「階層性の構成」「的確性の追求」「最小性の追求」「整合性の確認」を導出した。これらは，Borasi（1992）及び van Dormolen & Zaslavsky（2003）が挙げたような，「結果としての数学的定義はどうあるべきか」を述べたものではなく，数学的探究の目的に応じて「どのように定義をより数学的な定義に洗練していくべきか」を述べたものである。つまり，先行研究では明らかにされてこなかった，定義をより数学的な定義へと洗練していく活動のあり方を明らかにしたものである。

　以上の5つの方法は，表3-1のとおりにまとめられる。これらの方法は，「目的による選択／命名」と「数学的定義への洗練」に大きく区分できる。第一の方法である「目的による選択／命名」は，前提となる文脈である数学的探究から導出されているため，他の4つの方法よりも優位である。一方で，残り4つの方法は，数学的定義の要件から導出されているため，並列的であると位置づけられる。

　また，「目的による選択／命名」は，同値な性質から定義を選択したり，ある観点に着目して対象を命名したりするものである。これらは，定義を構成することに直接的に関わっており，どのような定義活動にも含まれる，言い換えると必要不可欠な方法である。一方で，「数学的定義への洗練」には，4つの具体的な方法が含まれるが，これらのうちのどの方法が必要となるかは数学的探究の内容に依存する。それゆえ，数学的探究における定義活動を遂行するた

152   第3章　数学的探究における定義活動の方法

めに，これらの方法を適用する際には，4つの方法のすべてを適用する必要は
なく，少なくとも1つ以上の方法を含むことが必要である。

表3-1：数学的探究における定義活動の方法

目的による選択／命名		複数の定義が考えられる場合には，主体の目的に応じて，定義の候補から1つを選択したり，ある観点に着目して対象を命名したりする。
数学的定義への洗練	階層性の構成	定義において曖昧な用語がある場合には，それを循環しないように定義していき，遡及が困難となったら無定義用語とする。
	的確性の追求	対象を定義する際に想定していなかった例がある場合には，それを除くような条件を定義に追加する。
	最小性の追求	対象を決定するために必要以上の条件がある場合には，過剰な条件を定義から削減する。
	整合性の確認	新しい定義をつくった場合には，その定義内において，あるいは既存の定義や定理との間において，不整合が生じないかを確認する。

　本節では，数学的探究おいて定義活動をどのように行うべきかを理論的に考
察することで，数学的探究における定義活動の方法を特定した。本節の結論
は，数学的探究における定義活動の方法は，表3-1の5つであるということ
である。

第 **2** 節 --
方法の適用可能性の例証

　本節では，前節で特定した数学的探究における定義活動の方法の適用可能性
を，教材研究によって例証する。具体的には，定義活動の前提となる，仮想的
な数学的探究の文脈及び目的を設定したうえで，定義活動の方法を適用してい
くことによって，定義活動を遂行できることを示す。方法の適用及びそれに従
属する数学的考察は，生徒あるいは学生による活動を想定しつつも，筆者自身
が行うものとする。それゆえ，本節において示す活動は理想的な展開の１つで
あり，実際の生徒あるいは学生による活動そのものではない。

　例証にあたっては，数学的探究における定義活動の類型の中でも，特に局所
的体系の構築における定義活動を事例として選択する。局所的体系の構築にお
ける定義活動を事例とした教材研究を採用する理由は，「数学的探究における
定義活動の方法を明らかにすること」（研究課題１）が，定義活動の規範的側
面を明らかにすることと同義だからである。これにより，理想的な展開におい
てという制限の下ではあるが，数学的探究において定義活動を遂行するために
は，前節で特定した５つの方法の適用が必要であることを示すことができる。
なお，事柄の証明と論駁における定義活動及び数学的概念の拡張における定義
活動については，第４章の研究授業において扱うことにする。

　局所的体系の構築における定義活動を事例とした教材研究にあたって，本節
では，図形領域における特別な四角形に関する局所的体系の構築を課題として
選択する。本課題では，数学的探究の過程において，様々な種類の四角形が登
場し，それらをある観点に着目して定義したり，暫定的に構成した定義を洗練
したりすることが行われる。このように，１つの文脈において，５つの方法の
適用可能性を示すことができるため，例証にあたっての事例として適当である
と考えた。

154 第3章 数学的探究における定義活動の方法

第1項 たこ形と等脚台形

　本項では，特別な四角形である，正方形，ひし形，長方形，平行四辺形，台形について，その名称，性質，定義を既に知っており，図形間の関係も整理することもできているという場面を想定する。具体的には，正方形，ひし形，長方形，平行四辺形，台形について，以下の定義[1]を知っているものとする。そして，同じく特別な四角形である，たこ形及び等脚台形について，その名称と性質は知っているが，その定義や既知の四角形との関係については知らないという場面を想定する。

> 定義1：正方形とは，4つの辺がすべて等しく，4つの角がすべて等しい四角形である。
>
> 定義2：ひし形とは，4つの辺がすべて等しい四角形である。
>
> 定義3：長方形とは，4つの角がすべて等しい四角形である。
>
> 定義4：平行四辺形とは，2組の対辺がそれぞれ平行な四角形である。
>
> 定義5：台形とは，1組の対辺が平行な四角形である。

　以上の前提の下，たこ形及び等脚台形を，既知である，正方形，ひし形，長方形，平行四辺形の関係に位置づけることができるのかという，問題1を取り上げる。

1　第1章第2節第1項で示したように，本研究では，曖昧な定義を洗練していく過程を示すため，記号（形式言語）ではなく，日本語（自然言語）による定義を扱うものとする。

問題1：特別な四角形である，正方形，ひし形，長方形，平行四辺形の関係は，図3-4のように表すことができる。

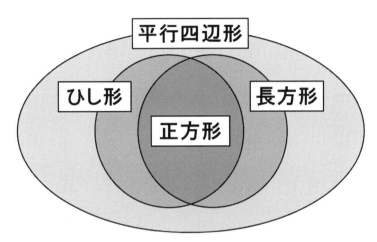

図3-4：特別な四角形の関係

このとき，同じく特別な四角形の一種である，たこ形及び等脚台形は，図3-4にどのように位置づけることができるだろうか。

　正方形，ひし形，長方形，平行四辺形の定義及びそれらの関係は，中学校第2学年の教科書等において図3-4のように明示されている。一方で，たこ形及び等脚台形に関して，それらの定義及び関係はほとんど明示されない。それゆえ，生徒あるいは学生にとって，「たこ形」及び「等脚台形」という名称は聞いたことがあるものの，既知の四角形との関係は不明であると想定される。そのため，問題1は，局所的体系に関する疑念を生じさせ得るものである。また，この問題を解決するためには，たこ形及び等脚台形を，例や性質を検討して定義するとともに，その定義をより数学的な定義へと洗練していく必要がある。この過程には，既知の事柄を整理したり，未知の事柄を創造したりする側面や，問題解決を通して得られた知識を組織立てられた知識の全体との関連で考察する側面が含まれ得る。このように本課題は，数学的探究の概念規定及び定義活動の概念規定の一部[2]を満たすものであるため，数学的探究における定

156 第3章 数学的探究における定義活動の方法

義活動の一事例になり得るものである。

　以上をふまえて，本課題における数学的探究の目的を設定する。このとき，たこ形及び等脚台形を，どの観点に着目して，どのように分類するかが課題となる。図3-4及び定義1〜3において，正方形，ひし形，長方形は，辺及び角の相等関係に着目して包摂的に定義[3]されている。それゆえ，「たこ形及び等脚台形を，辺及び角の相等関係に着目して分類し，図3-4に位置づける」（目的1）という目的を設定する。以下，数学的探究における定義活動の方法を適用することで，定義活動を遂行できることを具体的に示す。

（1）たこ形に関する定義活動

　まず，定義する対象である「たこ形」という名称は既知であるため，「目的による選択」を適用する。ここでは，たこ形の例や性質を検討して，1つ以上の定義の候補を作成する。その際には，辺，角，対角線，対称性といった，たこ形のどの構成要素に着目するかが問題となる。それゆえ，たこ形の定義の候補として，「2組の隣り合う辺がそれぞれ等しい四角形」「ある対角線が1組の対角を二等分する四角形」「ある対角線が他の対角線を垂直に二等分する四角形」「ある対角線に関して対称な四角形」などが考えられる。ここでは，目的1に適したものを定義として選択するため，辺の相等関係に着目して，「たこ形とは，2組の隣り合う辺がそれぞれ等しい四角形である」を，定義として選択する[4]。

　このとき，定義における「隣り合う辺」という用語の意味は曖昧である。そのため，「階層性の構成」を適用することで，「隣り合う辺」という用語を定義する。ここでは，「隣り合う辺（以下，隣辺）」を，「多角形において，一頂点を共有する二辺」と定義する（図3-5）。したがって，上の定義を，「たこ形とは，2組の隣辺がそれぞれ等しい四角形である」に洗練する。

2　本節では，5つの方法の適用可能性を例証するための研究方法として，実際の活動の分析ではなく仮想的な過程の分析を採用している。そのため，本節では，定義活動の概念規定における「他者と相互作用しながら」の側面を示すことはできない。しかし，実際の活動においては，「他者と相互作用しながら」の側面は必要である。

3　包摂的定義については，第1章第3節第2項（2）を参照のこと。

4　局所的体系の構築においては，この定義と他の性質が同値であることを証明する必要があるが，すべての証明を示すと冗長となることから，証明は省略する。以下同様に証明は省略するものとする。

図3-5：隣辺

　この定義では，いわゆる典型的なたこ形が想定されている。しかし，この定義をよく検討してみると，定義する際には想定していなかった，図3-6のような四角形も含まれていることがわかる。

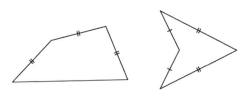

図3-6：2組の隣辺がそれぞれ等しい四角形

　それゆえ，「的確性の追求」を適用することで，これらの四角形を除くような条件を定義に追加する。まず，図3-6左の四角形を除くために「共通な辺をもたない」という条件を追加する。さらに，図3-6右の四角形を除くために，「凸」という条件を追加する。したがって，上の定義を，次のとおりに洗練する。

> 定義6：たこ形とは，共通な辺をもたない2組の隣辺がそれぞれ等しい凸四角形である。

（2）等脚台形に関する定義活動

　たこ形のときと同様に，「等脚台形」という名称も既知であるため，等脚台形についても，「目的による選択」を適用する。ここでは，等脚台形の例や性質を検討して，1つ以上の定義の候補を作成する。等脚台形の定義の候補として，「1組の対辺が平行で，1組の底角が等しい四角形」「2組の隣り合う角がそれぞれ等しい四角形」「対角線の長さが等しく，対角線の内分比が等しい四

角形」「1組の対辺の中点同士を結ぶ直線が対称軸となるような四角形」などが考えられる。ここでも，目的1に適したものを定義として選択するため，角の相等関係に着目して，「等脚台形とは，2組の隣り合う角がそれぞれ等しい四角形である」を，定義として選択する。

　このとき，「隣辺」の場合と同様に，この定義における「隣り合う角」という用語の意味は曖昧である。そのため，「階層性の構成」を適用することで，「隣り合う角（以下，隣角）」[5]を，「多角形において，頂点を共有せず，一辺を共有し，同じ側にある二角」と定義する（図3-7）。したがって，上の定義を，「等脚台形とは，2組の隣角がそれぞれ等しい四角形である」と洗練する。

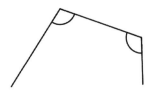

図3-7：隣角

　しかし，この定義は，等脚台形という特別な台形の定義として，本当に適切であるか不明である。そのため，「整合性の確認」を適用することで，既存の台形の定義（定義5）との間に不整合が生じないかを確認する。このとき，四角形において，「1組の対辺は平行である」ことと，「同側内角は補角である」ことは同値である。また，「2組の隣角がそれぞれ等しい」ならば，「同側内角は補角である」ため，上の等脚台形の定義と，台形の定義（定義5）との間に不整合は生じない。

　そして，たこ形の場合と同様に，「的確性の追求」を適用すると，上の定義は，「等脚台形とは，共通な角をもたない2組の隣角がそれぞれ等しい凸四角形である」と洗練できるように思われる。しかし，「最小性の追求」を適用すると，対象を決定するために「凸」という条件は過剰であるため，この条件を定義から削減する。したがって，上の定義を，次のとおりに洗練する。

　5　「隣角」は，第1章第1節第2項あるいは第3章第1節第2項で挙げた「隣接角」とは異なるものであることに注意されたい。

> 定義7：等脚台形とは，共通な角をもたない2組の隣角がそれぞれ等しい四
> 角形である。

（3）たこ形及び等脚台形の位置づけ

　定義6及び定義7をふまえて，たこ形及び等脚台形を図3-4に位置づけ
る。図3-4において一番外側に位置する図形は平行四辺形であるため，たこ
形と平行四辺形，等脚台形と平行四辺形の関係を調べる。その際に，次の2つ
は，平行四辺形の定義（定義4）と同値な性質である。

> 性質4a：平行四辺形の2組の対辺はそれぞれ等しい。
> 性質4b：平行四辺形の2組の対角はそれぞれ等しい。

　まず，定義6と性質4aの関係を調べる。「2組の隣辺が等しい」かつ「2
組の対辺が等しい」ことは，「4つの辺がすべて等しい」ことと同値であるた
め，「(たこ形 かつ 平行四辺形) ⇔ ひし形」である。次に，定義7と性質4b
の関係を調べる。「2組の隣角が等しい」かつ「2組の対角が等しい」こと
は，「4つの角がすべて等しい」ことと同値であるため，「(等脚台形 かつ 平
行四辺形) ⇔ 長方形」である。最後に，定義6と定義7の関係を調べる。「2
組の隣辺が等しい」かつ「2組の隣角が等しい」ことは，「4つの辺がすべて
等しく，4つの角がすべて等しい」ことと同値であるため，「(たこ形 かつ 等
脚台形) ⇔ 正方形」である[6]。したがって，図3-4にたこ形及び等脚台形を
位置づけると，図3-8のように表せる。

6　証明にあたっては，等脚台形の性質である「1組の対辺が等しい」と，たこ形の性質である「1
　組の対角が等しい」を用いる。

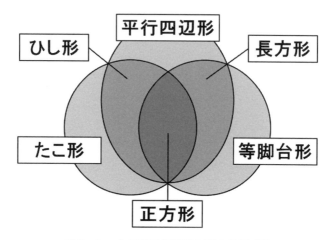

図3-8：たこ形及び等脚台形の位置づけ

　以上より，数学的探究における定義活動の方法を適用することによって，たこ形及び等脚台形の定義を構成し，その定義を洗練していけることが示された。その結果として，「たこ形及び等脚台形を，辺及び角の相等関係に着目して分類し，図3-4に位置づける」（目的1）が達成された。

　本課題において示された定義6及び定義7は，辺及び角の相等関係に着目することで得られたものである。これらは，たこ形及び等脚台形を双対の関係として整理できる一方で，等脚台形と台形の包摂関係は見えづらくなっている。このように，定義6及び定義7は，目的1に応じて得られた相対的なものである。それゆえ，他の目的を設定するならば，辺の位置関係や対角線など，他の観点に着目した定義が考えられる。

第2項　台形の双対

　前項では「たこ形」及び「等脚台形」という名称が既知の対象を取り上げたため，「目的による選択／命名」における選択の側面は示されたものの，命名の側面は示されなかった。本項では，命名の側面を示すために，名称が未知の対象を取り上げる。前項における事例の延長として，問題2を取り上げる[7]。

問題2：図3-8で示した特別な四角形同士の関係に対して，さらに台形，外接四角形，内接四角形を追加して整理する[8]と，図3-9のように表すことができる。

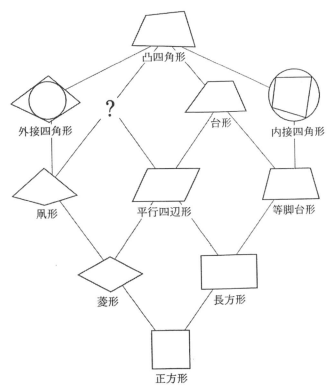

図3-9：特別な四角形の関係（浪川, 2015, p.60）

このとき，図3-9の「？」に当てはまる四角形の種類は何だろうか。

また，定義1～7に加えて，外接四角形，内接四角形について，以下の定義が既に知られているものとする。

---

7 この問題は，管見の限りでは，Wheeler (1958)，三野 (1977)，國本 (1989)，de Villiers (2009)，濱中 (2009)，浪川 (2014)，浪川 (2015) において示されている。また，筆者がこの問題を知ったきっかけは，浪川 (2014) による。

162 第3章 数学的探究における定義活動の方法

> 定義8：外接四角形とは，円に外接する四角形である。
>
> 定義9：内接四角形とは，円に内接する四角形である。

　図3-9では，たこ形，平行四辺形，等脚台形以下の四角形について，辺と角の間の対称性が完成している。一方で，外接四角形，台形，内接四角形については，対称性が完成していない。また，等脚台形は，上位概念である台形及び内接四角形との関係が示されている。一方で，たこ形については，上位概念との関係は明らかとなっていない。このように，図3-9における特別な四角形に関する局所的体系は完成していない。そのため，問題2は，生徒あるいは学生にとって，局所的体系に関する疑念を生じさせ得るものである。そして，この問題を解決するためには，「？」に当てはまる図形を特定して，その例や性質を検討して定義するとともに，その定義をより数学的な定義へと洗練していく必要がある。この過程には，既知の事柄を整理したり，未知の事柄を創造したりする側面や，問題解決を通して得られた知識を理論化したりする側面が含まれ得る。このように本課題も，数学的探究の概念規定及び定義活動の概念規定を満たすものであるため，数学的探究における定義活動の一事例になり得るものである。

　以上をふまえて，問題1の場合と同様に，数学の探究の目的を設定する。この問題においても，「？」に当てはまる図形を，どの観点に着目して，どのように特定するかが課題となる。これまでの考察では，辺及び角の相等関係に着目した分類を行ってきた。それゆえ，「図3-9の『？』に当てはまる四角形の種類を，辺及び角の相等関係に着目して特定し，図3-9を完成させる」（目的2）という目的を設定する。

8　図3-8から図3-9に至るまでの過程の1つとして，定義における条件に着目した分割が挙げられる（村田，2018a）。具体的に，長方形の定義における「4つの角がすべて等しい」という条件は，「2組の対角がそれぞれ等しい」と「2組の隣角がそれぞれ等しい」に分割でき，それぞれの条件を満たす四角形の種類を考えると，前者からは平行四辺形，後者からは等脚台形が特定できる。同様にして，等脚台形の定義における「2組の隣角がそれぞれ等しい」という条件は，「2組の対角の和が等しい」と「2組の隣角の和が等しい」に分割でき，前者からは内接四角形，後者からは台形が特定できる。さらに，たこ形の定義における「2組の隣辺がそれぞれ等しい」という条件は，「2組の対辺の和が等しい」と「2組の隣辺の和が等しい」に分割でき，前者からは外接四角形が特定できるが，後者の性質をもつ四角形の種類はあまり知られておらず特定が困難なことが予想される。このようにして定式化されたのが，問題2である。

（1）定義する対象の特定

「？」に当てはまる四角形の種類を特定するにあたって，辺と角の間の双対に着目する。すなわち，ひし形（定義2）と長方形（定義3），たこ形（定義6）と等脚台形（定義7）が，辺と角を入れ替えた関係にあることをふまえるならば，他の四角形もそのような関係になるはずである。実際，外接四角形について，辺の相等関係に着目すると，「2組の対辺の和は等しい」という，外接四角形の定義（定義8）と同値な性質がある。また，内接四角形について，角の相等関係に着目すると，「2組の対角の和は等しい」という，内接四角形の定義（定義9）と同値な性質がある。それゆえ，外接四角形と内接四角形も双対の関係にある。

したがって，「？」に当てはまる四角形は，台形と双対の関係にある四角形であることが予想される。先の場合と同様に，台形について，角の相等関係に着目すると，「共通な角をもたない2組の隣角の和は等しい」という台形の定義（定義5）と同値な性質がある。それゆえ，「？」に当てはまる図形は，「共通な辺をもたない2組の隣辺の和は等しい」（以下，「共通な辺をもたない／共通な角をもたない」は省略）という性質をもつことが予想される。したがって，この性質を含むような四角形の種類を特定して，定義する。

（2）楕円四角形に関する定義活動

（1）で示した「2組の隣辺の和は等しい」という性質をもつ四角形について，定義する対象の名称が未知であるため，「目的による命名」を適用する。ここでは，対象の候補となる例や性質を検討し，ある観点に着目して対象を命名する。その際には，以下の3つの場合が考えられる。

第一に考えられるのは，「2組の隣辺の和が等しい四角形」（図3-10）である。浪川（2015）は，頂点Bから頂点Dに行く道程が同じという理由から，これを「同程四角形」と呼んでいる。この名称及び定義は「2組の隣辺の和が等しい」という性質を直接的に表している。一方で，図3-10に辺の関係に関する等式を含めざるを得ないことからもわかるように，この名称及び定義が指している四角形の種類が，どのような特徴をもっているのかは明確ではない。

164　第3章　数学的探究における定義活動の方法

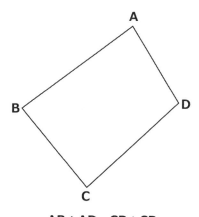

AB＋AD＝CB＋CD

図3-10：同程四角形（浪川，2015）

　第二に考えられるのは，「楕円の2焦点と楕円周上の2点を結んでできる四角形」（図3-11）である。村田（2018a）は，これを「楕円四角形」と呼んでいる。この名称及び定義は，2つの定点からの距離の和が等しい点の集合である楕円によっているため，四角形の種類の特徴を端的に表している。一方で，外接四角形及び内接四角形が円によって定義されているのに対して，楕円という円よりも一般的な観点を導入する必要がある[9]。

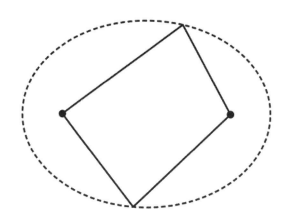

図3-11：楕円四角形（村田，2018a）

第三に考えられるのは，「円に傍接する四角形」（図3-11）である。濱中（2009）は，これを「傍接四角形」と呼んでいる。この名称及び定義は，外接四角形及び内接四角形と同様に円によっているため，着目する観点が統一されている。一方で，傍接四角形は対辺が平行にならないため，図3-9に位置づけようとする際には，半径の大きさが無限大の傍接円を考える必要がある。

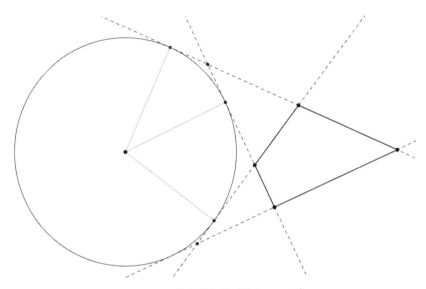

図3-12：傍接四角形（濱中，2009）

　以上の候補の中から，目的2に適したものを選択する。図3-9を完成させるためには，定義した対象と台形の共通部分において平行四辺形が得られることを証明する必要がある。その証明の際には，楕円の性質を利用することが有用である[10]ため，楕円に着目して対象を命名する。したがって，「？」に当てはまる四角形の種類を「楕円四角形」と命名し，次のとおりに定義する[11]。

9　観点を二次曲線で統一しようとすると，「双曲線の2焦点と双曲線上の2点を結んでできる四角形」が考えられる。なお，これは外接四角形の定義と同値な性質である。
10　証明にあたっては，楕円の対称性を用いる。
11　この定義は，「楕円」の定義，点の結び方，凸性などに関して検討の余地がある。そのため，本来は，「階層性の構成」や「的確性の追求」を適用して，定義を洗練していくことが必要である。しかし，本項では「目的による選択／命名」における命名の側面を示すことが目的であったため，これ以上の方法の適用は行わない。

166 第3章 数学的探究における定義活動の方法

> 定義10：楕円四角形とは，楕円の2焦点と楕円周上の2点を結んでできる四
> 角形である。

（3）楕円四角形の位置づけ

定義8と定義10の関係について，「2組の対辺の和が等しい」かつ「2組の隣辺の和が等しい」ことは，「2組の隣辺がそれぞれ等しい」ことと同値であるため，「（外接四角形 かつ 楕円四角形）⇔ たこ形」である。また，定義10と定義5の関係について，「2組の隣辺の和が等しい」かつ「2組の隣角の和が等しい」ことは，「2組の対辺あるいは2組の対角がそれぞれ等しい」ことと同値であるため，「（楕円四角形 かつ 台形）⇔ 平行四辺形」である。したがって，楕円四角形は，図3-9の「？」に当てはまる四角形の種類である。

以上より，数学的探究における定義活動の方法を適用することによって，楕円四角形の定義を構成していけることが示された。その結果として，「図3-9の『？』に当てはまる四角形の種類を，辺及び角の相等関係に着目して特定し，図3-9を完成させる」（目的2）が達成された。

第3項　数学的探究における定義活動の方法の意義

以上の教材研究を通して，数学的探究における定義活動の方法（表3-1）の適用可能性が例証された。すなわち，数学的探究において定義活動を遂行するためには，少なくとも特定した5つの方法を適用する必要があることが明らかとなった。一方で，本節における例証は，これら5つの方法さえ適用すれば，どのような定義活動でも遂行できることを意味していない。つまり，5つの方法は数学的探究における定義活動を遂行するために必要であるが，それで十分であるかは明らかにされていないことに注意する必要がある。

数学的探究における定義活動の方法は，定義活動に関する先行研究（Zandieh & Rasmussen, 2010; Kobiela & Lehrer, 2015）においても，数学的定義の要件に関する先行研究（Borasi, 1986; Borasi, 1992; van Dormolen & Zaslavsky, 2003）においても明らかにされてこなかった，「どのようにして定義をより数学的な定義に洗練していくべきか」を説明するものである。それゆ

え，「数学的探究における定義活動の方法を明らかにすること」（研究課題１）の達成は，数学的探究の文脈において，主体が暫定的な定義を構成したり，定義をより数学的な定義へと洗練したりする際の方法を明らかにしたという点に意義がある。これは本研究が，先行研究のように，実証的分析を通して定義活動の記述的側面を明らかにしようしたのではなく，理論的分析を通して定義活動の規範的側面を明らかにしようとしたからこそ得られた成果である。

　また，数学的探究における定義活動の方法は，定義活動の規範的側面を示しているものであることから，生徒たちによる実現を期待する活動の一端を示している。具体的には，目的に応じて定義を選択したり対象を命名したりすることや，定義間の整合性を検討したり定義が的確になるように洗練したりすることなどである。このような活動を実現するためには，生徒たちが数学的探究における定義活動に取り組めるような課題を設計すると同時に，定義活動における重要な側面を教師が意識的に取り上げて価値づけることが必要である。その際に，特定した５つの方法は，定義活動のあり方を示していることから，課題を設計したり，教師の介入を考案したりするための基盤になり得るものである。したがって，研究課題１の達成は，課題の設計や教師の介入といった実践的考察のための基盤を構築したという点においても意義がある。

　本節では，数学的探究における定義活動の方法の適用可能性を，局所的体系の構築における定義活動を事例とした教材研究によって例証した。本節の結論は，数学的探究において定義活動を遂行するためには，５つの方法の適用が必要であるということである。

　第３章の目的は，「数学的探究における定義活動の方法を明らかにすること」（研究課題１）を達成することであった。この目的に対する結論は，数学的探究における定義活動の方法は「目的による選択／命名」と，「階層性の構成」「的確性の追求」「最小性の追求」「整合性の確認」の５つ（表３-１）であり，これらの方法は数学的探究における定義活動を遂行するにあたって理論上は適用可能であるということである。

第 **4** 章

数学的探究における定義活動を
促進するための課題設計

第 **1** 節
数学教育における課題設計に関する研究の方法論

第 **2** 節
事柄の証明と論駁における定義活動の促進

第 **3** 節
数学的概念の拡張における定義活動の促進

補 節
局所的体系の構築における定義活動の促進

第4章では,「数学的探究における定義活動を促進するための局所的な課題設計原理を明らかにすること」(研究課題2)を達成することを目的とする。そのために,課題設計原理を暫定的に設定したうえで,数学的探究における定義活動の類型である,事柄の証明と論駁における定義活動,及び数学的概念の拡張における定義活動を促進するための課題を設計し,実践した研究授業のデータを質的に分析する。

第1節
数学教育における課題設計に関する研究の方法論[1]

　第3章で示したように，数学的探究における定義活動の方法は，生徒による実現を期待する活動を表しており，課題設計のための基盤となるものである。本節では，デザイン研究の方法論を概観したうえで，本研究におけるデザイン研究の手続きを明確にする。

第1項　特定の主題に関するデザイン研究

（1）デザイン研究の特徴

　日本の数学教育研究においては，古くから教材開発や単元設計といった開発や設計に関わる営みが行われており，開発された教材や設計された単元は数学教育研究の成果の1つとしてみなされている。一方で，国際的な研究の文脈に目を向けると，開発された教材や設計された単元それ自体は，数学教育研究の成果としてみなされないことがある。つまり，教材や単元はあくまでの実践上の成果であって，現象を説明する理論あるいは物事を分析する枠組みこそが研究上の成果であるとみなされる。言い換えると，研究（research）とは物事の仕組みを理解する科学的な営みであり，ものを作成する技術的な営みである開発（development）とは異なるということである。研究と開発を明確に区別する見方は，特に欧州における数学教育研究において普及しているとされる（宮川，2011）。

　このように国際的には開発と研究は異なる営みとされている一方で，近年では開発と研究との相互作用を重視する，デザイン研究（design research）と呼ばれる方法論が注目されるようになっている（Cobb et al., 2017; Bakker, 2018; Gravemeijer & Prediger, 2019など）。デザイン研究とは，教室における学習指導の改善及び学習指導に関する理論の生成という二重の目的を達成する

1　本節の執筆にあたっては，岡崎（2007）及び小松（2023）を参考にした。

第 1 節　数学教育における課題設計に関する研究の方法論　　**171**

ための方法論であり，教室における学習指導を開発するための指導的設計
（instructional design）と，実施された学習指導の過程を理解するための教育
学的研究（educational research）の両者を結び付ける役割をもつ。デザイン
研究の共通的特徴は，次の五つであるとされる。

（1）*介入者（interventionist）*，すなわちデザイン研究は，指導の新
　　　しい様式を創造，研究することを意図しており，その意味では，
　　　普段の教室実践の単に観察すること（自然主義的）よりも，教室
　　　実践において介入すること（介入者）が意図されなければならな
　　　い；
（2）*理論生成的（theory generative）*，すなわちデザイン研究の目
　　　標は，学習過程についての理論と，その学習を支援する手段につ
　　　いて理論を生成することである（上を参照）；ここで理論生成と
　　　は，カテゴリーの発明と仮説の生成に関して，理論の開発と洗練
　　　の両方を意味する（実験心理学の狭い意味における‘仮説を検証
　　　すること’は滅多に行われない）；
（3）*予測的かつ反省的（prospective and reflective）*，すなわちデザ
　　　イン実験は，理論開発のための条件を創造する（予測的）が，続
　　　いてこれらの理論は批判的調査の対象となる（反省的）；
（4）*反復的（iterative）*，すなわち理論は，推測すること，検証する
　　　こと，改訂することの反復的サイクルにおいて開発される；
（5）*実用的な根拠と謙虚な理論（pragmatic roots and humble
　　　theories）*，すなわちデザイン実験は研究状況としての教室の複
　　　雑性を受け入れており，理論は，特定の領域あるいは特定の主題
　　　に関するものであり，実践的示唆をもつことが意図されている。

（Gravemeijer & Prediger, 2019, p. 34, 斜体は原文）

　これらの中でも第五の特徴は，デザイン研究に特有なものである。従来の実
験（experiment）と呼ばれる研究方法は，実験室において被験者を取り巻く
様々な条件を統制することによって，学習者にとっての困難性の要因を特定し

たり，開発した指導法の有効性を検証したりしてきた。しかし，実験室において生成された理論が，教室における授業では十分に機能しないという指摘が増えるにつれて，実践に対して理論が必ずしも優位であるとは限らないという認識がされるようになった。デザイン研究は，このような問題意識を契機の1つとして生まれた方法論であり，実践の場である教室の複雑性を受け入れたうえで，授業において機能する理論を生成しようとするものである。したがって，デザイン研究において生成される理論は，環境的要因を無視して即座に一般化され得るものではない。つまり，「この指導法はどのような場面でも有効である」といった尊大な理論ではなく，「これらの前提の下で，このような場面を設定すれば，この指導法には一定の効果がある」といった実用性を志向したうえでの謙虚な理論でなければならない。

（2）局所的理論としての課題設計原理

デザイン研究の方法論は，数学教育研究や教科教育研究だけでなく，教育方法学などの一般教育学においても採用されてきた。Gravemeijer & Prediger（2019）によれば，一般教育学におけるデザイン研究では，一般的な学習に関する問い（例えば，個別指導的コンピュータシステムのどのような使用が，生徒の宿題に対する動機づけを高めるか？）が提示されるのに対して，教科教育研究におけるデザイン研究では，学ばれるべき教科内容に関する問いが提示されるという。実際，Gravemeijer & Prediger（2019）が提唱する，「特定の主題に関するデザイン研究（topic-specific design research)」では，教科に関する学習指導上の問題が中心に置かれており，与えられた主題をどのように指導するかという問いや，何をどのような系列で教えるべきかという問いが提示される。このことに関して，Gravemeijer & Prediger（2019）は，次のとおり，個々の特定の主題に関する理論を生成することこそが，教科教育研究におけるデザイン研究の重要な特質であると指摘した。

　　我々は基本的に，主題に独立な原理は，具体的な主題についての局所
　　的な指導理論を追求する，非常に具体的な特定の主題に関するデザイ
　　ン研究によって豊かにされなければならないという立場を採用する。

（Gravemeijer & Prediger, 2019, p. 38)

ここでいう「局所的な（指導）理論」について説明する。まず，「局所的（local）」とは，「特定の主題に関する（topic-specific）」と同義であり，数学教育でいえば，代数や幾何といった数学的内容，あるいは証明することやモデリングといった数学的過程が，特定の主題に相当する。つまり，特定の主題に関するデザイン研究では，教科に依存しない一般的な理論が各教科にも応用されると捉えるのではなく，各教科における特定の理論の集積をもって教科横断的で一般的な理論が充実すると捉える。本研究は数学教育研究としてデザイン研究を実施しようとすることから，本研究もこの立場を採用することにする。

次に，「理論（theory）」について，Prediger（2019）は，デザイン研究における理論の生成過程は複雑であり，生成される理論には様々なものが含まれることを指摘した。そして，デザイン研究における理論を，次の5つの理論要素（theory elements）の観点から捉えることを提案した。第一に，範疇的（categorical）理論要素であり，物事を知覚したり区別したりするため言語及び思考ツールを提供する機能をもつ。第二に，記述的（descriptive）理論要素であり，特定の範疇に焦点化して，特定の現象を質的あるいは量的に記述する機能をもつ。第三に，規範的（normative）理論要素であり，学習目標などの目的や意義を特定したり正当化したりする機能をもつ。第四に，説明的（explanatory）理論要素であり，記述された現象の背景を同定する機能をもつ。第五に，予見的（predictive）理論要素であり，目標的な活動や予見される結果に対する基盤を与える機能をもつ。これらをふまえて，Prediger（2019）は，1つの理論が規範的理論あるいは記述的理論といった1つの機能をもつと捉えるのではなく，1つの理論は記述的理論要素と説明的理論要素を含む，のように複数の理論要素をもち得ると捉えることを提案した。

さらにPrediger（2019）は，特定の主題に関するデザイン研究における典型的な理論要素の1つとして，洗練された予見的理論要素（refined predictive theory elements）を挙げた。具体的に，デザイン研究では，まず規範的理論要素あるいは謙虚な予見的発見法（humble predictive heuristics）から始まり，反復的・循環的な研究の過程を通して，それらが範疇的理論要素，記述的理論要素，説明的理論要素と結びつき，最終的に洗練された予見的理論要素が得られると指摘した。そして，この洗練された予見的理論要素がデザイン研究

174　第 4 章　数学的探究における定義活動を促進するための課題設計

の主要な成果であり，それは設計原理（design principle）や学習軌道（learning trajectory）の形式で表現されるとした。実際，Bakker（2018）も，デザイン研究の成果の形式の 1 つとして，設計原理を挙げた。

> デザイン研究者は，実行可能な知識や行為の理論を求めている。それらは，文脈に対して敏感であるが，新しい状況においても使用するのに十分な一般性のある，（デザインと結びつけられた）有用な知識を生み出すことを目指している。そのような知識は，設計原理，推測地図，仮説的学習軌道の形式で，しばしば要約される。
>
> （Bakker, 2018, p. 47，下線部は引用者）

　設計原理とは，教材や指導法といった設計を導くための根本的な指針である。Bakker（2018）は，設計原理の構成要素として，van den Akker（2013）による以下の様式を挙げた。

- もしあなたが［内容 Z における目標／機能 Y のために］介入 X を設計したいのならば，
- その介入に対して，特徴 C_1, C_2, …, C_m を与えることが最も推奨される。［実質的強調］
- そして，それは手続き P_1, P_2, …, P_m を通して行う。［方法論的強調］
- 理論的な根拠 T_1, T_2, …, T_p のために
- そして経験的な根拠 E_1, E_2, …, E_q　　　（van den Akker, 2013, p. 67）

　この様式が示すように，設計原理は，何らかの目標を達成しようするための介入について，その特徴及び手続きを説明したものである。これは，Prediger（2019）による，設計原理が予見的理論要素を含む，すなわち目標的な活動に対して基盤を与えるという指摘とも一致する。その際に，設計原理が示す介入の特徴及び手続きは，理論的な根拠と経験的な根拠の両方によって支えられている必要がある。つまり，規範的理論要素に基づいて導出された設計原理は，実践によって裏付けられなければならない一方で，個々人の経験に基づいて導

出された設計原理は，理論によって裏付けられなければならない。このように，暫定的に設定した設計原理を，理論と実践の往還を通して，理論的にも経験的にも洗練していくことが，デザイン研究における研究の過程であるといえる。

このように，特定の主題に関するデザイン研究においては，教室における学習指導を開発するための設計と，実践された学習指導の過程を分析するための研究の両者を結びつけることを目指して，局所的な指導理論を生成すること，すなわち特定の主題に関する洗練された予見的理論要素を含む，設計原理を明らかにすることが主要な目的とされる。そして，序章第1節第2項で示したように，本研究では設計原理を明らかにするにあたって，数学に関する問題及び問題系列である課題に焦点を当てている。それゆえ，数学的探究における定義活動を促進するための課題設計原理を明らかにすることが必要である。

以上より，本研究では，数学的探究における定義活動を促進するための課題を設計するにあたって，特定の主題に関するデザイン研究を，研究方法として採用する。まず本研究の根底には，数学教育における定義指導の改善という学習指導上の問題がある。そのうえで，本研究では，数学的探究における定義活動という特定の主題に関する理論，すなわち局所的理論を生成することを目的としている。ここでいう局所的理論とは，数学的探究における定義活動を促進するための課題設計原理であり，洗練された予見的理論要素を含むものである。その際に本研究では，研究課題1の解決によって，数学的探究における定義活動の方法という規範的理論要素を含む理論を既に得ている。それゆえ，本研究では，数学的探究における定義活動の方法に基づいて暫定的に設定した課題設計原理を，実践的な考察を通して，理論的にも実践的にも洗練していくことが必要である。このように，本研究では，数学的探究における定義活動を促進するための局所的理論の生成を，課題設計を中心に据えて目指している。それゆえ，特定の主題に関するデザイン研究の方法論に基づいて課題設計原理を明らかにすることは，本研究の研究方法として適切である。

176 第4章 数学的探究における定義活動を促進するための課題設計

第2項 課題設計に関する研究の手続き

（1）本研究におけるデザイン研究の手続き

　デザイン研究の方法論によると，デザイン研究は，大略的には以下の3つの相から構成される（Cobb et al., 2017; Bakker, 2018; Gravemeijer & Prediger, 2019）。

　第一に，設計物を準備する相である。この相では，教材や指導法といった設計物を用いた実践にあたっての，理論的前提を明確にすること，生徒の学習を取り巻く認知的・社会的前提を特定すること，生徒による学習の目標を設定すること，予想される生徒の反応を検討することなどが行われる。なお，ここでいう理論には，哲学的な大局的理論だけでなく，特定の主題に関する局所的理論も含まれる。

　第二に，設計物を実践する相である。この相では，学習目標を達成するための学習指導を設計して検証し，その結果をふまえて学習指導を再設計するといった反復的・循環的な過程が行われる。ここで，既存の理論に適合しない実践結果が得られた場合は，学習指導の微修正だけでなく，理論の修正を検討することも行われる。つまり，デザイン研究は，理論の真偽を検証するといった，理論から実践への一方向的な営みではない。むしろ，実践の複雑性を受け入れたうえで，実践から理論への貢献も想定する双方向的営みである。

　第三に，実践を反省する相である。これは回顧的分析（retrospective analysis）とも呼ばれ，実践全体を反省的に分析して，得られた結果を理論的な文脈に位置づけることが行われる。具体的には，理論的枠組みを用いて得られた結果を解釈したり，結果が起こった理由を説明する理論を生成したりすることが行われる。また，分析を通して洗練された理論に基づいて設計物を修正し，さらなる実践へと移行することもあり得る。

　以上のデザイン研究の諸相は，第4章第1節第1項で示したデザイン研究の第一から第四の特徴である，介入的，理論生成的，予測的かつ反省的，反復的のそれぞれを含んでいる。一方で，第五の特徴については，さらなる検討が必要である。つまり，デザイン研究を通して得られる理論は，実用的かつ謙虚的でなければならないが，その際には，その理論がどのような環境における実践

を通して得られたのかを明確にする必要がある。なぜなら，得られた理論が機能するかどうかは，その環境の文化的背景であったり，その個人や集団における暗黙の前提であったりに依存し得るからである。

　先述のように，デザイン研究は，教科教育学だけでなく，教育方法学などの一般教育学においても採用されている方法論である。一般教育学において，デザイン研究の対象者は，児童生徒だけでなく教員志望学生や現職教員など多岐にわたる。それゆえ，実践環境は学校内にとどまらず，実践方法も個人，ペア，グループ，クラス，学校，学区など様々な規模が考えられる。実際，Bakker（2018）は，デザイン研究には，多様な実践形態があるとしている。これに対して，教科教育研究における実践の場は，教室における授業であると考える。もちろん授業には，教室の環境や集団の特質といった様々な要因が含まれるが，教科教育研究におけるデザイン研究は，その教室における複雑性を受け入れたうえで，理論と実践の相互作用を通して，局所的理論の生成を目指す方法論である。実際，特定の主題に関するデザイン研究では，明記されていないものの，教室において教師が授業を実践することが前提とされているとみられる（Gravemeijer & Prediger, 2019）。その際には，研究者が教師として（teacher researcher）授業を実践する場合もあれば，研究者と教師が協働して，授業を準備，実践する場合もある。

　第4章第1節第1項で示したように，本研究では，特に課題に焦点を当ててデザイン研究を実施する。その際には，設計した課題をどのような授業において実施するかを明確にしておく必要がある。第2章第1節第2項（1）で示したとおり，本研究が「数学的探究」を規定するにあたって依拠した，ボラシによる人間的探究アプローチの指導観は，「指導を，生徒の探究を刺激する豊かな学習環境を創造したり，数学的知識の創造に取り組む学習者集団としての数学の教室を組織化したりすることによって，生徒自身の理解の追求に必要な援助を提供することとみる」（Borasi, 1992, p. 3）ものであった。これをふまえると，数学的探究における定義活動を促進する授業において，教師は，探究の契機となる課題を示したうえで，生徒が探究に取り組めるように援助することが主要な役割となる。そのような授業は，日本の数学教育においては「問題解決型授業」と呼ばれているものであり，問題提示，自力解決，議論（練り上

178 第4章 数学的探究における定義活動を促進するための課題設計

げ），まとめ・振り返りの4つの段階からなる。したがって，本研究における
課題実践は，問題解決型授業を想定したものであるとする。

　以上をふまえて本研究では，教室における研究授業の実践を前提として，研
究者と教師の協働による課題設計を通して，デザイン研究を実施する。つま
り，本研究における準備・実践・反省の対象となる設計物は，課題である。そ
れゆえ，本研究におけるデザイン研究の手続きを，図4-1のとおりに明確化
する。

１．研究授業の準備

　① 学習目標（＝期待する活動）の設定

　② 期待する活動を促進するための暫定的な課題設計原理の設定

　③ 設定した課題設計原理に基づく課題設計

　④ 予想される生徒の反応の検討（学習指導案の作成・検討）

２．研究授業の実践

　① 教室における授業としての課題の実践

　② 実践結果に基づく課題の微修正と実践

３．研究授業の反省

　① 結果の分析を通した課題設計原理の精緻化

　② 課題設計原理以外の局所的理論の洗練・生成

図4-1：本研究におけるデザイン研究の手続き

　この手続きは，小松（2023）における「課題設計原理の開発に関する研究の
枠組み」（図4-2）と基本的には同様である。ただし，本論文では，図4-1
におけるすべての手続きを実施するのではなく，図4-1における一部の手続
きのみ，具体的には１．①②③④，２．①，３．①のみを実施する。これは，
本来のデザイン研究は長期的・継続的な計画による，反復的・循環的な過程と
して実施されることが一般的である一方で，本論文においては，時間的・立場
的な制約からそのような実施が困難であることによる。実際，本論文では，準
備，実践，反省という一連の手続きは1周のみ実施されていることに加えて，
図4-1における２．②及び３．②は十分に行われていない。それゆえ，本論

文は，デザイン研究を完全に実施するものであるというよりは，今後の研究の発展を視野に入れつつ，デザイン研究の端緒に取り組むものであるといえる[2]。

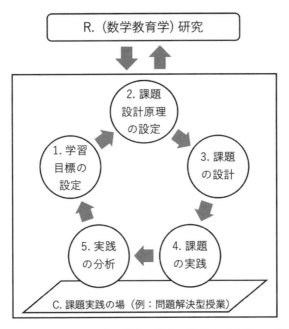

図4-2：課題設計原理の開発に関する研究の枠組み（小松，2023, p. 6）

（2）課題設計のための視点の整理

（1）で明確にした手続きに従って，第4章第2・3節では，数学的探究における定義活動を促進するための課題を設計する。本研究における学習目標は，大略的には，数学的探究における定義活動の実現である。具体的には，数学的探究における定義活動の方法（表4-1）である，目的による選択／命

---

2 本論文において，図4-1あるいは図4-2おけるすべての手続きが実施されておらず，本来のデザイン研究のもつ反復的・循環的な特徴が十分に表れていないことは，本研究がデザイン研究に該当しないことを意味しない。なぜなら，数学教育研究においてデザイン研究は，いまだ発展途上の研究方法論であるため，デザイン研究であるか否かの境界は曖昧といえるからである。実際，「要するに，デザイン研究は，指導の改善及び指導を支える理論の生成という目的を結びつけたい，すべての人々に対して研究方法論を提供する。その研究過程は，簡単に図式化され得ないものの，特定の主題に関するデザイン研究の挑戦的で創造的な部分を支える手続きと構造は発展しつつあり，初学者にとっても利用可能である」（Gravemeijer & Prediger, 2019, p. 54）とされている。これについては，今後の課題（終章第3節）でも言及する。

180　第4章　数学的探究における定義活動を促進するための課題設計

名，及び数学的定義への洗練に，生徒たちが実際に取り組めることである。

表4-1：数学的探究における定義活動の方法（表3-1の再掲）

目的による選択／命名		複数の定義が考えられる場合には，主体の目的に応じて，定義の候補から1つを選択したり，ある観点に着目して対象を命名したりする。
数学的定義への洗練	階層性の構成	定義において曖昧な用語がある場合には，それを循環しないように定義していき，遡及が困難となったら無定義用語とする。
	的確性の追求	対象を定義する際に想定していなかった例がある場合には，それを除くような条件を定義に追加する。
	最小性の追求	対象を決定するために必要以上の条件がある場合には，過剰な条件を定義から削減する。
	整合性の確認	新しい定義をつくった場合には，その定義内において，あるいは既存の定義や定理との間において，不整合が生じないかを確認する。

　表4-1は，生徒による実現を期待する定義活動のあり方を示しており，それ自体が学習目標になり得るものである。一方で，これは生徒たちに取り組んでもらいたい活動の諸側面を部分的に示したものであるため，表4-1から即座に課題を設計することは難しい。第2章第3節で示したように，本研究では数学的探究の類型として，事柄の証明と論駁，数学的概念の拡張，局所的体系の構築の3つを挙げた。これらのうち，局所的体系の構築における定義活動は，第3章第2節において，方法の適用可能性を例証するための教材研究の事例として取り上げた。それゆえ，第4章では，残りの2つの類型である，事柄の証明と論駁における定義活動と，数学的概念の拡張における定義活動に焦点を当てて課題を設計することにする。その際には，事柄の証明と論駁及び数学的概念の拡張に関する学習過程を特徴づける必要がある。したがって，本研究では，授業における生徒たちの一連の学習過程を構想するために，第2章第3節第1項で示した証明と論駁を通した数学的知識の生成活動の諸相，及び第2章第3節第2項で示した拡張による定義の再構成過程の諸相を援用する。以上より，本研究では，これらの諸相を全体的な視点として，数学的探究における定義活動の方法を詳細的な視点として位置づけたうえで，両者を組み合わせる

ことによって，数学的探究における定義活動を促進するための課題を設計する。

　本節では，特定の主題に関するデザイン研究の方法論を参考にすることで，本研究におけるデザイン研究の手続きを明確にした。本節の結論は，本研究におけるデザイン研究は，課題設計に焦点を当てたうえで，図4-1に従って実施するということである。

182　第4章　数学的探究における定義活動を促進するための課題設計

第2節

事柄の証明と論駁における定義活動の促進

　第2節では事柄の証明と論駁における定義活動を，第3節では数学的概念の拡張における定義活動を促進するための課題を設計する。まず，学習目標に基づいて，活動を促進するための暫定的な課題設計原理を設定する。次に，設定した原理に基づいて課題を設計し，その課題を用いた研究授業を実践する。そして，実践結果の分析を通して，設計した課題の効果を検証し，課題設計原理を精緻化する。

第1項　事柄の証明と論駁における定義活動を促進するための課題設計

（1）課題設計原理の設定

　第2章第3節第1項で示したように，証明と論駁を通した数学的知識の生成活動の諸相は，「0．問題状況」を前提として，「1．零概念を含む事柄」「2．証明」「3．大局的反例の発見による零定義の顕在化」「4．補題組み込み法／演繹的推量による事柄の洗練」「5．証明生成定義の定式化」という5つの相からなるものであった。また，「零概念」とは，「探究活動の冒頭において主体がある数学的対象についてもっている概念」であり，「零定義」とは「零概念を定義の形式で暫定的に表現したもの」であった。そして，「証明生成定義」とは，「証明上の着想に基づいて得られる定義」であり，補題組み込み法や演繹的推量を通した事柄と証明の洗練の結果として得られるものであった。これらをふまえるならば，事柄の証明と論駁における定義活動を実現するためには，生徒たちが暫定的な零定義を構成したうえで，その定義を証明生成定義へと洗練していく一連の活動に取り組むことが必要である。それゆえ，課題設計における学習目標を「事柄の証明と論駁に取り組む中で，定義の必要性に気がつき，暫定的に構成した定義を，証明に基づいて洗練する活動に取り組

むことができる」ことに設定する。

　この目標を達成するためには，生徒たちが，事柄の証明と論駁，暫定的な定義の構成，事柄，証明，定義の洗練という，一連の活動に取り組めるような課題を設計する必要がある。具体的には，以下の３つである。第一に，事柄の証明と論駁に取り組むためには，自分で推測を立てたり所与の命題を確認したりして，その事柄について真であると予想すること，及びその事柄は反例を含んでおり，特別の場合でしか成り立たないことが必要である。また，その事柄には，後に零定義として顕在化され，証明生成定義への洗練の対象となる零概念が含まれていることも必要である。例えば，第２章補節第３項で示した，Lakatos（1961/1976）における「任意の多面体において，頂点の数を V，辺の数を E，面の数を F とするとき，$V-E+F=2$ が成り立つ」（デカルト＝オイラー予想）という事柄においては，多面体という数学的対象について主体がもっている概念が零概念に相当する。このように，事柄の証明と論駁は，反例を含む事柄に関する証明問題の解決において行われる。したがって，これを原理１）「事柄の証明と論駁に取り組めるように，反例を含む事柄に関する証明問題を与える」とする。

　第二に，暫定的な定義の構成に取り組むためには，反例の候補に直面することが必要である。例えば，デカルト＝オイラー予想に対する大局的反例として，「額縁」や「重なり立方体」といった $V-E+F=2$ を満たさない例が挙げられたとする。これらの例が反例であると主張するためには，これらの立体が多面体であるにもかかわらず，$V-E+F=2$ を満たさないことを確認する必要がある。その際には，多面体の定義を明示したうえで，挙げられた例がその定義を満たすことを確認することが行われる。Lakatos（1961）は，探究の冒頭において，零定義を厳密に規定する必要はないとした。それゆえ，反例の候補に直面した際に，定義を暫定的に構成したり確認したりした結果として，零定義が顕在化する。このように，暫定的な定義の構成は，反例の候補が反例であるかどうかを判断する際に行われる。したがって，これを原理２）「定義の必要性に気がついて暫定的な定義を構成できるように，反例の候補が反例であるかどうかを問う」とする。

　第三に，事柄，証明，定義の洗練に取り組むためには，証明を活用して事柄

を制限するあるいは拡張する方法である．補題組み込み法あるいは演繹的推量を適用することが必要である。これらは，反例に対して定義や事柄を場当たり的に修正するのではなく，証明に基づいて事柄を洗練する方法である。つまり，モンスター排除法によって定義を場当たり的に修正したり，例外排除法によって事柄を場当たり的に修正したりするのではなく，証明に基づいて事柄を洗練する点が特徴である。それゆえ，これらの方法を適用する際には，まずもって証明に注目したうえで，証明上の着想に基づいて，事柄を洗練することが行われる。Lakatos（1961）が指摘したように，これらの方法によって事柄を洗練していく過程は，定義を洗練していく過程でもあり，最終的に証明生成定義が得られる。このように，補題組み込み法あるいは演繹的推量を適用する際には，見つかった反例によって，証明におけるどの補題が論駁されるかを検討する必要がある。したがって，これを原理３）「証明に基づいて，事柄，証明，定義を洗練できるように，反例によって論駁される補題への注目を促す」とする。

　以上より，事柄の証明と論駁における定義活動を促進するための課題設計原理を次のとおりに設定する。

　１）事柄の証明と論駁に取り組めるように，反例を含む事柄に関する証明問題を与える。
　２）定義の必要性に気がついて，暫定的な定義を構成できるように，反例の候補が反例であるかどうかを問う。
　３）証明に基づいて，事柄，証明，定義を洗練できるように，反例によって論駁される補題への注目を促す。

図４-３：事柄の証明と論駁における定義活動を促進するための課題設計原理

（２）課題の設計
① 課題の概要
　設定した課題設計原理に基づいて，事柄の証明と論駁における定義活動を促進するための課題を設計する。設計した課題は，次のとおりである。

> 問題1：2つの多角形（a角形，b角形）があり，1組の辺の長さが等しいとする。
> このとき，等しい辺同士を接着してできる図形は$(a+b-2)$角形という多角形であることを証明しなさい。
>
> 問題2：見つかった反例が出てこないようにするためには，問題の条件，証明，定義を，どのように修正すればいいか（条件を追加する，言葉を修正する，そのままでもいい，など）。

図4-4：事柄の証明と論駁における定義活動を促進するための課題（多角形の接着）

　課題設計原理との対応でいうと，問題1は1）及び2）に基づいて，問題2は3）に基づいて設計されている。以下，課題の概要を説明する。

　本課題では，多角形の定義を考察する際の状況として，多角形の接着を取り上げている。例えば，図4-5左のように2つの三角形があり，1組の辺が等しいとき，それらの辺同士を接着すると四角形が得られる[3]。また，2つの三角形に限らず，異なる2つの多角形，例えば図4-5右のように，四角形と五角形を接着すると七角形が得られる。

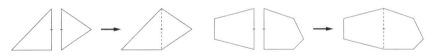

図4-5：三角形 ＋ 三角形 → 四角形　　　四角形 ＋ 五角形 → 七角形

　このように，2つの多角形を接着してできる多角形の特徴について考えていくことにする。したがって，本課題における問題状況は，「2つの多角形があり，1組の辺の長さが等しいとする。このとき，等しい辺同士を接着してできる図形は何角形か」である。

　次に，この問題状況において，辺あるいは角の数に着目して，図4-5を含

3　より具体的な状況としては，三角定規の接着がある。一般に，1組の三角定規は等しい辺をもつが，それらの辺を接着すると四角形が得られる。本課題は，この事象から筆者自身が考えたものである。

むいくつかの場合を調べてみると，a 角形と b 角形を接着してできる多角形は，$(a+b-2)$ 角形であるという推測を立てることができる．本課題において，この推測を生徒自身が立てることは必須としておらず，所与の命題として位置づけている．したがって，本課題における事柄は，「a 角形と b 角形があり，1組の辺の長さが等しいとする．このとき，等しい辺同士を接着してできる図形は，$(a+b-2)$ 角形」である．なお，この事柄に含まれる零概念は多角形についての概念であるが，この段階では零定義として表現する必要はない．

　この事柄に対する証明として，例えば，次のような証明が考えられる．

---

a 角形の角の数は a，b 角形の角の数は b である．等しい辺同士を接着するとき，それぞれ接着する2つの角が1つになるので，できる図形の角の数は，$(a+b-2)$ である．
よって，できる図形は，$(a+b-2)$ 角形という多角形である．

図4-6：事柄に対する証明

　しかし，事柄に対する大局的反例の候補として，辺同士が一直線になる場合（図4-7）が見つかる．また，へこみのある図形になる場合（図4-8左）も見つかり得る．

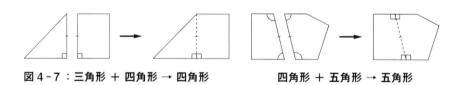

図4-7：三角形 ＋ 四角形 → 四角形　　　四角形 ＋ 五角形 → 五角形

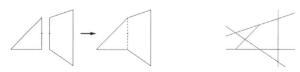

図4-8：三角形 ＋ 四角形 → 五角形？　　辺を延長した場合

　これらの大局的反例の候補に直面することによって，多角形の定義について

第2節　事柄の証明と論駁における定義活動の促進　**187**

考える必要性が生じる。多角形を定義する際の観点としては，直線，線分，角など，様々なものが考えられるが，小学校の教科書における「三角形，四角形，五角形，六角形などのように，直線で囲まれた図形を，**多角形**といいます」（藤井他，2020，p. 92，太字・波線は原文）という記述を参考にすると，直線に着目した定義が考えられる。したがって，「多角形とは，いくつかの直線で囲まれた図形である」を，多角形の零定義とする。

　この零定義に対して，図4-7は，角の数が $(a+b-2)$ にならないため，事柄に対する大局的反例である。また，図4-8左は，角の数は $(a+b-2)$ であるものの，へこみのある図形を多角形に含めてもいいかどうかが問題となる。ここで，小学校における「直線」は，「真っ直ぐな線」という意味で用いられるが，中学校以降では，「直線」は「真っ直ぐな線で，両方に限りなくのびているもの」，「線分」は「直線の一部であり，両端をもつもの」という意味で用いられる。それゆえ，図4-8左について，「直線で囲まれた図形」という多角形の零定義に従って図4-8右のように辺を延長すると，延長した直線が図形の内部に侵入して他の辺と交差，すなわち自己交差する。図形の内部で自己交差をもつ図形は，もはや何角形か不明であり，多角形とは言い難い[4]。それゆえ，図4-8は，そもそも多角形にならないため，事柄に対する大局的反例である。

　以上の大局的反例に対処するための方法として，補題組み込み法と演繹的推量がある。まずは，補題組み込み法を適用して，事柄が成り立つ領域を的確に制限する場合を考える。補題組み込み法を適用するために，証明分析を通して，大局的反例によって論駁される補題を特定する。図4-7の大局的反例は，できる図形の角の数が $(a+b-2)$ にならないため，証明における「それぞれ接着する2つの角が1つになる」を論駁する局所的反例でもある。また，図4-8の大局的反例は，辺の数は $(a+b-2)$ であるものの，できる図形が多角形にならないため，証明における「できる図形は，（中略）多角形である」

4　この時点で，モンスター排除法を適用し，多角形の零定義における「直線」を「線分」に変更することで，反例を反例として認めないということはあり得る。しかし，モンスター排除法によって得られる定義は証明に基づいていない場当たり的なものである。そのため，本課題では，補題組み込み法あるいは演繹的推量によって証明に基づいて定義を洗練する活動の促進を意図している。

188　第4章　数学的探究における定義活動を促進するための課題設計

を論駁する局所的反例でもある。このような証明分析により，証明における
「接着する2つの角が1つになる」という，接着する角への着目が重要である
ことがわかる。すなわち，接着する角の和のうち少なくとも1つが180°以上に
なるとき，証明が論駁される。したがって，これらを条件として組み込むこと
で，制限された事柄を得ることができる。

---

a角形とb角形があり，1組の辺の長さが等しいとする。このとき，等しい
辺同士を接着してできる図形は，接着する角の和がどちらも180°より小さい
とき，$(a+b-2)$角形という多角形である。

図4-9：補題組み込み法によって制限された事柄（下線部は元の事柄からの修正箇所）

　この事柄において，多角形の定義は，へこんでいないものに制限されてい
る。そして，これは偶然得られたものではなく，接着する角に着目するという
証明上の着想に基づいて得られたものである。したがって，補題組み込み法を
適用した場合の証明生成定義として，「多角形とは，いくつかの直線で囲まれ
た図形であり，すべての角は180°より小さい」（下線部は零定義からの修正箇
所）を得ることができる。

　以上は，補題組み込み法を適用して事柄を制限する過程を示した。一方で，
演繹的推量を適用して，反例が反例でなくなるような拡張された事柄を見つけ
ることを考える。2つの多角形を接着するとき，等しい辺の両端における接着
する角の和をそれぞれS_1，S_2とする。ここでS_1が180°になる場合，S_1をなす2
つの角は一直線になるため，角の数は無くなる（つまり「接着する2つの角が
1つになる」を論駁する）。それゆえ，$S_2 \neq 180°$であれば，できる図形の角の
数は$(a+b-3)$となり，$S_2 = 180°$であれば，できる図形の角の数は$(a+b-4)$となる。このようにして，S_2の場合も同様に考えていくと，接着する角の
和が180°になる数から，できる図形の角の数を演繹的に推量することができ
る。したがって，接着する角の和[5]とできる図形の角の数との関係は，次のと
おりにまとめられる。

　5　ここでは，接着する角の和の範囲は，$0° < S_1 < 360°$，$0° < S_2 < 360°$とする。

第2節　事柄の証明と論駁における定義活動の促進　　**189**

表4-2：接着する角の和と角の数（波線は，自己交差をもつ図形になることを指す）

	$S_1<180°$	$S_1=180°$	$S_1>180°$
$S_2<180°$	$(a+b-2)$	$(a+b-3)$	$\underline{(a+b-2)}$
$S_2=180°$	$(a+b-3)$	$(a+b-4)$	$\underline{(a+b-3)}$
$S_2>180°$	$\underline{(a+b-2)}$	$\underline{(a+b-3)}$	$\underline{(a+b-2)}$

　表4-2より，図4-7の場合を含むような事柄として，「接着する角の和が180°になる数を $s(s=0,\ 1,\ 2)$ として，$(a+b-2-s)$ 角形」が得られる。一方で，波線部の場合，辺の数は $(a+b-2-s)$ を満たすが，図4-8のように，できる図形が自己交差をもってしまう（つまり，「できる図形は，（中略）多角形である」を論駁する）。ここで，図4-8のような図形も，多角形に含めることができないかを考える。そのためには，自己交差が生じないように，辺は延長されないものとすればいい。すなわち，多角形の定義における「直線」を「線分」に変更する。これにより，図4-7，図4-8の場合を含むような，拡張された事柄[6]を得ることができる。

---

　a 角形と b 角形があり，1組の辺の長さが等しいとする。このとき，等しい辺同士を接着してできる図形は，接着する角の和が180°になる数を $s(s=0,\ 1,\ 2)$ として，$(a+b-2-s)$ 角形という多角形である。

図4-10：演繹的推量によって拡張された事柄（下線部は元の事柄からの修正箇所）

　この事柄において，多角形の定義は，「直線」を「線分」に変更されているため，へこみのある図形も含んでいる。この変更のみに注目すると，モンスター排除法を適用して，反例に対処するために定義を場当たり的に修正しているようにみえる。しかし，この変更は，接着する角の和に着目したうえでの演繹的推量の過程において行われるものであるため，むしろ証明上の着想に基づく定義の洗練であると捉えられる。したがって，演繹的推量を適用した場合の証明生成定義として，「多角形とは，いくつかの線分で囲まれた図形である」（下線部は零定義からの修正箇所）が得られる。さらに，この証明生成定義の

　6　ただし，この事柄において，接着前の2つの多角形は，凸多角形であることが前提である。

下位定義として,「凸多角形とは,すべての角は180°より小さい多角形である」と,「凹多角形とは,180°より大きい角を1つ以上もつ多角形である」も得られる。

以上のように,本課題では,事柄の証明と論駁に取り組む過程において,補題組み込み法や演繹的推量を適用することで,事柄と証明を洗練したり,証明に基づいて多角形の定義を洗練したりすることができる。

② 課題の意図

本課題は,平成29年告示の中学校学習指導要領(文部科学省,2018a)において,中学校第2学年において扱われる「多角形の角」の学習指導の改善を意図して設計したものである。その理由は,図4-11のように,中学校の教科書において多角形の定義は,へこみのない図形に限定することが天下り的に提示されるからである。

96ページでは,三角形の角の和が180°であることから出発して,多角形の角の和を求めた。ここでは,多角形の角の和の求め方の説明について考えてみよう。

多角形を示すときには,頂点の名まえを周にそって順にあげ,たとえば,五角形ABCDEのように表す。

● 多角形というときには,へこんだ部分のあるものは考えないことにする。

図4-11:教科書における記述(藤井他,2021b,p.98)

しかしながら,このような天下り的な提示では,中学生にとって,なぜ突然へこみのある図形が出てくるのか,なぜへこみのある図形は多角形に含めないのか,がわからないと推察される[7]。そのため,問題解決において,へこみのある図形が自然に登場し,その図形を多角形の定義に含めるかどうかを考察できるような状況として,多角形の接着を考えた。本課題は,2つの多角形を接着するという操作から,$(a+b-2)$ が成り立たない図形,及びへこみのある図形を比較的容易に構成できる点が特徴である。これにより,生徒たちは,反例の存在に自然に気がつき,多角形の定義を検討できるのではないかと考える。

---

7 ここでは,教科書の内容や教科書に基づいた学習指導を批判する意図はない。

このように本課題は，数学的探究の契機である，不確かさという疑念を生じさせるものである。また，本課題を解決するためには，例や性質を検討して多角形の定義を確認するとともに，その定義をより数学的な定義へと洗練していく必要がある。この過程には，既知の事柄を整理したり，未知の事柄を創造したりする側面や，問題解決を通して得られた知識を組織立てられた知識の全体との関連で考察する側面が含まれ得る。したがって，本課題は，数学的探究の概念規定及び定義活動の概念規定の一部を満たすものであるため，数学的探究における定義活動の一事例になり得るものである。

なお，へこみのある図形を多角形の定義に含める場合には，少なくとも，学校数学に関する以下の2つの問題を考慮する必要がある。

第一に，学校数学における系統性の問題である。図4-11に示したように，平成29年告示の中学校学習指導要領に基づく教科書において，多角形の定義は，へこみのない図形に限定されている。そして，学校数学の系統性は，この定義を前提として構成されている。先の課題の概要では，多角形に関する定義について，補題組み込み法に基づいてへこみのない図形のみに制限した定義と，演繹的推量に基づいてへこみのある図形を含むように拡張した定義の2種類を示した。これらの定義について，数学的にはどちらを採用してもかまわない。しかし，後者の定義を採用しようとする場合，学校数学の既存の系統と整合しなくなる点には，注意が必要である。具体的には，多角形の定義を拡張することによって，多角形の内角・外角に関する性質の学習や，その後の学習に対して影響を及ぼす可能性があることについて，慎重に検討する必要がある。

第二に，学校数学における目標の問題である。学習指導要領では，中学校第2学年において「多角形の角についての性質が見いだせることを知ること」（文部科学省，2018a，p. 70）が指導内容として位置づけられている。つまり，中学校第2学年における主要な目標は，証明という新しい方法を用いて，多角形の内角・外角の性質を理解することにある。実際，教科書では，生徒が多角形の内角・外角に関する性質を考察しやすくするための配慮がされている。具体的に，図4-11の直後には，「多角形を，1つの頂点から出る対角線で三角形に分けると，その頂点に対する辺の数は，その頂点を通る2つの辺を除くから，（辺の数-2）である」（藤井他，2021b，p. 99）という記述がある。

192 第4章 数学的探究における定義活動を促進するための課題設計

これは，生徒にとって，三角形分割の方法を理解しやすくしたり，多角形の内角の和の性質を説明しやすくしたりするための配慮であるとみられる。一方で，本課題の目標は，「事柄の証明と論駁に取り組む中で，定義の必要性に気がつき，暫定的に構成した定義を，証明に基づいて洗練する活動に取り組むことができる」こと，すなわち生徒たちが数学的探究における定義活動を経験することである。第2章第4節で示したように，数学的探究における定義活動には教育的価値が認められるものの，図形の性質の理解をいかに保証するかという点については，慎重な検討が必要である。この点については，数学的内容の理解と数学的活動の経験とをどのように両立させるかという教育課程論上の大きな問題と関わっている。

以上の考慮事項をふまえるならば，本課題は，通常の単元とは独立したトピック的な教材として扱われることになる。なお，課題に取り組むにあたって，最低限必要な既習事項は，小学校における「多角形」の定義（小5），「直線」と「線分」の違い（中1），「定義」，「定理」，「証明」の意味（中2）である。

第2項　授業Ⅰ：多角形の接着

授業は，都内の公立中学校において2022年6月中旬に実施した。授業実施にあたっては，当該中学校の数学科の正規教員1名の協力を得て，共同研究の形で実施し，次のとおりミーティングを実施した。第1回のミーティング（2022年1月4日）では，筆者が本研究の趣旨と課題案を説明し，研究内容の共通理解を図った[8]。また，筆者が作成した学習指導案を参考に，学習指導案とワークシートの作成を教員に依頼した。第2回のミーティング（2022年5月3日）では，筆者と教員とで指導案検討を行った。検討の結果，多角形の接着という問題状況を，具体物を用いて考察できるように，図4-12の7種類のポリドロン（正三角形，二等辺三角形，直角三角形，正方形，長方形，正五角形，正六角形）を使用することにした。中身の埋まったポリドロンを使用する理由は，

8　筆者と当該教員は，当該教員が修士課程在学中に，Lakatos（1976）を講読文献とした勉強会を実施していた。それゆえ，研究内容の共通理解は，比較的円滑に得ることができた。

第 2 節　事柄の証明と論駁における定義活動の促進　193

図4-8で示した，自己交差をもつ図形が多角形とはいえないことを理解しやすくするためである。第 3 回のミーティング（2022 年 6 月 8 日）では指導案とワークシートの微修正を行った。

図 4-12：中身の埋まったポリドロン

　授業は，中学校第 3 学年の生徒26名を対象に，教員が学級担任をしているクラスにおいて，通常時間割の中の 2 時間構成（2022 年 6 月14, 15日）で実施した。生徒たちは「平方根」の単元における「平方根の乗法・除法」を学習していたが，単元とは独立のトピック的な内容として扱われた。なお，教員によると，へこみのある図形を多角形に含めないことについては，第 2 学年における多角形の内角・外角に関する性質の学習の際に，簡単にふれたものの，含めない理由について深入りはしていないとのことであった。

　授業者は教員であり，筆者は観察者として授業の観察・記録を行った[9]。授業は，ビデオカメラ 3 台（前方，後方，手元）と IC レコーダー 1 台（教壇）を用いて記録された。また，録画記録と録音記録を基に，授業はトランスクリプト化された。授業に関する学習指導案とワークシート，及びトランスクリプトと板書は，本論文の巻末に資料として掲載されている。なお，授業の記録に

---

[9] 第 1 時の授業のみ，第 4 章第 3 節における研究授業の授業者である，国立大学附属中学校の数学科教員も観察者として観察を行った。

関する手続きは，筑波大学人間系研究倫理委員会の承認（筑2021-48A）を受けたうえで実施された。

（1）授業の実際：第1時

第1時は，教員が電子黒板にポリドロンの画像を表示し，問題状況について説明することから始まった。具体的には，四角形と三角形の画像において，ポリドロンの縁を辺として囲むことで五角形になることが確認された。また，三角形と三角形が四角形になることも同様に確認された。次に，ワークシートを配付したうえで，一般化した事柄すなわちa角形とb角形では，$(a+b-2)$角形になることが予想されるが，ポリドロンを用いてそれを確認することが課題として示された。また，$(a+b-2)$角形になることが確認できたら，その事柄が成り立つことの証明を構成することも課題として示された。

自力解決において，ほぼ全員の生徒が，図を描いたり，ポリドロンを使用したりして，$(a+b-2)$角形になることを確認することができた。また，ワークシートによると，26名中19名が，多角形の頂点，辺，角のいずれかに着目することで，証明あるいは証明を構成するための着想を記述することができた。なお，自力解決中に5名の生徒が，$(a+b-2)$にならない例を発見していた。例えば，S_{33}は，次のとおりに記述したうえで，教員に対して，「これって6じゃないんですか？」（第1時：26，トランスクリプトの番号を指す，以下同様）と質問した。

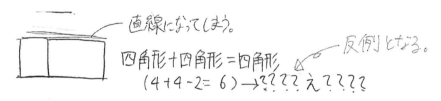

図4-13：四角形＋四角形＝四角形（S_{33}）

議論において，教員はS_2を指名して，構成した証明について，説明を依頼した。S_2による証明は，等しい辺同士をくっつけると2つの「頂角」が1つになることに着目したものであった。S_2による説明では，頂点と角が混在してい

第 2 節　事柄の証明と論駁における定義活動の促進　195

る状態であったが，教員による支援を受けて，2つの角が1つになるという着想に基づく証明であることが確認された。また，教員から周囲の生徒と証明の内容を確認するように指示があり，生徒たち同士の相互作用によって，証明の内容が教室全体で共有された。

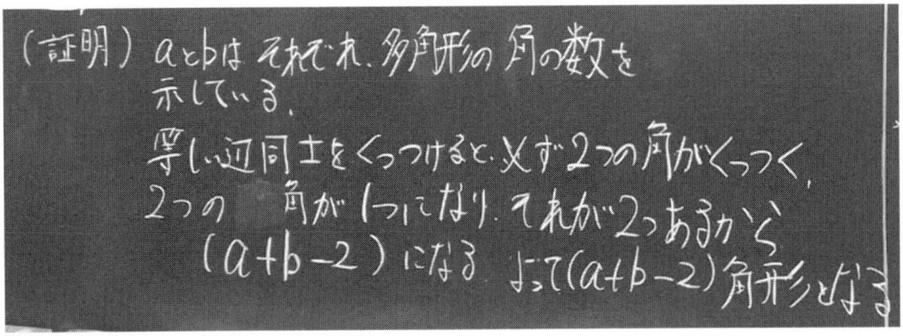

図4-14：角に着目した証明

次に，教員はS_{33}を指名して，自力解決中に発見したことの説明を依頼した。S_{33}は，四角形（長方形）と四角形（長方形）で四角形（長方形）になるため，事柄が成り立たないという旨を発言した。これを受けて，S_{46}が六角形（正六角形）と三角形（正三角形），S_{37}が五角形（正五角形）と三角形（二等辺三角形）でも同様に成り立たないという旨の発言をした。続いて，教員はS_{12}を指名して，考えた図形の説明を依頼した。S_{12}は，次のような，五角形と六角形の例を挙げた。

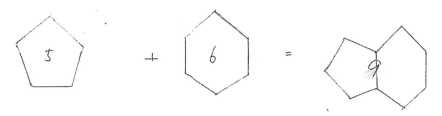

図4-15：へこみのある図形になる場合（S_{12}）

このへこみのある図形に対して，S_{11}はキツネ型の図形（いわゆるブーメラン形）を挙げ，その耳の部分に直線を引くと図形が3つに分割されてしまうことを挙げ，「切って何か3つになっちゃったら，角形じゃないてきなことを」（第1時：80）と発言した。教員は，この「角形じゃない」という発言をふまえて，「まあ要は，多角形かどうかという所が，ちょっとポイントになってきそうですね」（第1時：83）と発言した。ここで教員が，S_{33}たちが挙げた（$a+b-2$）にならない例のような，事柄が成り立たない例を数学用語で何というかという旨の発問をし，これらの例は反例であることが教室全体で共有された。続いて教員が，S_{12}が挙げたへこみのある図形を多角形に含めていいかと尋ねたところ，生徒たちは賛成と反対が約半数ずつであった。以上をふまえて教員から，S_{12}が挙げた例は多角形といえるかどうかが課題として示された。その際には，小学校における多角形の定義である「直線で囲まれた図形を多角形という」こと，及び「直線は両方向に続くものである」ことが確認された。

　この課題に対してS_{34}は，多角形の定義に基づいて直線を延長すると，互いの図形に侵入してしまい，どのような図形かわからなくなると記述した。ワークシートによると，他に9名の生徒が同様の記述をしていた。

図4-16：多角形の定義の考察（S_{34}）

　教員はS_{34}を指名して説明を依頼したところ，S_{34}は「六角形の直線を伸ばすと，六角形が五角形に侵入する？」（第1時：98）と発言した。S_{34}のワークシート（図4-16）における「どんな図形か分からなくなる」という記述をふまえるならば，この意見は，図形の内部において直線が自己交差することについての，生徒なりの説明であると捉えられる。これを受けて教員は，S_{34}の意

見を取り上げながら，図4-17のとおり，へこみのある七角形とへこみのない七角形を対比的に示した。これにより，へこみのある図形が多角形であるかどうかを考える際には，定義に基づいて辺を延長したときに，直線が内部に侵入してしまうかどうかが要点になることが確認された。以上より，へこみのある図形は多角形とはいえないことが教室全体で共有された。そして，学習感想の記入をもって第1時は終了した。

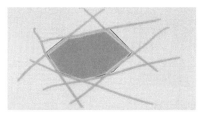

図4-17：へこみのある図形とへこみのない図形の違い

学習感想では，「今日の授業で見つかった反例について，どのように対応すればいいと考えますか」という質問に対して，「反例の図形は，数値に含まない」（S_{12}），「公式にあてはまらないものはないものとする」（S_{16}）といった例外排除法に相当する記述がみられたものの，次のような補題組み込み法の萌芽となり得る記述（S_2）も見られた。

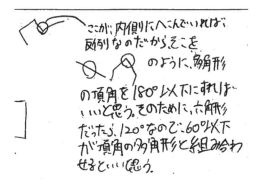

図4-18：第1時の学習感想の抜粋（S_2）

198　第4章　数学的探究における定義活動を促進するための課題設計

　一方で，「$(a+b-2)$ は公式（？）と決まった（証明された）わけではないので，より良い公式になりえるものをさがす」(S_{31}），「反例の場合は $(a+b-2)$ ではなく，$(a+b-4)$ をすれば数が合うようになると思う」(S_{35}）といった，演繹的推量の萌芽となり得る記述も見られた。このような生徒の記述は興味深い一方で，演繹的推量によって事柄を拡張する際には，へこみのある図形を多角形に含める必要が出てくる場合があり，この点について，数学的には問題ないが，数学教育上の検討事項が出てくる（村田，2021）。これらをふまえて，授業後のミーティングにおいては，観察者と教員で，生徒たちの記述及び学校数学における凹多角形の位置づけを確認したうえで，時間数の制約の都合から，第2時はへこみのない図形を多角形に含めない方向で展開することで合意を得た。

（2）授業の実際：第2時

　第2時は，まず教員が復習として前時の内容を概説した。続いて，ワークシートを配付したうえで，反例が見つかったことによって事柄を放棄するのではなく，反例が出てこないようにするために，問題の条件，証明，定義を修正することが課題として示された。課題に対して，最初は戸惑った様子を示した生徒もみられたが，最終的に大半の生徒が何らかの修正を記入することができた。

　議論において，まず教員は S_{12} を指名して説明を依頼した。

7　S_{12}：えっとー，その例1と例2なんですけど，例えば例1だったら，三角形と四角形なので，3+4で，だけど，足したら四角形になるので，えっとー，180°になる角度と，+2を引いたら，しっかり四角形になりました。

8　T：なるほどねー，180°，もう1回言ってごめん，180°？

9　S_{12}：例1だったら180°に，その足したらなる，そこが1つだけあるので，1+2を引いたら，四角形，

10　T：あー，つまり，例1でいうと，えーと，例えば，3+4で，7で〔板書する〕，1，2，3，4だから，ここどう修正する？　どうするってこと？

11　S_{12}：3+4は7で，7ひく180°になった角の数

12	T	：なるほどね，180°になった数だから，1個？
13	S₁₂	：1個で，1+2を，（T：こういう状態？で，括弧を付けるってこと？），はい。
14	T	：あー，なるほどね，だから180°になった数が，増えていくということか，あーわかったわかった。えっと，3+4ひく，例1でいうとね，例1でいうと，3+4−1，で，ここの1って部分が，180°になった数〔板書する〕，角の数。／でさあ，S₁₂くんさ，これ要は別個に考えたということ？
15	S₁₂	：え？
16	T	：別個に考えたってこと？ つまり $(a+b-2)$ にはなってないじゃん。
17	S₁₂	：はい。
18	T	：うん，ということは，これはちょっと別という扱いをしたということかな。
19	S₁₂	：何か，そのー，足して180°になる組み合わせが，できた図形は，その式で考える。

　S₁₂は，証明に関して，三角形＋四角形→四角形（例1）と，三角形＋六角形→五角形（例2）の例は，$\{a+b-(足して180°になる角の組み合わせ+2)\}$であるという旨を発言した。この式自体は，元の事柄に対するより一般的な事柄であるものの，上のやり取りをふまえると，S₁₂は，これを元の事柄とは別の事柄と捉えていたことがうかがえる。

　次に，教員はS₂を指名して説明を依頼した。S₂は，証明について，2つの角を合わせて1つの角になった角が180°よりも小さければ，多角形における直線は内部に侵入しないという旨の説明をした。これを受けてS₃₇は，問題の条件についても，「なんかでも，書くことは同じなんですけど，（T：うん，いいよ），条件を，接着したときにくっつく2つの角の和は180°未満とする」（第2時：41）と発言した。ワークシートによると，証明に関して同様の修正をした生徒は2名であり，問題の条件について同様の修正をした生徒は7名であった。これらの意見に関して，接着する角の和が180°のときは直線になってしまうことから，問題の条件と証明に対して，接着する角の和が180°よりも小さい

という条件を追加すればいいことが確認された。

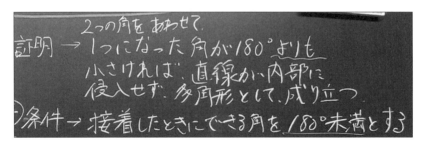

図4-19：証明と事柄の洗練

これと並行して，教員が定義について修正があるか尋ねたところ，S_{33}が「えっとー，直線で囲まれた，囲まれていて，内部にその直線が，侵入してこない図形を多角形という」（第2時：45）と発言した。これを受けて教員が，S_2及びS_{37}による角に着目した意見を参考に，条件の言い換えができないか尋ねたところ，S_{34}が直線を線分に変更するという旨の発言をした。一方で，S_{11}は次のとおりに発言した。

55　S_{11}：えーと，直線，えーと，直線が内部に侵入しないためには線分でもいいけど，そこに，180°未満，えっとー，隣り合ったというか，つながった直線，直線の角度が，180°以下になる図形を，多角形という。

56　T：なるほどね，ん，もう一度大きな声で言ってもらっていい？

57　S_{11}：つながった，つながった？　つながった，線，（T：こことこことか？），はい，の角度が，180°以下のときに，未満のときに，多角形とするっていったら，$(a+b-2)$，（T：になるってことか）ってことが成立する。

以上の議論をふまえて，教員より，問題の条件及び証明の修正の際に着目した，角が180°より小さいという観点は，多角形の定義を捉え直す際にも有効であることが説明された。そのうえで，教員が生徒たちに，多角形の定義をどのように捉え直すか発問したところ，S_2が「多角形の角が180°未満」（第2時：62）と発言した。そして，この意見を活かしながら，授業全体のまとめとし

て，多角形の定義は，「いくつかの直線で囲まれた図形であり，すべての角は180°よりも小さい」ことが教室全体で共有された。最後に，学習感想の記入をもって第2時は終了した。

第3項　授業の分析

　本課題における学習目標は，事柄の証明と論駁における定義活動の促進，すなわち「事柄の証明と論駁に取り組む中で，定義の必要性に気がつき，暫定的に構成した定義を，証明に基づいて洗練する活動に取り組むことができる」であった。本項では，設計した課題の効果を検証して課題設計原理を精緻化するために，学習目標がどの程度達成されていたかを，全体的な視点である「証明と論駁を通した数学的知識の生成活動の諸相」と，詳細的な視点である「数学的探究における定義活動の方法」の2つの視点から分析する。つまり，本研究では設定した規範的枠組みを用いて　教室全体としての生徒の活動を分析した結果，期待する活動を特定できたかどうかをもって課題の効果を検証する。

　授業は作成したトランスクリプトに基づいて，筆者が中心に分析を行った。分析の手続きとしては，まず，トランスクリプトを12のエピソードに分割した。次に，各エピソードに対して証明と論駁を通した数学的知識の生成活動の諸相を対応させた。エピソード分割及び相の対応づけにあたっては，枠組みの各要素に対応するトランスクリプトの発話内容を，ワークシートの記述等によって補足しながら解釈して特定した。そして，各エピソードにおいて，数学的探究における定義活動の方法が行われている場面を特定した。エピソード分割及び場面特定にあたっては，枠組みにおける各要素に対応する発話内容を，ワークシートの記述等によって補足しながら特定した。なお，第4回ミーティング（2022年8月19日）の際に，筆者による分析結果に対して，教員から意見を得た。分析結果の解釈が分かれた箇所については，議論を通して合意を得た。

（1）証明と論駁を通した数学的知識の生成活動の促進

　分析結果は，表4-3のとおりである。諸相の列における「−」は，本時のまとめや前時の復習に関するエピソードであるため，対応する相がなかったこ

202 第4章 数学的探究における定義活動を促進するための課題設計

とを示す。以下，各相についての分析結果について詳説する。

表4-3：証明と論駁を通した数学的知識の生成活動との対応

番号	エピソード	諸相
1-20	1．課題提示	1．零概念を含む事柄
21-27	2．自力解決	2．3．（個人による）証明と論駁
28-48	3．証明の確認	2．証明
49-66	4．$(a+b-2)$ に対する反例	3．大局的反例の発見
67-118	5．多角形に対する反例	3．大局的反例の発見による零定義の顕在化
119	6．第1時のまとめ	―
1-4	7．前時の復習・課題提示	―
5	8．自力解決	4．（個人による）事柄と証明の洗練
6-29	9．事柄と証明の検討1	（4．演繹的推量による事柄の拡張）
30-43	10．事柄と証明の検討2	4．補題組み込み法による事柄の制限
44-63	11．定義の見直し	5．証明生成定義の定式化
64-68	12．全体のまとめ	

① 事柄の証明と論駁

　本課題における事柄は，「2つの多角形（a 角形と b 角形）があり，1組の辺の長さが等しいとする。このとき，等しい辺同士を接着してできる図形は，$(a+b-2)$ 角形という多角形である」ことである。また，この事柄における零概念は，多角形についての概念である。前項で示したように，自力解決においては，ほぼ全員の生徒が，図を描いたり，ポリドロンを使用したりして，$(a+b-2)$ 角形になることを確認することができていた。ただし，生徒の中には，配付された7種類のポリドロンのみについて考察をしていたとみられる者もいた。つまり，生徒たちは，課題における多角形についての事柄が真であることを予想していたものの，その際に生徒全員が，一般の多角形について考察していたかは不明である。しかし，事柄が特定の多角形の場合にのみに限定されていたとしても，その証明を構成するための着想や発見される反例の種類は，一般の多角形の場合と同様である。それゆえ，事柄の範囲の差異は後の証明及び

論駁に影響を及ぼさなかったといえる。

　事柄を確認した生徒たちは，続いて証明に取り組んだ。前項で示したように，ワークシートでは半数以上の生徒が，証明あるいは証明を構成するための着想として，多角形の頂点，辺，角のいずれかに着目して，接着する際にはそれらの個数が減少することに言及していた。大半の生徒は，証明あるいは証明上の着想のみを記入していたが，次のS_{14}のように証明を構成したうえで反例を発見していた者もみられた。

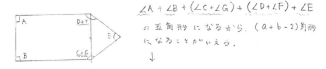

図4-20：事柄の証明と論駁（S_{14}）

　S_{14}は自力解決の時点で，接着する角の和が180°になるときに反例が生じることを記述していた。証明と論駁を通した数学的知識の生成活動においては，事柄の証明と論駁は同時に行われ得るとされているが，S_{14}は実際にこの活動に取り組むことができていたといえる。一方で，前項の図4-13のように，S_{33}は事柄の確認の時点で反例を発見しており，証明に関する記述はなかった。これは反例の発見によって，事柄が真であることに対する不確かさを抱いたためであるとみられる。このように，生徒たちは自力解決において，事柄の証明，事柄の論駁，事柄の証明と論駁のいずれかに取り組んでいた。

　議論においては，前項で示したように，S_2による角に着目した証明が共有された後，S_{33}，S_{46}，S_{37}によって，$(a+b-2)$に対する反例が提示された。これらについては，教員による支援はほとんどなく，生徒たちが中心となって，議

論を進めることができていた。したがって，生徒たちは，個人による考察に加えて，意見の表明や他者との相互作用を通した教室全体の活動として，事柄の証明と論駁に取り組むことができていたといえる。

② 零定義の顕在化

S_{33}たちが提示した例は$(a+b-2)$に対する反例であったのに対して，S_{12}が提示した反例は多角形に対する反例の候補であり，多角形の零定義を顕在化させるものであった。実際，S_{11}による「切って何か３つになっちゃったら，角形じゃないてきなことを」（第１時：80）という発言を受けて，へこみのある図形を多角形に含めていいかという問題が提起された。この問題を解決するにあたっては，多角形であるかどうかを判断するために，多角形の定義が必要である。零定義とは，零概念を定義の形式で暫定的に表現したものであり，それ自体を厳密に規定することは重要ではない。それゆえ，個々の生徒たちは，多角形について様々な零概念をもっていたことが推察されるが，教室全体の活動としてみたときには，既習事項として確認された「直線で囲まれた図形を多角形という」が零定義であるといえる。この点について，本来であれば，生徒たちが自分自身で多角形の暫定的な定義を構成することが望ましいが，時間の制約上，暫定的な定義を確認する形で授業は展開された。一方で，ここで最も重要なことは，反例の候補が反例であるかを判断するために，定義を明示することである。これについて生徒たちは，へこみのある図形を多角形に含めるかどうかで意見が割れており，教室において多角形とは何かということが問題となっていた。それゆえ，定義の確認という形で授業は展開されたものの，生徒たちにとって多角形の定義が必要な場面において零定義が顕在化していたといえる。

その後，S_{34}による「六角形の直線を伸ばすと，六角形が五角形に侵入する？」（第１時：98）という意見によって，へこみのある図形は多角形とはいえないということが教室全体で共有された。これにより，へこみのある図形は，多角形に対する反例であり，$(a+b-2)$に対する反例と合わせて，事柄に対する反例であることが確認された。したがって，生徒たちは，教室全体の活動として，$(a+b-2)$に対する反例及び多角形に対する反例といった大局的反例を発見したうえで，零定義の顕在化に取り組むことができていたといえる。

③ 事柄と証明の洗練

第１時において発見された，$(a+b-2)$ に対する反例及び多角形に対する反例は，事柄を論駁する大局的反例である。第２時において生徒たちは，様々な方法を用いて，大局的反例に対処しようとした。前項で示したように，S_{12}は，ワークシートにおける証明の箇所を，次のとおりに修正したうえで，証明に関して，$\{a+b-$(足して180°になる角の組み合わせ$+2)\}$ であるという旨を発言した。

２つの角が１つになり、それが２つあるから $(a+b-2)$ になる。
(足して180°になる角の組み合わせ ＋２)
よって $(a+b-2)$ 角形という多角形になる。

図４-21：証明の修正（S_{12}）

S_{12}は，$\{a+b-$(足して180°になる角の組み合わせ$+2)\}$ を，元の事柄とは別の事柄として捉えており，問題の条件つまり事柄を修正することは行わなかった。しかし，この「足して180°になる角の組み合わせ」という着想は，他の生徒たちにとって示唆的であったようである。例えばS_{11}は，三角形＋六角形→五角形の例から，事柄と証明が $(a+b-4)$ の場合もあるという旨をワークシートに記述していたが，S_{12}の意見を参考にして，第２時の学習感想では，次のとおりに記述した。

１．前回の授業と比べて，今回の授業では，どんな新しいことがわかりましたか？

反例がでてきた時に、今まで考えてきたような公式を捨て去ってしまうのではなくて、そこから改良してみたり、何か増やしてみたり、減らしてみたりすると条件をつけたしてみたりすると、新しいことに対応できたりもすることがわかった。自分の考えは(a+b−4)だったけれど、野村君の意見を聞いた後に考えてみると{a+b(−2+n)}それは180°になった線の数。になり、同じことを考えていたとわかった。そこで思考を停止するのではなく、もっと簡単に表すことができるのではないかや、結局はこうなのではないかなどを考えることの大切さを知った。

図４-22：第２時の学習感想（S_{11}）

206 第 4 章 数学的探究における定義活動を促進するための課題設計

これについて、S_{12}やS_{11}が、演繹的推量、すなわち接着する角の和が180°になる数から、できる図形の角の数を演繹的に推量していたかは、トランスクリプトとワークシートからでは不明である。また、$|a+b-($足して180°になる角の組み合わせ$+2)|$ を、反例を含むより一般的な事柄として捉えるようになったかも不明である。したがって、生徒たちは、演繹的推量による事柄の拡張の萌芽となる活動に取り組んでいたものの、教室全体の活動として、演繹的推量による事柄の拡張は、十分に行われなかったといえる。

第 2 時ではその後、前項で示したように、S_2が証明に対して、「接着する角の和が180°未満である」という条件を追加する旨の発言をした。これについて、S_2は、第 1 時の学習感想（図 4 -18）において、接着する角の和が180°以下になればいいという旨を記述していた。これに加えて、第 1 時において S_2自身が角に着目した証明（図 4 -19）を構成していたことをふまえるならば、S_2は自分の証明を検討することによって、見つかった反例が証明における「2 つの角が 1 つになり、それが 2 つある」ことを論駁することに気がついたことがうかがえる。実際、S_2は、第 2 時の学習感想を次のとおりに記述した。

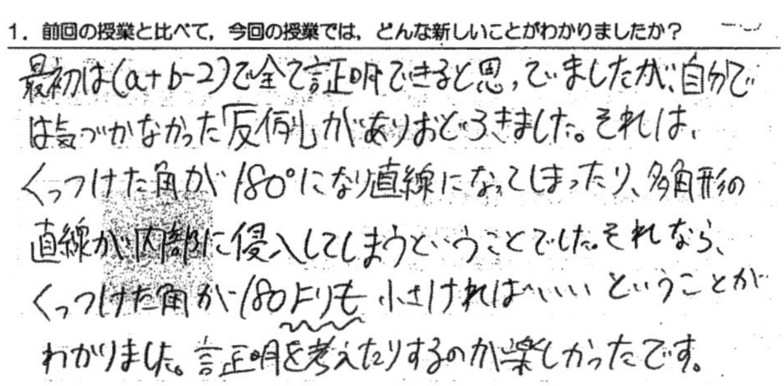

1. 前回の授業と比べて、今回の授業では、どんな新しいことがわかりましたか？

最初は$(a+b-2)$で全て証明できると思っていましたが、自分では気づかなかった「反例」がありおどろきました。それは、くっつけた角が180°になり直線になってしまったり、多角形の直線が内部に侵入してしまうということでした。それなら、くっつけた角が180°よりも小さければいい ということがわかりました。証明を考えたりするのが楽しかったです。

図 4 -23：第 2 時の学習感想（S_2）

これは、証明分析によって、事柄を論駁する例である大局的反例が、証明を論駁する例である局所的反例にもなったことに相当する。S_2は証明のみを修正しており事柄は修正していなかったが、S_2の意見を受けて、S_{37}は同様の修正を証明ではなく事柄に行ったという旨を発言した。この一連の展開は、「接着する角の和が180°以上」のときに証明が論駁されるため、証明が論駁されない

ように「接着する角の和が180°未満」という条件を組み込むことで事柄を制限する，補題組み込み法の適用過程である。このように，生徒たちは，個人による考察と議論を通して，証明を検討することで事柄を的確に制限することができた。したがって，生徒たちは，教室全体の活動として，補題組み込み法による事柄と証明の洗練に取り組むことができていたといえる。

④ 証明生成定義の定式化

　事柄と証明の洗練と並行して行われた定義の修正では，多角形の零定義である「直線で囲まれた図形」を，直線で囲まれた図形で，直線が内部に侵入しない（S_{33}）や，線分で囲まれた図形（S_{34}）に修正するという旨の意見が出された。これらの意見は，証明とは無関係に，多角形における直線が内部に侵入することを防ぐためだけに，定義を場当たり的に修正している。それゆえ，これらの定義の修正は，モンスター排除法を適用していたといえる。ただし，S_{34}は「あ，いや，（T：いいよ，言って），線分？」（第2時：51）と発言しており，単に直線を線分に直すことについて，違和感をもっていたことがうかがえる。

　これに対して教員が，S_2及びS_{37}による証明と事柄の修正では角に着目していたことをふまえて，それを活用できないか尋ねたところ，つながった直線の角度が180°未満の図形を多角形という（S_{11}），多角形の角が180°未満（S_2）という旨の意見が出された（トランスクリプト第2時：55-57を参照）。これらの意見は，場当たり的な定義の修正ではなく，修正した証明における「接着した角が180°未満である」という着想に基づいた，定義の洗練である。このような証明の際に着目していた観点を，定義の洗練のための観点に活用するという着想は，生徒にとって印象深かったことがうかがえる。実際，観察者の手元カメラの記録によれば実際，図4-24のとおり，当初S_2は，S_{33}と同様に，多角形の定義に対して「直線が内部に侵入しない」という条件を追加していたが，S_{11}の意見を受けて，「180°未満」という角に関する条件を追加する意見に変化した。そして，前項で示したとおり，教員からの発問に対して，S_2はこの修正内容を発表した。

208   第 4 章　数学的探究における定義活動を促進するための課題設計

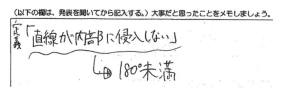

図 4-24：定義の修正内容の変化（S_2）

　上記のような定義を洗練する瞬間は，授業の記録方法の都合上，S_2 によるものしか特定できなかった。一方で，第 2 時の学習感想では，図 4-25 のとおり，他の生徒たちも，証明の際に着目していた角の大きさが，定義を洗練する際の観点になることに言及していた。

図 4-25：角に関する条件への着目（S_{41}, S_3）

　以上のように生徒たちは，当初はモンスター排除定義に着目していたとしても，議論を通して，事柄と証明を洗練する際の着想であった「接着する角の和が 180°未満である」ことに着目できるようになったことがうかがえる。そのうえで，授業では，この着眼点に基づくことで定義を洗練できることが，S_2 によって教室全体に共有された。本研究は，授業における生徒個々人の思考の様相までには焦点を当てていないため，このとき他の生徒たちが，S_2 と同様の意見をどのくらいもっていたかは不明である。しかし，図 4-25 のように，証明上の着想が定義の洗練のための観点となり得ることについては，授業の最後までに理解できたことがうかがえる。これらをふまえると，生徒たちは定義を洗練する際の観点には着目できており，多角形は「いくつかの直線で囲まれた図形であり，すべての角は 180°よりも小さい」という教員によるまとめをもって，教室における定義の洗練が行われたといえる。

第2節 事柄の証明と論駁における定義活動の促進　209

　最終的に教室全体で共有された，「いくつかの直線で囲まれた図形であり，すべての角は180°よりも小さい」という多角形の定義は，場当たり的な定義の修正によって得られたモンスター排除定義ではなく，証明上の着想に基づいて得られた定義であることから，証明生成定義である。このように，生徒たちは，教員による支援を受けながらであったものの，教室全体の活動としてみたときには，補題組み込み法に基づく証明生成定義の定式化に取り組むことができていた。

　以上より，教室における授業としてみた際に生徒たちは，証明と論駁を通した数学的知識の生成活動，すなわち1〜5．の一連の活動に取り組むことができていたといえる。

（2）数学的探究における定義活動の方法の適用

　以上の一連の活動において，数学的探究における定義活動の方法が行われていたとみられる場面を，「目的による選択／命名」と「数学的定義への洗練」の観点から分析する。

① 目的による選択

　「目的による選択／命名」とは，「複数の定義が考えられる場合には，主体の目的に応じて，定義の候補から1つを選択したり，ある観点に着目して対象を命名したりする」ことであった。授業において生徒たちは，定義の対象である「多角形」という名称を既に知っていたため，「目的による選択」の側面が中心となる。

　「目的による選択」が関わっていたとみられる場面は，第1時における零定義の顕在化である。先述のように，この場面において生徒たちは，へこみのある図形が多角形であるかを判断するために，多角形の定義を必要としていた。ここで，「目的による選択」を適用する場合，反例を判断するという目的を達成するために，辺，角，頂点といった構成要素に着目して，例や性質を検討したうえで，多角形の定義を構成することが行われる。しかしながら，授業においては，時間の制約上，生徒たちが定義の必要性を認識したうえで，小学校の教科書における多角形の定義を確認することが行われた。それゆえ，反例の判断を目的として多角形の零定義は顕在化したが，それが「目的による選択」を適用することで得られたものであるということは難しい。したがって，「目的による選択」に関わる場面はあったものの，生徒たちによるその適用は，極め

210　第4章　数学的探究における定義活動を促進するための課題設計

て限定的であったといえる。

② 数学的定義への洗練

　「数学的定義への洗練」が関わっていたとみられる場面は，第2時における定義の洗練である。具体的には，「数学的定義への洗練」の中でも，特に「階層性の構成」及び「的確性の追求」に関わる活動である。「階層性の構成」とは，「定義において曖昧な用語がある場合には，それを循環しないように定義していき，遡及が困難となったら無定義用語とする」こと，「的確性の追求」とは，「対象を定義する際に想定していなかった例がある場合には，それを除くような条件を定義に追加する」ことであった。

　第1時の終盤では，前項で示したように，多角形の定義は「直線で囲まれた図形」であることが確認された。生徒たちは中学校第1学年において，「直線」と「線分」の違いを既に学習している。そのため，「直線とは真っ直ぐな線である」という定義は，生徒たちにとって曖昧であったといえる。特に，多角形の定義における「直線」の意味が問題となるが，生徒たちと教員との間で，次のやり取りがあった。

91　T ：（前略）ちなみに直線ってどんな線？

92　S_S ：真っ直ぐな線。

93　T ：真っ直ぐ，まあ真っ直ぐなんだよな，真っ直ぐなんだけど，どんな線？真っ直ぐな線って何種類かあったよね。直線ってどうなってる，止まる？

94　S_S ：伸びる，永遠。

95　T ：永遠，そうですね，こうずーーっと続くんだよね，そういう線を直線って言うんだよね。ね，それをふまえて，ちょっと考えてみてください。

　このやり取りは，教員からの問いかけを契機として行われたものの，多角形の定義において曖昧な用語である「直線」の意味を明確にすることが行われている。それゆえ，生徒たちは，「階層性の構成」を適用していたといえる。

　第2時では，第1時の最後に反例であることが確認された，図4-17右のような，直線が内部に侵入する例に対処するために，「直線で囲まれた図形」という多角形の定義を修正することが課題として与えられた。先述のように，生

徒たちからは，直線が内部に侵入しない（S_{33}）や，線分で囲まれた図形（S_{34}）に修正するという旨の意見，及びつながった直線の角度が180°未満の図形を多角形という（S_{11}），多角形の角が180°未満（S_2）という旨の意見が出された。これらの意見はいずれも，直線が内部に侵入する図形という当初想定していなかった例に対処するために，定義に条件を追加している。実際，定義における「直線」を「線分」に変更した場合でも，「すべての角は180°未満」という条件を追加した場合でも，直線が内部に侵入する図形を排除することができる。それゆえ，生徒たちは，「的確性の追求」を適用していたといえる。

　生徒たちによって「的確性の追求」は行われていた一方で，先述のように，定義を場当たり的に修正して得られるモンスター排除定義か，証明上の着想に基づいて洗練して得られる証明生成定義か，という違いはみられた。定義の修正場面において，当初生徒たちは，多角形における直線が内部に侵入することを防ごうとしてか，S_{33}やS_{34}のように直線に着目していた。その後，生徒たちは，事柄と証明の洗練における着眼点を確認するという教員による積極的な支援をもって，「接着した角が180°未満」という証明上の着想を活かした定義の洗練に取り組むことができた。このように，生徒たちは「的確性の追求」に取り組んでいたものの，モンスター排除定義から証明生成定義へと移行する際には，教員による積極的な支援が必要であったといえる。

　以上の（1）及び（2）の分析結果を総合すると，設計した課題「多角形の接着」によって，生徒たちは，教室全体の活動として，事柄の証明と論駁，事柄と証明の洗練に相当程度取り組むことができた一方で，定義の構成と洗練については，教員による支援を受けながら，一定程度取り組むことができた，とまとめることができる。

（3）課題設計原理の精緻化

　図4-3で示したとおり，事柄の証明と論駁における定義活動を促進するために設定した課題設計原理は，「1）事柄の証明と論駁に取り組めるように，反例を含む事柄に関する証明問題を与える。2）定義の必要性に気がついて，暫定的な定義を構成できるように，反例の候補が反例であるかどうかを問う。3）証明に基づいて，事柄，証明，定義を洗練できるように，反例によって論駁される補題への注目を促す」であった。

212   第4章　数学的探究における定義活動を促進するための課題設計

　本節で示したように，この原理に基づいて設計した課題「多角形の接着」に
よって，生徒たちは，教室全体の活動として，事柄の証明と論駁，事柄と証明
の洗練に相当程度取り組むことができたものの，定義の構成と洗練について
は，教員による支援を受ける必要があった。特に，暫定的な定義の構成に関し
て，時間の制約という都合はあったものの，生徒たちが期待する活動に十分に
取り組むことができたということは難しい。それゆえ，反例の候補が反例であ
るかを問うことによって，生徒たちが自分自身で定義を構成することを促進し
得るのかを検討する必要がある。

　授業においては，反例の候補であるへこみのある図形が多角形であるかを問
うことによって，へこみのある図形を多角形に含めていいかという問題が提起
された。その結果，定義の必要性は生じたものの，定義を構成することには至
らず，小学校における「多角形」の定義を確認することが行われた。この結果
をふまえるならば，反例の候補が反例であるかを問うことによって，生徒たち
が自分自身で定義を構成することが，即座に起こり得ると主張することは難し
い。この間隙を埋めるためには，授業において行われていたように，定義に関
する既習事項を確認する中で，生徒たちによる漸進的な定義の構成を期待する
必要があると考える。したがって，これを精緻化された原理「2）定義の必要
性に気がついて，暫定的な定義を確認，構成できるように，反例の候補が反例
であるかどうかを問う」（下線部は元々の原理からの修正箇所）とする。

　以上より，数学的探究における定義活動を促進するための局所的原理とし
て，事柄の証明と論駁における定義活動を促進するための課題設計原理を次の
とおりに明らかにした。

1）事柄の証明と論駁に取り組めるように，反例を含む事柄に関する証明問
　題を与える。
2）定義の必要性に気がついて，暫定的な定義を確認，構成できるように，
　反例の候補が反例であるかどうかを問う。
3）証明に基づいて，事柄，証明，定義を洗練できるように，反例によって
　論駁される補題への注目を促す。

図4-26：事柄の証明と論駁における定義活動を促進するための課題設計原理

本節では，事柄の証明と論駁における定義活動を促進するための課題を設計し，課題を用いた研究授業の質的分析を通して，課題の効果を検証した。本節の結論は，設計した課題「多角形の接着」には，公立中学校第3学年の生徒を対象として，事柄の証明と論駁における定義活動を促進するにあたって，一定の効果が認められるということである。

214　第4章　数学的探究における定義活動を促進するための課題設計

第3節
数学的概念の拡張における
定義活動の促進

　前節では，事柄の証明と論駁における定義活動を促進するための課題設計原理の設定及び課題設計を行ったうえで，公立中学校第3学年の生徒を対象とした研究授業を通して，課題の効果を検証し，課題設計原理を精緻化した。本節では，数学的概念の拡張における定義活動の促進に関して，同様の手続きを実施し，国立大学附属中学校第3学年の生徒を対象とした研究授業を通して，課題の効果を検証し，課題設計原理を精緻化する。

第1項　数学的概念の拡張における
　　　 定義活動を促進するための課題設計

（1）課題設計原理の設定

　第2章第3節第2項で示したように，「拡張」とは，「ある領域においてある条件が成り立つとき，その領域を含むより広い領域において成り立つ条件が，元の領域に限定したときの元の条件と同値であるように，ある領域をより広い領域へと埋め込むこと」であり，拡張による定義の再構成過程の諸相は，「1．問題の生起」「2．既習の定義の探究」「3．新たな観点の導入」「4．既習の概念との統合」という4つの相からなるものであった。これらをふまえるならば，数学的概念の拡張における定義活動を実現するためには，生徒たちが問題解決に取り組む中で，既知の概念を未知の範囲において考察して定義する一連の活動に取り組むことが必要である。それゆえ，課題設計における学習目標を「求答問題の解決に取り組む中で，既習の概念の定義を確認し，定義域の範囲を広げて再定義することができる」ことに設定する。

　この目標を達成するためには，生徒たちが，問題解決に取り組みながら，拡張の前後において概念を考察し，定義を構成，洗練するという一連の活動に取り組めるような課題を設計する必要がある。具体的には，以下の3つである。

第3節　数学的概念の拡張における定義活動の促進　　215

　第一に，ある概念を拡張の前後で探究するためには，葛藤が生じ得る問題，すなわち拡張前で単一の正答であるが，拡張後では複数の正答が生じ得る問題に取り組むことが必要である。例えば，第2章第3節第2項で示した，多角形の外角の和は何度であるかという問題において，一般的な多角形（n角形），すなわち多角形を凸の場合に限定する場合，その外角の和は360°である。一方で，多角形を凹の場合を含むように拡張する場合，その外角の和として360°や$(180n + 360)$°といった複数の正答が生じ得る。このような複数の主張が対立している状況は，葛藤という疑念を誘発するものであり，その葛藤を解消するためには，拡張の前後において多角形の外角という概念を探究する必要がある。したがって，これを原理1）「ある概念を拡張の前後で探究できるように，拡張後で複数の正答が生じ得る求答問題を与える」とする。

　第二に，暫定的な定義の構成に取り組むためには，主張の対立が，拡張後の範囲における概念の定義の違いによって生じていることを認識する必要がある。具体的に，凹多角形の外角の和は，外角を（180°－内角）と定義した場合は360°である一方で，外角を（360°－内角）と定義した場合は$(180n + 360)$°である。拡張前の範囲，すなわち多角形の内角が0°より大きく180°より小さい場合は，外角が多角形の外部に位置するため，外角の定義は問題とならなかった。しかし，拡張後の範囲において，同様に考えようとすると，外角が多角形の内部に位置するため，これまで暗黙的であった外角の概念を検討して，暫定的な定義を構成する必要がある。その際には，数学的探究における定義活動の方法における「目的による選択／命名」を適用して，外角の和の性質を保存する，あるいは外角を多角形の外部に配置するといった目的を達成するために，定義を構成することが行われる。したがって，これを原理2）「定義の必要性に気がついて，暫定的な定義を構成できるように，拡張後の範囲における概念の定義を問う」とする。

　第三に，数学的定義への洗練に取り組むためには，拡張の前後において，定義が適切に構成されているかを検討することが必要である。具体的に，拡張後の凹多角形において，外角を多角形の外部に配置するためには，外角を（360°－内角）と定義する必要がある。このとき，そもそも拡張前の外角の定義は（180°－内角）であったため，このままでは，拡張の前後で外角の定義が一貫

216 第4章 数学的探究における定義活動を促進するための課題設計

していない。それゆえ，拡張の前後で概念が統合されるように，不適切な定義を適切な定義へと洗練することが必要である。具体的には，新たな観点を導入して，凸多角形の外角の定義を（360° －内角）に修正したり，凸多角形と凹多角形とで外角の定義を場合分けしたり，外角が負の値をとれるように角を回転の観点から捉え直したりすることなどである。その際には，数学的探究における定義活動の方法における「数学的定義への洗練」を適用して，定義における用語の意味を明確にしたり，拡張の前後で定義が整合的であるかを確認したりすることが行われる。したがって，これを原理3）「構成した定義を数学的定義へと洗練できるように，拡張前の範囲における定義に立ち返ることを促す」とする。

　以上より，数学的概念の拡張における定義活動を促進するための課題設計原理を，次のとおりに設定する。

1）ある概念を拡張の前後で探究できるように，拡張後で複数の正答が生じ得る求答問題を与える。

2）定義の必要性に気がついて，暫定的な定義を構成できるように，拡張後の範囲における概念の定義を問う。

3）構成した定義を数学的定義へと洗練できるように，拡張前の範囲における定義に立ち返ることを促す。

図4-27：数学的概念の拡張における定義活動を促進するための課題設計原理

（2）課題の設計
① 課題の概要

　設定した課題設計原理に基づいて，数学的概念の拡張における定義活動を促進するための課題を設計する。設計した課題は，次のとおりである。

問題1：xの値の小数第一位を四捨五入した数値をyとする。
次の（1），（2）の各問いに答えなさい。
（1）右の図に，xとyの関係をグラフに表しなさい。
（2）yはxの関数になりますか。
自分の考えとその理由を説明しなさい。

問題2：xの範囲を負の数まで広げたときに，
四捨五入はどのように決めればいいか。

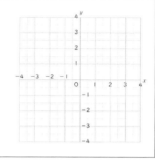

図4-28：数学的概念の拡張における定義活動を促進するための課題（四捨五入の拡張）

　本課題は，島田（1990）における「負の数の四捨五入をどう定義したらよいか」という問題から示唆を受け，教科書（池田他，2021）における問題を一部改変することによって，問題系列を作成したものである。課題設計原理との対応でいうと，問題1は1）に基づいて，問題2は2）及び3）に基づいて設計されている。以下，課題の概要を説明する。

　問題1について，教科書に示されている問題では，問題文に「xの変域を$0 \leqq x \leqq 5$とし，」という条件が含まれており，正の範囲における四捨五入を考察することが明示されていた。これに対して，本課題では，考察範囲の拡張を促すために，定義域の制限は明示せず，座標平面を第一象限のみ示すことによって，問題1ではxの考察範囲が正の範囲であることを暗黙裡に規定するようにした。そのうえで，問題2において，座標平面を広げることによって，四捨五入を，正の範囲から負の範囲へと拡張して考察できるようにした。以上の問題系列の作成にあたっては，小学校において既習の四捨五入という操作を，中学校で学習した負の数についても考えたらどうなるかという疑念を，生徒たちがもつことを意図した。つまり，四則演算の範囲を負の数へと広げたことをふまえ，四捨五入についても同様の考察を促すことで，四捨五入の定義を負の

218　第4章　数学的探究における定義活動を促進するための課題設計

数まで広げる必要性を喚起することを意図した。

　四捨五入という操作は，中学校以降は関数として捉えることができる。それゆえ，本課題における数学的概念は，四捨五入する関数である。関数は操作的側面と構造的側面をもつ数学的概念である（Sfard, 1992）。数学的概念の拡張においては，冪乗（Borasi, 1992）や外角（四之宮，2014）を対象として，その意味を捉え直すことに関する研究が行われてきたが，本研究では，四捨五入する関数の意味を捉え直すことを意図して課題設計を行う。

　関数は表・式・グラフといった表現をもつため，様々な表現に基づいた定義を考えることができる。まず，正の範囲における四捨五入する関数を「x の小数第一位が0，1，2，3，4ならば y は x を切り捨てた数とし，5，6，7，8，9ならば y は x を切り上げた数とする関数」（定義0）と定義する。このとき，定義域を負の数まで拡張した際の，四捨五入する関数の定義は，グラフ，数直線，式，日本語といった表現方法に応じて，以下のものが考えられる。

　図4-29のうち，定義A1，B1，C1，D1（以下①），定義A2，B2，C2（以下②），定義A3，B3，C3，D3（以下③）は，それぞれ表現はグラフ，数直線，式，日本語と異なるが，意味は同じである。まず①は，正の範囲における定義はそのままとして，負の範囲における定義は，正の数のとき同様に，小数第一位の数字が0，1，2，3，4のときと，5，6，7，8，9のときで分けて考えて「四捨五入」とするものである。つまり，−0.5→−1，−0.59→−1，−0.6→−1となる。このとき名称自体は「四捨五入」で一貫しているものの，定義A1，B1，C1において正負で場合分けがされていることからも明らかなように，負の範囲における操作は正の範囲における操作とは別のものになっている。次に③は，正の範囲における定義はそのままとして，負の範囲における定義を，小数第一位の数字が0，1，2，3，4，5のときと，6，7，8，9のときで分けて考えて「五捨六入」とするものである。つまり，−0.5→0，−0.59→0，−0.6→−1となる。このとき名称は，正の範囲は「四捨五入」で負の範囲は「五捨六入」となっており，操作も正負で別のものになっている。最後に②は，正の範囲における定義をそのまま負の範囲にも適用したものである。それゆえ，正の範囲でも負の範囲でも操作は一貫しており，場合分けがされない。しかし，−0.5→0，−0.59→−1，−

A. グラフによる定義

定義A1   定義A2   定義A3

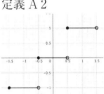
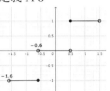

B. 数直線による定義

定義B1

定義B2

定義B3

C. 式による定義

定義C1：$y=-[-x+0.5]\,(x\leqq 0)$，$y=[x+0.5]\,(x>0)$

定義C2：$y=[x+0.5]$

定義C3：$y=-[-x+0.4]\,(x\leqq 0)$，$y=[x+0.5]\,(x>0)$

D. 日本語（小数第一位に着目）による定義

定義D1：xの小数第一位が0，1，2，3，4ならばyはxの小数第一位以下を切り捨てた数とし，5，6，7，8，9ならばyはxの小数第一位を絶対値でみて切り上げた数とする関数

（定義D2：「xの小数第一位が」では定義不可）

定義D3：xが正の数の場合，xの小数第一位が0，1，2，3，4ならばxの小数第一位以下を切り捨てた数とし，5，6，7，8，9ならばxの小数第一位を切り上げた数とする関数　／　xが負の数の場合，xの小数第一位が0，1，2，3，4，5ならばxの小数第一位以下を切り捨てた数とし，6，7，8，9ならばxの小数第一位を絶対値でみて切り上げた数にする関数

図4-29：四捨五入する関数の定義

0.6→−1となるため,「四捨五入」や「五捨六入」といった,小数第一位の数に着目した名称からは離れる必要があり,「端数処理関数」や「ROUND関数」といった,「四捨五入」の意味を含んでいることを表す,新しい名称が必要となる。

本課題の目標は「求答問題の解決に取り組む中で,既習の概念の定義を確認し,定義域の範囲を広げて再定義することができる」ことであった。第1章で指摘したように,定義活動に関する先行研究において挙げられている課題では,最初から「多角形とは何か」のように定義を問うこと(Kobiela & Lehrer, 2015)が行われている。これに対して本研究で設計した課題は,最初から「負の数の四捨五入を定義せよ」と問うのではなく,正の範囲のグラフを描いた後にそれを負の範囲まで広げるという問題解決の文脈を追加した。

上の学習目標における「広げて再定義する」の意味は,四捨五入する関数の定義を,どの表現(グラフ,数直線,式,日本語)に基づいて考えるかによって変わってくる。具体的に,日本語に基づいて名称の一貫性を優先する場合と,グラフや数直線に基づいて操作の一貫性を優先する場合である。

名称の一貫性を優先する場合で最も明快なのは,(定義0)から(定義D1)への拡張である。このときは,定義0に対して絶対値

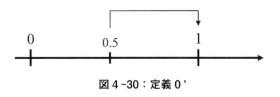

図4-30:定義0'

という新たな観点を導入することで,(定義D1)に再定義している。結果として,正の範囲でも負の範囲でも「四捨五入する関数」と統合的に捉えることができる。

操作の一貫性を優先する場合は,(定義0)を(定義0')と捉え直したうえで,(定義B2)へ拡張することになる。このときは,正の範囲でも負の範囲でも同じ操作を行うために,小数第一位という観点から離れて,「四捨五入」という名称を「端数処理関数」や「ROUND関数」に変更する必要がある。つまり,日本語よりもグラフや数直線上の操作を優先し,「四捨五入する関数」を「端数処理関数」や「ROUND関数」として捉え直すことで,統合的に捉えることができる。

第3節　数学的概念の拡張における定義活動の促進　　221

　以上の2つの再定義について，前者は名称のうえでは統合されていても，図4-29の（定義B1）のとおり，数直線上の操作における処理の方向は正負で異なる。そのため，式に表現する場合，（定義C1）のとおり，$y=-[-x+0.5]$ $(x\leqq 0)$，$y=[x+0.5]$ $(x>0)$ と場合分けが必要である。一方で，後者は（定義B2）のとおり，数直線上の操作における処理の方向は変わらないため，式に表現する場合も（定義C2）のとおり，$y=[x+0.5]$ と場合分けが不要である。それゆえ，場合分けが不要という観点からすれば，後者の再定義の方が望ましいといえる。

　しかし，本課題においては，定義に関する議論を通して，名称の一貫性あるいは操作の一貫性を保ちながら，拡張における再定義に取り組むことを目指している。そのため，優劣をつけることなく，生徒から両方の考えが提示されることを期待した。つまり，本課題では，操作の一貫性を保持した拡張，あるいは名称の一貫性を保持した拡張を目的としたうえで，生徒たちが複数の定義の候補を提案し，なぜそのような候補が提案されたのかを，そもそもの四捨五入の意味に立ち返って考察することを期待した。

　以上のように，本課題は，負の数を四捨五入した結果についての問題解決に取り組みながら，拡張の前後において四捨五入の概念を考察して暫定的な定義を構成したり，名称の一貫性あるいは操作の一貫性といった観点から定義を洗練したりする機会を提供することができる。

② 課題の意図

　本課題の設計にあたって，生徒が概念を拡張するにあたっての根拠の1つとして，グラフを用いやすいようにした。具体的に，問題1における正の数の範囲でのグラフに基づいて，負の数の範囲でのグラフを考えると，図4-29における（定義A2）のグラフが表れやすいと想定した。一方で，$1.5→2$といった正の数の範囲での具体的な数値に基づいて，$-1.5→-2$のように負の数の範囲での数値を考えると，図4-29における（定義A1）のグラフが表れやすいと想定した。これにより，生徒たちが複数の定義の候補を提案し，なぜそのような候補が提案されたのかを，そもそもの四捨五入の意味に立ち返って考察することを期待した。

　このように本課題は，数学的探究の契機である，葛藤という疑念を生じさせ

るものである。また，本課題を解決するためには，例や性質を検討して四捨五入する関数の定義を確認するともに，その定義をより数学的な定義へと洗練していく必要がある。この過程には，既知の事柄を整理したり，未知の事柄を創造したりする側面や，問題解決を通して得られた知識を組織立てられた知識の全体との関連で考察する側面が含まれ得る。したがって，本課題は，数学的探究の概念規定及び定義活動の概念規定の一部を満たすものであるため，数学的探究における定義活動の一事例になり得るものである。

　先述のように，本課題は，教科書において示されている問題を一部改変することで，設計されたものである。これをふまえるならば，本課題は，通常の単元の中に含める形で扱うことが可能であると考える。なお，課題に取り組むにあたって，最低限必要な既習事項は，小学校における「四捨五入」の定義（小4），正負の数（中1），「関数」の定義（中1），「定義」の意味（中2），階段関数のグラフ（中3）である。なお，図4-29のC. 式による定義では，ガウス記号が用いられているが，本課題では，グラフ，数直線，日本語による定義に焦点を当てているため，必要な既習事項には含めないことにする。

第2項　授業Ⅱ：四捨五入の拡張

　授業は，都内の国立大学附属中学校において2021年12月上旬に実施した。授業実施にあたっては，当該中学校の数学科の正規教員1名の協力を得て，共同研究の形で実施し，次のとおりミーティングを実施した。第1回のミーティング（2021年6月10日）では，筆者が本研究の趣旨と課題案を説明し，研究内容の共通理解を図った。また，筆者が作成した学習指導案を参考に，学習指導案とワークシートの作成を教員に依頼した。第2回のミーティング（2021年9月16日）では，筆者と教員とで指導案検討を行った。検討の結果，当初の課題案に含まれていた負の気温を四捨五入するという現実場面を削除し，教科書の問題を参考に，数学場面における課題を設計することにした。第3回のミーティング（2021年11月17日）では，「拡張による定義の再構成過程」（四之宮，2014）を参考に授業を展開すること[10]を明示的に確認し，指導案とワークシートの微修正を行った。

第３節　数学的概念の拡張における定義活動の促進　223

　授業は，中学校第３学年の生徒36名を対象に，教員が担当をしているクラス
の１つにおいて，通常時間割の中の２時間構成（２日間）で実施した。後期中
間テスト返却後の最初の数学の授業であり，「関数 $y = ax^2$」の単元における
「いろいろな関数」の第１時・第２時として扱われた。生徒たちは第１学年の
「比例」の単元において，「関数」の定義と，階段関数のグラフ（グラフにおけ
る白丸・黒丸の意味を含む）を学習済であった。

　授業者は教員であり，筆者及び大学院生１名が観察者として授業の観察・記
録を行った。授業は，ビデオカメラ３台（前方，後方，手元）とICレコー
ダー３台（教壇，教室左，教室右）を用いて記録された。また，録画記録と録
音記録を基に，授業はトランスクリプト化された。授業に関する学習指導案と
ワークシート，及びトランスクリプトと板書は，本論文の巻末に資料として掲
載されている。なお，授業の記録に関する手続きは，筑波大学人間系研究倫理
委員会の承認（筑2021-48A）を受けたうえで実施された。

（１）授業の実際：第１時

　第１時は，まず前時まで「関数 $y = ax^2$」を学習したことを受け，「x の値が
決まると y の値がただ１つに決まる」とき，y は x の関数であることを，全体
で確認した。次に，教員から，小学校で学習した操作である四捨五入は関数で
あるかという問題が提示され，生徒たちは問題１（ワークシート①）に取り組
んだ。自力解決において，ほとんどの生徒が正しいグラフを描くことができ，
「（四捨五入は）関数になる」と記述した。その後，教員は生徒の意見を取り上
げながら，黒板上のグラフ用紙にグラフを描き，グラフにおけるどの x に対し
ても y はただ１つに決まることを全体で確認した。

　続いて，教員から次のように，x の範囲を負の数まで広げることが提案され
た。

63　T：やったね，じゃあ復習です，ここまでは。で，今日考えてもらい
　　　　たいのは，今まで，正の数，学んだ後，何学びました？

64　Ss：負の数。

10　数学的探究における定義活動の方法と拡張による定義の再構成過程を組み合わせることは，最初
　　から決まっていたことではなく，ミーティングを進めていくなかで生まれた着想である。なお，
　　当該教員は，四之宮（2014）の著者である。

224 第4章 数学的探究における定義活動を促進するための課題設計

65 T ：負の数やりましたよね。中学生は負の数を考えないといけません。

66 S$_{15}$：まさか。

67 T ：まさか，まさか何だと思いますか？

　そして，ワークシート②（問題2）を配付し，「xの範囲ね，負の数まで広げたとき，四捨五入はどのように決めればいいかということですので，グラフね，まず描いてみてください。で，そのうえで，何でそういうグラフになるのかという説明を，下の空いている所に書いてください」（第1時：71）と説明をした。

　自力解決において，生徒たちは，（定義A1）あるいは（定義A2）のグラフを描いた。これを受けて教員は，「2通り出てる感じかな」（第1時：73）と発言し，それぞれのグラフを描いている生徒を指名した。指名された生徒は，黒板上のグラフ用紙にグラフを描いた。生徒たちの挙手に基づく数え上げによると，（定義A1）のグラフを描いた生徒は23名，（定義A2）のグラフを描いた生徒は12名であった。

　まず（定義A1）のグラフ（これをグラフ①とする）を描いた生徒たちが意見を述べた。具体的に，正の数では1.5→2になるから，これにマイナスの符号をつけて−1.5→−2になるという旨の意見（S$_{35}$）や，グラフは原点から左右対称に伸びているから，原点に関して点対称のグラフになるという旨の意見（S$_4$）である。これらの意見を受けて，S$_{12}$は次のように発言した。

126 S$_{12}$：えっと S$_4$くんのにまあ似ているんですけど，その四捨五入はその，4，んっと，切り上げる，値の，が，4以下だったら切り捨てで，5以上だったら，何か，繰り上がりっていうか，繰り上げだから，その負の数で考えていると，その例えば−0.4だったら，その四捨五入すると，その小数点以下が捨てられるから，0になるけど，そのxが−0.5だったら，その繰り上げられるから，さっきのS$_4$くんが言っていたみたいに，その，えっと，負の方に進んでいるっていうか，考えると，その−0.5だったら，その−1の方に進むから，その①のように，−0.5は四捨五入したら−1になるんじゃないかと。

127 T ：わかった今の？　「切り上げ」か「切り捨て」って言葉出てき

たけど。四捨五入だよねそもそも，これ。

128　S$_{15}$：（②のグラフは）「四入五入」になっていない，何か笑？

129　S$_{12}$：でも負の方で考えたら「四捨五入」じゃない？

130　S$_{27}$：「四入五捨」じゃない？

　このようにS$_{12}$は，四捨五入の意味に立ち返って考察することを提案し，生徒たちは「四捨五入」という名称との対応について意見を述べ始めた。

142　S$_{15}$：えっと，まあ「四捨五入」なんで，4は捨てて5は入れるんで，もし②の方でやると，4も入れて5も，あ，だから，−0.4でも−0.5でも0になるということなので，えっとまあ言ってみると，「四入五入」になっちゃってる。

　次に（定義A2）のグラフ（これをグラフ②とする）を描いた生徒たちが意見を述べた。

154　S$_6$：「四入五入」って言ってもまあ，あの，マイナスになると，−0.4は−0.5より大きいじゃないですか，だから，だから，四捨五入っていうのは，正の範囲で4以下なら捨てて，5以上なら上げるんですけど，まあ，0，−0.4以下とか言ったら，−0.3とかそっちの方じゃなくて逆の方を指すことになっちゃうので，まあこの場合だと，あ，例えば，「四捨五入」っていうのは言葉の意味とは相反して，まあ−1を基準としたときは，その−0.6がまあの，四に，四にあたって，で−0.4が六にあたるってことになる。

　S$_{40}$もこの意見に同意し，「（前略）だから，『四捨五入』というよりは，えっと負の範囲でいうと，えっとー，『六捨五入』の方が，正しい，あのー，負の範囲でいったら正しくなる」（第1時：166）と述べた。

　これらを受けて，S$_{27}$は新しいグラフがあると発言した。S$_{27}$によれば，正の数は，数直線上で数字が1，2，3，4，5，6，7，8，9と並んでおり，負の数は9，8，7，6，5，4，3，2，1と並んでいる。そして，負の数の四捨五入は，小数第一位が9，8，7，6のときは捨てるから，5，4，3，2，1のときは上げるとすると，図4-31のグラフになると説明した。この説明において「捨てる」とは，その数の整数部分のみを考えるという意味であった。それゆえ，−1.7における7を捨てると−1になるとした。

226　第4章　数学的探究における定義活動を促進するための課題設計

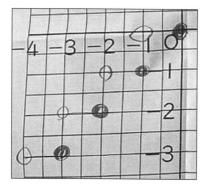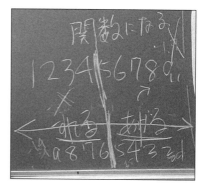

図4-31：新しいグラフ

　S_{27}による説明に対して，生徒たち（S_{37}，S_6）は，「あー『捨てる』の意味を，捨てるをマイナスにするんじゃなくて，そのもうなかったことにするって意味」や「それはただの切り捨て」と発言した（第1時：196）。この時点で時間が迫っており，教員は議論を一旦中断して，次回に持ち越すとした。その際に，次のトランスクリプトのとおり，教室全体において，負の数の四捨五入の定義がしっかりしていないため，それを明確にする必要があることを，次回授業の課題意識として共有した。このように，負の数の四捨五入の定義を検討する必要があることを共有した。そして，生徒たちは学習感想を記入し，第1時が終了した。

201　T　：（前略）ちなみにこれ聞くけど，何かこれ決め手ありますか？どっちだとか，どれかとか。

202　S_{15}：定義をすればいい。

203　T　：定義が？

204　S_{26}：あの，「小さい」っていうのが，あの値自体が小さくなるのか，数字だけを見て小さくなるのかを，

205　T　：定義はこれはっきりしてますかね。これ今，時点で，負の数のときの定義。

206　S　：負の数のときの四捨五入の定義が，しっかりしてないから。

207　T　：はいじゃあちょっと1回。負の数の所の四捨五入の定義って，まだ今まで決めてないよね，で，新しくなっているのでまた考えな

いといけないよね，そこを（後略）。

　学習感想において，生徒の大半が，負の数の四捨五入の定義を考えることが難しかったと記述した。その中には，「切り上げ」の意味として，絶対値を増やすことと，正の方向に増やすことの２通りの捉え方があり，どちらが正しいかわからなかったという意見が多くみられた。また，「四捨五入」という日本語で考えるのか，行っている操作で考えるのかわからなかったという意見もみられた。

　第１時の翌日，S_{27}は，負の数の四捨五入について，国語辞典や Wikipedia（日・英）などで調べた結果をまとめて教員に報告した。具体的に，負の数の四捨五入の定義には，グラフ①とグラフ②の２通りがあり，どちらかが正しいというものではないという内容であった。また，自身が提示した新しいグラフについては，「いろいろな考え方を混ぜたのが③（新しいグラフ）なのかなと思います。なのでおかしいグラフになってしまったのかなと思いました」と意見をまとめた。

（２）授業の実際：第２時

　第２時は，まずS_{27}が自分の調べた内容を説明したうえで，新しいグラフはおかしいという結論に至ったことを報告した。次に教員は（定義Ａ３）の内容，すなわち−1.59などの小数第二位を考えるという意見が，他クラスから出たことを紹介した。これを受けて生徒たちは，小数第一位が５のときは正の方向に増やすとすると，−1.5→−１，−1.59→−１にならないといけないが，グラフ②はそうなっていないことを確認した。そして，教員は，生徒の意見を取り上げながら，グラフ②を（定義Ａ３）のとおりに修正した（これをグラフ③とする）。

　以上より，四捨五入の定義の候補は，グラフ①，グラフ②，グラフ③に整理された。そして，生徒たちは，これまでの議論を受けて，自分が支持したい考えとその理由をワークシート③に記入した。なお，最終的に回収したワークシートによると，①が25名，②が３名，③が８名であった。授業においては，まず①を支持する生徒が意見を述べた。

61　S_{15}：（前略）それで，四捨五入と五捨六入みたいな，そんな差だと思うんで，そんなたぶん変わりはないんですけど，まあ①の方が，普

段の正の値の，正の値の四捨五入は，負の数の四捨五入をする機
会がほとんどないと思うので，③とかだと，そのまあ覚えてられ
ないというか実用性がないと思う。で，まあ②も結構複雑だと思
うので，やっぱりその一番馴染み深い，正の値の四捨五入に近
い，その絶対値の四捨五入に，の，①が，その，一番いいんじゃ
ないかなと思います。

　①を支持する生徒たちの大半は，絶対値に注目して端数処理することの理由
として，S_{15}のように，「正の数のときと似ている」「0を基準とする」「わかり
やすい」といった理由を挙げていた。次に②を支持する生徒が意見を述べた。

63　S_{40}：えっと何か，四捨五入を，正の，あのー，負とか考えていないと
　　　　きに，四捨五入ってどういうものかって考えると，aと$a+1$って
　　　　いう数字があったときに，これは小数第一位のときなんですけ
　　　　ど，あのー，aと$a+1$のときに，$(a+0.5)$は，$a+1$にしようみた
　　　　いな，$(a+0.5)$以上のものは，$a+1$にしようっていうもので，$(a$
　　　　$+0.5)$未満は，aにしようっていう考え方だったじゃないですか。

64　T：$(a+0.5)$未満は？〔板書する〕

65　S_{40}：は，a。／で，そのときに，aっていう数に，－2と，あのーマイ
　　　　ナス，ん？－2を代入してみると，あのー，$a+0.5$は，－1.5に
　　　　なって，－1.5は，えっとー，－2+1だから，－1だよねってい
　　　　う，ふうに，なる，かなーっていうふうに思って，で，何か，そ
　　　　のー，数のイメージとして，そのー，0っていうものがあるけ
　　　　ど，数字っていうのはずーっと，そのー，正にも負にも続いてい
　　　　くものだって考えたときに，0よりも小さいか大きいかで，考え
　　　　方変えるのって，何か，よく，何か，おかしく，何ていう，あ
　　　　のー，数字が，こう一直線にずーっと続いていくってときに，た
　　　　またまそこに0があっただけで，っていう感覚が，私の中には
　　　　あったので，何か0を越したか越えないかぐらいで，あのー考え
　　　　方変えるのは，何か変じゃね？　って思って，で，②になりまし
　　　　た（後略）。

　②を支持する生徒たちは，第1時と比べて人数は減少したものの，S_{40}のよ

うに明確な理由を説明、記述した。実際、「0を基準とする」かどうかは、①と②の決定的な違いであるが、生徒たちはこの点に着目することができていた。そして、最後に③を支持する生徒が意見を述べた。

| 67 S_{14}：ええっと，えっと，確かにS_{15}くんが言っていたように，実用性は，無いかもしれないんですけど，でも四捨五入っていうのは，その1個上の位に上げることだから，その，一の，えっとー，ん？，その，その1つ下，そのー，確かに1.59というのは，大体−2の方に近いけど，その，小数第一位を四捨五入しろって言われているんだから，まあ1でいいと思うし，で，そうすると，①と②のグラフだと，その，1.59とかが，−2になっちゃうから，③で合っていると思いました。 |

　③を支持する生徒たちは、問題文における「小数第一位を四捨五入」という条件より、−1.5も−1.59も−1という同じ値にならないといけないという理由を挙げていた。

　以上の意見について、教員がどれか1つを正答とすることはせず、授業のまとめへと移行した。まず、教員が、今回の負の数の四捨五入は、広げた範囲においてどのように決めるかという話であるため、筋が通っていればどれを定義として採用してもかまわないことを説明した。次に、筆者（観察者）が、①、②の定義が使われる場面を説明した。具体的に、①は0を基準としているため、借金など、±0にならなければいけない場面で使われること、一方で②は処理が一貫しているため、気温（摂氏／華氏）など、処理を統一しなければならない場面で使われることを説明した。以上をもって、第2時は終了した。

第3項　授業の分析

　本課題における学習目標は、数学的概念の拡張における定義活動の促進、すなわち「求答問題の解決に取り組む中で、既習の概念の定義を確認し、定義域の範囲を広げて再定義することができる」であった。本項では、設計した課題の効果を検証して課題設計原理を精緻化するために、学習目標がどの程度達成されていたかを、全体的な視点である「拡張による定義の再構成過程の諸相」

と，詳細的な視点である「数学的探究における定義活動の方法」の２つの視点から分析する。つまり 本研究では 設定した規範的枠組みを用いて教室全体としての生徒の活動を分析した結果，期待する活動を特定できたかどうかをもって課題の効果を検証する。

　授業は作成したトランスクリプトに基づいて，筆者が中心に分析を行った。分析の手続きとしては，まず，トランスクリプトを12のエピソードに分割した。次に，各エピソードに対して拡張による定義の再構成過程の諸相を対応させた。そして，各エピソードにおいて，数学的探究における定義活動の方法が行われている場面を特定した。エピソード分割及び場面特定にあたっては，枠組みにおける各要素に対応する発話内容を，ワークシートの記述等によって補足しながら特定した。なお，第４回のミーティング（2022年１月25日）の際に，筆者による分析結果に対して，教員から意見を得た。分析結果の解釈が分かれた箇所については，議論を通して合意を得た。

（１）拡張による定義の再構成過程の促進

　分析結果は，表４-４のとおりである。諸相の列における「－」は，本時のまとめや前時の復習に関するエピソードであるため，対応する相がなかったことを示す。以下，各相についての分析結果について詳説する。

① 問題の生起

　本課題において生起することが期待される問題は，四捨五入する関数を負の数まで広げたときに，２種類のグラフが出てきてどちらが正答なのかという葛藤が生じることである。課題提示において教員は，最初からグラフ用紙２枚を黒板に貼付することはせず，１枚のみを黒板に貼付した。そして，自力解決において机間巡視を行った後，「２通り出てる感じかな」（第１時：73）と発言し，２枚目のグラフ用紙を貼付したうえで，グラフ①あるいはグラフ②を描いた生徒をそれぞれ指名した。その後，教員は「（前略）はいちょっと，一旦自分以外の人はどう考えているのかというのをちょっと想像してみてください。（中略）空いている所に自分とは違う方をまず，グラフを，概形を描いてください。そのうえで，空いている所に描いてください。そのうえで，まあその人がどう考えているのかなというのを，ちょっとまず１回予想してみてください」（第１時：96）と発問した。これにより生徒たちは，グラフが２種類ある

第3節　数学的概念の拡張における定義活動の促進　　**231**

表4-4：拡張による定義の再構成過程との対応

番号	エピソード	諸相
1-62	1．導入	－
63-71	2．課題提示	－
72-83	3．自力解決	1．問題の生起
84-152	4．グラフ①の説明	2．既習の定義の探究
153-167	5．グラフ②の説明	
168-199	6．新しいグラフの説明	3．新たな観点の導入
200-210	7．第1時のまとめ	－
1-6	8．前時の振り返り	－
7-49	9．グラフ③の説明	3．新たな観点の導入
50-51	10．自分の意見のまとめ	4．（個人による）既習の概念との統合
52-74	11．意見の表明	4．既習の概念との統合
75-87	12．全体のまとめ	

ことを認識し，それぞれのグラフになる理由を考察することができた。さらに，自分とは異なる考え方の根拠を予想することによって，最初は自分の考え方が正しいと思っていた生徒も，他の生徒の考え方に納得し，どちらが正答なのか葛藤を抱いている様子が見られた。実際，第1時の学習感想においては，例えば，S_9は次のとおりに記述した。

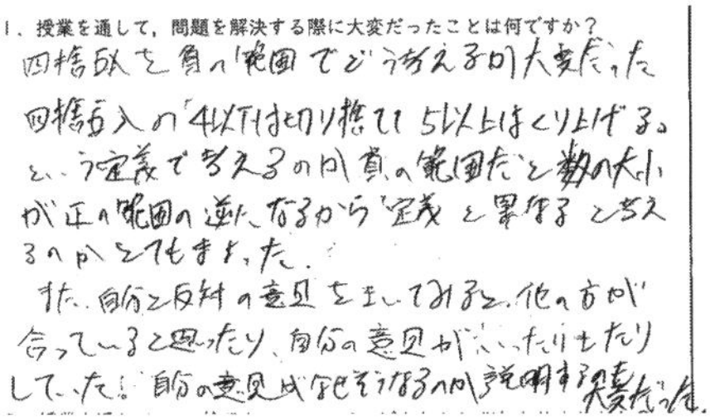

図4-32：S_9の学習感想（第1時）

このように生徒たちは，四捨五入する関数を負の数まで広げたときのグラフ

232 第4章 数学的探究における定義活動を促進するための課題設計

について，どちらが正答なのかという葛藤を抱いていており，問題が生起していたといえる。そして，生徒たちは，個人による考察に加えて，意見の表明や他者との相互作用を通した教室全体の活動として，生起した問題の解決に取り組むことができていたといえる。

② **既習の定義の探究，新たな観点の導入**

　前項で示したように，生徒たちは，負の数の四捨五入について，様々な観点から，そのグラフや数値を検討していた。具体的には，絶対値（S_{35}），原点を中心とする点対称（S_4），切り捨てと切り上げ（S_{12}），「四捨五入」の名称との対応（S_{15}），操作の一貫性（S_6，S_{40}，S_{27}）などである。これらのうち，S_{35}とS_4は，最初から絶対値あるいは原点を中心とする点対称という新しい観点に着目したうえで，意見を説明していた。一方でS_{12}は，次のように，正の数の四捨五入の定義をふまえたうえで，負の数の四捨五入を考察していた。

126　S_{12}：えっと S_4 くんのにまあ似ているんですけど，その四捨五入はその，4，んっと，切り上げる，値の，が，4以下だったら切り捨てで，5以上だったら，何か，繰り上がりっていうか，繰り上げだから，その負の数で考えていると，その例えば−0.4だったら，その四捨五入すると，その小数点以下が捨てられるから，0になるけど，そのxが−0.5だったら，その繰り上げられるから，さっきの S_4 くんが言っていたみたいに，その，えっと，負の方に進んでいるっていうか，考えると，その−0.5だったら，その−1の方に進むから，その①のように，−0.5は四捨五入したら−1になるんじゃないかと。

127　T：わかった今の？　「切り上げ」か「切り捨て」かって言葉出てきたけど。四捨五入だよねそもそも，これ。

　同様に S_{40} も，正の数の四捨五入ではどのような操作を行っていたかをふまえたうえで，負の数の四捨五入を考察していた。

166　S_{40}：なんか，四捨五入を，何でそもそもやってたかというときに，あのー，整数と整数の間の，小数が使われている数があって，その数がどっちの方に近いかっていうのを，比べていて，で，その数が，半分より大きかったら，えっと，1個上の数として捉えて，

で，半分より少なかったら，1個下の数として捉えよう，だから
0.5だったら1として捉えよう，でも0.5になっていないんだったら
0として捉えようという話だったので，だから-1と0の間の，
どの点が，えっと0より，より近い方は0に考えられて，だから
0.5は-0.5は0として捉えて，で，えっと，-0.5になっていな
かったら-1として捉えようみたいな，そういう考え方をしてい
るんだから，だから，「四捨五入」というよりは，えっと負の範
囲でいうと，えっとー，「六捨五入」の方が，正しい，あのー，
負の範囲でいったら正しくなる。

167　T　：どうですかね，今の意見〔板書する〕。／負の範囲なら六捨五入
　　　　の方が，そもそもの何で四捨五入をしているのかという意味に近
　　　　いんじゃないかということでしたけど。

　このように生徒たちは，先に新しい観点を導入した後に既習の定義を探究し
たり，既習の定義を確認しながら新しい観点を導入したりすることに取り組ん
でいた。第2章第3節第2項で示したように，既習の定義を確認することと新
たな観点を導入することは，同時並行的に起こり得るものである。それゆえ，
生徒たちは，教室全体の活動として，これら2つの活動に取り組むことができ
ていたといえる。

③ 既習の概念との統合

　第2時では，四捨五入の定義の候補が，グラフ①，グラフ②，グラフ③に整
理され，生徒たちは，自分が支持するグラフとその理由を説明した。前項で示
したように，グラフ①は，正の数は正の方向に処理し，負の数は負の方向に処
理しているため，正の範囲における操作と負の範囲における操作は別のものに
なっている。一方で，正負にかかわらず，小数第一位の数字が0，1，2，
3，4のときと，5，6，7，8，9のときで分けて考えているため，「四捨
五入」という名称は一貫している。したがって，グラフ①を支持する意見は，
名称という観点からみたときに，正負の範囲において四捨五入する関数の定義
を統合的に捉えていたといえる。

　グラフ②は，小数第一位の数字には着目していないため，負の数に対して
「四捨五入」という名称を用いることはできず，名称という観点は一貫してい

ない。一方で，正の範囲においても負の範囲においても，−1.5などの境目の数を正の方向に処理しているため，正負の範囲における操作は同じものになっている。生徒からは，「端数処理関数」のような「四捨五入」を含む名称が提案されることはなかったものの，図4-33のS_6のように，正負の範囲における操作の一貫性は，少なくとも認識していたとみられる。したがって，グラフ②を支持する意見は，数直線上の操作という観点からみたときに，正負の範囲において四捨五入する関数の定義を統合的に捉えていたといえる。

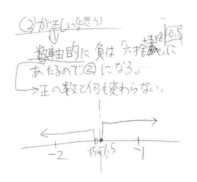

図4-33：②のグラフを支持する理由（S_6）

グラフ③は，小数第一位の数字に着目したうえで，正の数は「四捨五入」，負の数は「五捨六入」とするものである。このときは，正の範囲と負の範囲において，名称の観点からみても操作の観点からみても別のものとなっている。つまり，正の範囲では四捨五入する関数，負の範囲では五捨六入する関数として，場合分けをしている。このとき，定義自体や既知の定理との間に不整合は生じていないため，数学的定義としては問題ないものの，負の数の四捨五入を，正の数の四捨五入と統合的に捉えるための観点が不明瞭である。したがって，グラフ③を支持する意見は，正負の範囲において四捨五入する関数の定義を統合的に捉えていたということは難しい。

このように大半の生徒たちは，「四捨五入」という名称や，数直線上の操作という観点に着目することで，負の範囲における四捨五入する関数を，正の範囲における四捨五入する関数と統合的に捉えていた。それゆえ，生徒たちは，

教室全体の活動として，既習の概念との統合に取り組むことができていたといえる。

　以上より，教室における授業としてみた際に生徒たちは，拡張による定義の再構成過程，すなわち1～4．の一連の活動に取り組むことができていたといえる。

（2）数学的探究における定義活動の方法の適用

　以上の一連の活動において，数学的探究における定義活動の方法が行われていたとみられる場面を，「目的による選択／命名」と「数学的定義への洗練」の観点から分析する。

① 目的による選択／命名

　「目的による選択／命名」とは，「複数の定義が考えられる場合には，主体の目的に応じて，定義の候補から1つを選択したり，ある観点に着目して対象を命名したりする」ことであった。生徒たちにとって，定義の対象である「四捨五入（する関数）」という名称は，正の範囲では既知であるものの，負の範囲では未知である。それゆえ，「目的による選択」，「目的による命名」の両方の側面が特定され得る。

　「目的による選択」がみられた場面は，第1時におけるグラフ①の説明である。グラフ①を支持する生徒たちは，負の数の四捨五入を考えるにあたって，「四捨五入」という名称の一貫性を保つために，正負の範囲で数値を統一することのできる絶対値や点対称に着目していた。例えば，S_{35}は，図4-34のとおりに記述していた。

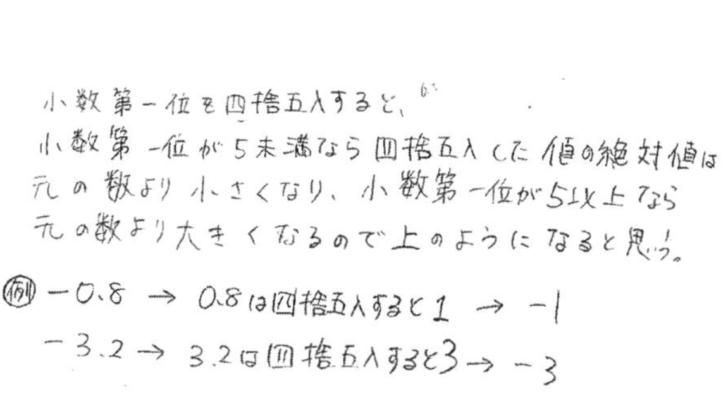

図4-34：絶対値への着目（S_{35}）

このように，グラフ①を支持する生徒たちは，名称の一貫性を保つという目的を達成するために，絶対値や点対称に着目して例や性質を検討したうえで，四捨五入する関数の定義を構成していた。それゆえ，生徒たちは「目的による選択」を適用していたといえる。

これに対して，「目的による命名」がみられた場面は，第1時におけるグラフ②の説明である。グラフ②を支持する生徒たちは，負の数の四捨五入を考えるにあたって，正の方向へ処理するという，操作の一貫性を保つために，処理の仕方を表現するための数直線に着目していた。例えば，S_{40}は，図4-35のとおりに記述していた。

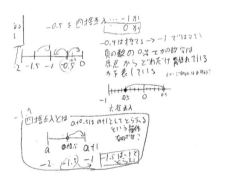

図4-35：数直線への着目（S_{40}）

この記述から明らかなようにS_{40}は，操作の一貫性を保つにあたっては「四捨五入」という名称が使用できなくなるため，「五捨六入」や「六捨五入」といった新しい名称を考案していた。つまり，グラフ②を支持する生徒たちは，操作の一貫性を保つという目的を達成するために，数直線に着目して例や性質を検討したうえで，対象を命名しながら，端数処理する関数の定義を構成していた。それゆえ，生徒たちは「目的による命名」を適用していたといえる。

以上のように，生徒たちは，「目的による選択／命名」を適用することで，様々な観点に着目して，四捨五入する関数の暫定的な定義を構成することができていたといえる。

② **数学的定義への洗練**

第３節　数学的概念の拡張における定義活動の促進　237

「数学的定義への洗練」が関わっていたとみられる場面は，第１時における既習の定義の探究，及び新たな観点の導入である。具体的には，「数学的定義への洗練」の中でも，特に「階層性の構成」及び「整合性の確認」に関わる活動である。「階層性の構成」とは，「定義において曖昧な用語がある場合には，それを循環しないように定義していき，遡及が困難となったら無定義用語とする」こと，「整合性の確認」とは，「新しい定義をつくった場合には，その定義内において，あるいは既存の定義や定理との間において，不整合が生じないかを確認する」ことであった。

第１時の中盤では，前項で示したように，四捨五入する関数の定義における「切り上げ」及び「切り捨て」の意味が問題となった。これらの用語が曖昧であることは，授業中にも何度か指摘されており，第１時の学習感想においても，次のような記述が多く見られた。

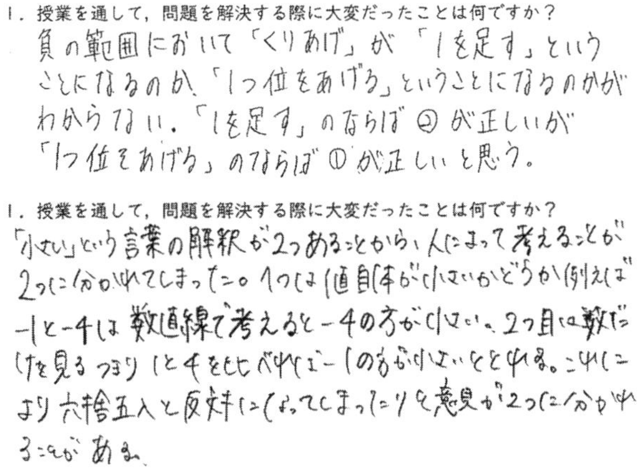

1. 授業を通して，問題を解決する際に大変だったことは何ですか？
負の範囲において「くりあげ」が「1を足す」ということになるのか，「1つ位をあげる」ということになるのかがわからない。「1を足す」のならば⑥が正しいが「1つ位をあげる」のならば①が正しいと思う。

1. 授業を通して，問題を解決する際に大変だったことは何ですか？
「小さい」という言葉の解釈が2つあることから，人によって考えることが2つに分かれてしまった。1つは値自体が小さいかどうか例えば－1と－4は数直線で考えると－4の方が小さい。2つ目は数だけを見るつもり1と4を比べれば－1の方が小さいととれる。これにより四捨五入と反対になってしまったりを意見が2つに分かれることがある。

図４-36：定義における用語の意味の明確化（S_{41}，S_{26}）

授業中のやり取りに加えて，これらの記述でも，四捨五入する関数の定義において曖昧な用語である「小さい」や「切り上げ」の意味を明確にすることが行われている。それゆえ，生徒たちは，「階層性の構成」を適用していたといえる。

第１時の終盤では，S_{27}とS_{29}によって新しいグラフが提案された。S_{27}は，正

238　第4章　数学的探究における定義活動を促進するための課題設計

負の数で数直線をそれぞれ考えたうえで，負の数のときは，5，4，3，2，
1は上げて，9，8，7，6は捨てることから，図4-31のグラフになるとし
た。この説明において「上げる」とは正の方向に処理することであり，「捨て
る」とは，その数の整数部分のみを考えるという意味であった。しかしなが
ら，図4-31のグラフにおける境目の数は－1や－2であるため，四捨五入す
る関数を定義したはずなのに，結果的に切り捨てのグラフになってしまうとい
う不整合が生じている。

　授業において，このグラフに対するさらなる追究は行われなかったものの，
S_{27}を含む数名の生徒たちは，授業直後さらには放課後においても議論を継続
していた。これらの議論に関する記録は十分には残っておらず，S_{27}が自分の
構成した定義に対して，どのような検討を行っていたかは不明であるが，放課
後に提出されたS_{27}による第1時の学習感想は，次のとおりに記述されていた。

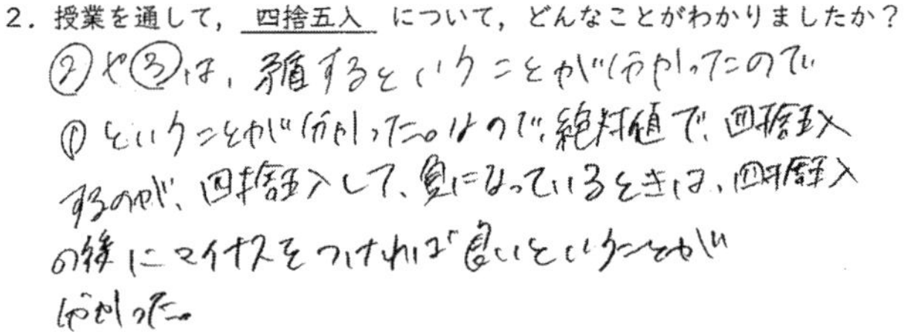

2．授業を通して，四捨五入　について，どんなことがわかりましたか？

②と③は，雅するということがわかったので
①ということがわかったのりので，絶対値で，四捨五入
するのが，四捨五入して，負になっているときは，四捨五入
の後にマイナスをつければ良いということが
わかった。

図4-37：第1時の学習感想（S_{27}）

　この記述をふまえると，S_{27}は，自分自身で構成した四捨五入する関数の定
義によって，自分が知っている事柄との間に不整合が生じないかを検討したう
えで，最終的に自分が構成した定義を棄却したとみられる。実際，授業におい
ては，提案された新しいグラフに対して，S_6が「それはただの切り捨て」（第
1時：196）と指摘していた。このように結果的に定義は棄却されたものの，
生徒たちは新しくつくった定義によって，既存の定義や定理との間に不整合が
生じないかを確認していたとみられる。それゆえ，生徒たちは，「整合性の確
認」を適用していたといえる。

　以上の（1）及び（2）の分析結果を総合すると，設計した課題「四捨五入

第3節　数学的概念の拡張における定義活動の促進　**239**

の拡張」によって，生徒たちは，教室全体の活動として，拡張による定義の再構成過程に取り組みながら，要所において，数学的探究における定義活動の方法を適用することができた，とまとめることができる。

（3）課題設計原理の精緻化

　図4-27で示したとおり，数学的概念の拡張における定義活動を促進するために設定した課題設計原理は，「1）ある概念を拡張の前後で探究できるように，拡張後で複数の正答が生じ得る求答問題を与える。2）定義の必要性に気がついて，暫定的な定義を構成できるように，拡張後の範囲における概念の定義を問う。3）構成した定義を数学的定義へと洗練できるように，拡張前の範囲における定義に立ち返ることを促す」であった。

　本節で示したように，この原理に基づいて設定した課題「四捨五入の拡張」によって，生徒たちは，教室全体の活動として，拡張による定義の再構成過程に取り組みながら，要所において，数学的探究における定義活動の方法を適用することができた。特に，暫定的な定義の構成及び数学的定義への洗練について，生徒たちは，教員による支援をほとんど受けずに，拡張の前後における定義に関する議論を展開していた。

　ただし，拡張の前後において操作の一貫性を保つために，数直線に着目して，定義を構成，洗練していた生徒たちは，「四捨五入」という名称が使用できないことは認識したうえで，「六捨五入」や「五捨六入」といった新しい名称を考案した。これらの名称について，本来であれば，「端数処理関数」や「ROUND 関数」といった，「四捨五入」を含む，より一般的な名称を付与することが望ましい。この点について，課題における問題2が，「x の範囲を負の数まで広げたときに，四捨五入はどのように決めればいいか」であったこともあり，生徒たちは「○捨□入」という名称に固執してしまったことがうかがえる。それゆえ，課題における問題文を，「x の範囲を負の数まで広げたときに，問題1の関数はどのように決めればいいか」や「x の範囲を負の数まで広げたときにも，y は x の関数といえるか」のように，「四捨五入」という名称を用いることのない表現に修正することが必要であると考える。したがって，課題については若干の修正が必要であるものの，課題設計原理の精緻化，すなわち文言についての修正は，不要であると考える。

240　第4章　数学的探究における定義活動を促進するための課題設計

　以上より，数学的探究における定義活動を促進するための局所的原理として，数学的概念の拡張における定義活動を促進するための課題設計原理を次のとおりに明らかにした。

1）ある概念を拡張の前後で探究できるように，拡張後で複数の正答が生じ得る求答問題を与える。

2）定義の必要性に気がついて，暫定的な定義を構成できるように，拡張後の範囲における概念の定義を問う。

3）構成した定義を数学的定義へと洗練できるように，拡張前の範囲における定義に立ち返ることを促す。

図4-38：数学的概念の拡張における定義活動を促進するための課題設計原理
（図4-27の再掲）

　本節では，数学的概念の拡張における定義活動を促進するための課題を設計し，課題を用いた研究授業の質的分析を通して，課題の効果を検証した。本節の結論は，設計した課題「四捨五入の拡張」には，国立大学附属中学校第3学年の生徒を対象として，数学的概念の拡張における定義活動を促進するにあたって，一定の効果が認められるということである。

補　節　局所的体系の構築における定義活動の促進　　**241**

補　節 --

局所的体系の構築における
定義活動の促進

　第2節では事柄の証明と論駁における定義活動，第3節では数学的概念の拡張における定義活動について，課題設計原理の設定及び課題設計を行ったうえで，研究授業を通して課題の効果を検証し，課題設計原理を精緻化した。本節では，局所的体系の構築における定義活動について，課題設計原理の設定と課題の設計を行う。

第**1**項　**課題設計原理の設定**

　第2章第3節第3項で示したように，局所的体系の構築における定義活動の特徴は，局所的体系に関する疑念を解消するために，より広い視点から，ある対象について性質間の関係を考察したり，他の対象の定義との関係を考察したりしながら，定義を構成，洗練することであった。また，第3章第2節で示したように，特別な四角形に関する局所的体系の構築においては，既知の四角形を整理したり未知の四角形を特定したりする際に，数学的探究における定義活動の方法である「目的に応じた選択／命名」及び「数学的定義への洗練」を適用することが必要であった。一方で，この特別な四角形という題材を，中学生あるいは高校生を対象とした課題にするためには，教材研究において示した問題1及び問題2を，生徒たちが取り組みやすいように修正する必要がある。これらをふまえて，課題設計における学習目標を「局所的体系に関する問題解決において，定義の必要性に気がつき，暫定的に構成した定義を，数学的定義へと洗練する活動に取り組むことができる」ことに設定する。

　この目標を達成するためには，生徒たちが複数の対象について考察し，局所的体系を構築していく中で，定義の必要性に気がついて，定義を構成，洗練していく一連の活動に取り組めるような課題を設計する必要がある。具体的には，以下の3つである。第一に，局所的体系の構築に取り組むためには，複数

242　第4章　数学的探究における定義活動を促進するための課題設計

の対象について考察していく中で，ある部分については判明しているが，他の部分については判明していない，すなわち未完成な体系について考察する問題に取り組むことが必要である。例えば，第3章第2節で示した，たこ形及び等脚台形をどのように位置づけるか（問題1）では，正方形，ひし形，長方形，平行四辺形の間の包摂関係という体系は判明しているものの，たこ形及び等脚台形の位置づけについては判明しておらず，体系が完成していない。また，「？」に当てはまる四角形の種類は何か（問題2）では，既存の体系に対する，台形，外接四角形，内接四角形の位置づけは判明しているものの，台形に対応する四角形が判明しておらず，体系が完成していない。このように，未完成な体系について考察することは，局所的体系の構築への原動力となる。したがって，これを原理1）「局所的体系において複数の対象を考察できるように，未完成な体系について考察する問題を与える」とする。

　第二に，局所的体系の構築において暫定的な定義を構成するためには，複数の対象間の関係を考察することが必要である。例えば，平行四辺形の定義を構成する際には，平行四辺形という対象のみに着目して，その性質を考察するのではなく，関連概念であるひし形や長方形，たこ形や等脚台形などに着目しながら性質を考察する。これにより，平行四辺形において成り立つ定理がひし形及び長方形においても成り立つように，平行四辺形と，ひし形及び長方形との間の包摂関係を構築したり，成り立たないように包摂関係を構築しなかったりすることができる。このように，複数の対象間の関係を考察していく中で，複数の対象の定義を並列的に構成し，局所的体系を構築していく。したがって，これを原理2）「定義の必要性に気がついて，暫定的な定義を構成できるように，その体系における複数の対象間の関係を問う」とする。

　第三に，暫定的に構成した定義を数学的定義へと洗練するためには，局所的体系において定義が果たしている役割に注目することが必要である。例えば，第3章第2節で示した，特別な四角形に関する局所的体系は，四角形の辺及び角に着目した定義によって，四角形が整理されている。もし，辺及び角ではなく，平行や対角線といった他の観点に着目して定義を構成した場合は，図3-9とは異なった局所的体系が構築され得る。また，第3章第2節第1項では，辺及び角に着目して暫定的に構成した，たこ形及び等脚台形の定義を，数

補　節　局所的体系の構築における定義活動の促進　**243**

学的定義へと洗練していく様子を示したが，着目する観点が変われば洗練の方向性も変わってくる。このように，局所的体系において果たしている定義の役割に注目することによって，目的とする体系が構築されるように定義を洗練していくことができる。したがって，これを原理3）「構成した定義を数学的定義へと洗練できるように，その体系において定義が果たしている役割への注目を促す」とする。

　以上より，局所的体系の構築における定義活動を促進するための課題設計原理を，次のとおりに設定する。

1）局所的体系において複数の対象を考察できるように，未完成な体系について考察する問題を与える。

2）定義の必要性に気がついて，暫定的な定義を構成できるように，その体系における複数の対象間の関係を問う。

3）構成した定義を数学的定義へと洗練できるように，その体系において定義が果たしている役割への注目を促す。

図4-39：局所的体系の構築における定義活動を促進するための課題設計原理

第2項　課題の設計

　設定した課題設計原理に基づいて，局所的体系の構築における定義活動を促進するための課題を設計する。設計した課題は，次のとおりである。

　課題設計原理との対応でいうと，問題1，2，3は，1）及び2）に基づいて，問題4は3）に基づいて設計されている。以下，課題の概要を説明する。

　本課題では，たこ形及び等脚台形の定義を考察する際の状況として，四角形の各辺の中点を結んでできる四角形（以下，中点四角形）を取り上げている。問題1では，中点連結定理より，BD∥EH∥FG，AC∥EF∥HG であるから，四角形 EFGH は2組の対辺がそれぞれ平行であるため，平行四辺形である。次に，たこ形の対角線は直交する，すなわち AC⊥BD であることから，EH⊥EF である。しかし，この「対角線は直交する」という性質の根拠が問題となる。ここで，「たこ形とは，片方の対角線がもう片方の対角線を垂直に二等分

244   第4章　数学的探究における定義活動を促進するための課題設計

> 問題1：右の図のように，たこ形ABCDにおいて，辺AB，BC，CD，DAの中点をそれぞれE，F，G，Hとする。このとき，四角形EFGHはどのような四角形になるかを予想し，それを証明しなさい。
>
>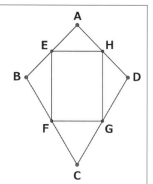
>
> 問題2：内側の四角形がひし形であるとき，外側の四角形は何であるか特定しなさい。
>
> 問題3：等脚台形ABCDにおいて，辺AB，BC，CD，DAの中点をそれぞれE，F，G，Hとする。このとき，四角形EFGHはひし形であることを証明しなさい。
>
> 問題4：問題1～3をふまえて，ひし形，長方形，平行四辺形の関係に対して，たこ形及び等脚台形を位置づけなさい。

図4-40：局所的体系の構築における定義活動を促進するための課題（中点四角形）

する四角形である」という定義を採用する場合は，「対角線は直交する」という性質は即座に導出できる。一方で，「たこ形とは，共通な辺をもたない2組の隣辺がそれぞれ等しい凸四角形である」（第3章第2節第1項（1）の定義6）という定義を採用する場合は，「対角線は直交する」という性質を，三角形の合同条件を用いて証明する必要がある。このように，たこ形の定義及び性質を確認，整理した後，EH⊥EFより，1つの角が直角な平行四辺形は長方形であるため，四角形EFGHは長方形であるといえる。

問題2では，外側の四角形がひし形のときに内側の四角形が長方形になるという問題1の解決をふまえて，内側の四角形がひし形になるときの外側の四角形を考察する。このとき，実際に図を描いたりしながら，試行錯誤的に長方形や台形の場合を調べることで，答えの1つとして，等脚台形が特定され得る。あるいは，問題1の証明を振り返ることで，対角線の位置関係及び相等関係が内側の四角形の辺の位置関係及び相等関係として現れることを見出し，対角線

の長さが等しい四角形が特定されることもあり得る。

　問題3では，外側の四角形が等脚台形のときに内側の四角形がひし形になることを証明する。問題1と同様にして，四角形EFGHは平行四辺形である。また，等脚台形の対角線の長さは等しい，すなわちAC＝BDであることから，EH＝EFであるが，この等脚台形の性質の根拠が問題となる。ここで，「等脚台形とは，共通な角をもたない2組の隣角がそれぞれ等しい四角形である」（第3章第2節第1項（2）の定義7）という定義を採用する場合は，「対角線の長さは等しい」という性質を，三角形の合同条件を用いて，比較的簡潔に証明することができる。一方で，「等脚台形とは，1組の対辺が平行で，1組の底角が等しい四角形である」という定義を採用する場合は，「2組の隣り合う角がそれぞれ等しい」という性質を，平行線の性質を用いて証明する必要がある。このように，等脚台形の定義及び性質を確認，整理した後，EH＝EFより，隣り合う辺の長さが等しい平行四辺形はひし形であるため，四角形EFGHはひし形であるといえる。

　問題4では，問題1〜3において登場した，ひし形，長方形，平行四辺形，たこ形，等脚台形の関係を整理する。まず，問題1と問題3の解決によって，以下の定理が示された。

・たこ形の中点四角形は長方形である。
・等脚台形の中点四角形はひし形である。

　次に，問題1〜3の解決過程を振り返ることによって，例えば，たこ形及び等脚台形の定義及び性質を，局所的体系として，以下のとおりに整理できる。

たこ形 $\overset{\text{def}}{\Leftrightarrow}$ 共通な辺をもたない2組の隣辺がそれぞれ等しい凸四角形である。
　　　⇒ 対角線が直交する。
等脚台形 $\overset{\text{def}}{\Leftrightarrow}$ 1組の対辺が平行で，1組の底角が等しい四角形である。
　　　⇔ 共通な角をもたない2組の隣り合う角がそれぞれ等しい。
　　　⇒ 対角線の長さが等しい。

　上の局所的体系から，等脚台形の定義「1組の対辺が平行で，1組の底角が等しい四角形」に対して，「共通な角をもたない2組の隣り合う角がそれぞれ

等しい」は，定義と同値な性質であることがわかる。これにより，ひし形，長方形，平行四辺形の関係に対して，たこ形及び等脚台形を，次のとおりに位置づけることができる。

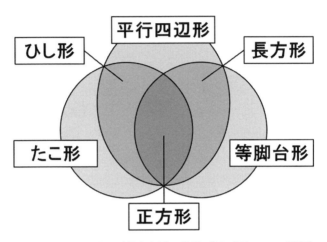

図 4 -41：たこ形及び等脚台形の位置づけ（図 3 - 8 の再掲）

以上，設計した課題の概要を説明した。しかし，本節で設定した課題設計原理，及び設計した課題は暫定的なものであり，生徒たちを対象とした研究授業による実践的考察を通して，課題の修正及び課題設計原理の精緻化を行うことが必要である。

第 4 章の目的は，「数学的探究における定義活動を促進するための局所的な課題設計原理を明らかにすること」（研究課題 2 ）を達成することであった。この目的に対する結論は，第一の局所的原理として，事柄の証明と論駁における定義活動を促進するための課題設計原理（図 4 -26）を，第二の局所的原理として，数学的概念の拡張における定義活動を促進するための課題設計原理（図 4 -38），第三の局所的原理として，局所的体系の構築における定義活動を促進するための課題設計原理（図 4 -39）を明らかにしたということである。

終 章

本研究の結論・意義・課題

第 **1** 節
本研究の結論

第 **2** 節
研究の意義

第 **3** 節
今後の課題

本研究の目的は，数学的探究における定義活動を促進するための課題設計
原理を明らかにすることであった。終章では，この目的に対する結論を示
したうえで，本研究の意義と今後の課題を述べる。

第1節
本研究の結論

　本研究の目的は，数学的探究における定義活動を促進するための課題設計原理を明らかにすることであった。この目的を達成するために，「数学的探究における定義活動の方法を明らかにすること」（研究課題1），「数学的探究における定義活動を促進するための局所的な課題設計原理を明らかにすること」（研究課題2）を設定した。本節では，研究課題1，2の成果を振り返ったうえで，局所的原理である，事柄の証明と論駁における定義活動を促進するための課題設計原理，数学的概念の拡張における定義活動を促進するための課題設計原理，局所的体系の構築における定義活動を促進するための課題設計原理を総合的に考察することを通して，数学的探究における定義活動を促進するための大局的な課題設計原理を導出する。

　研究課題1は，第1〜3章において，研究課題2は，第4章において解決した。

　第1章の目的は，「数学的探究における定義活動の方法を明らかにすること」（研究課題1）に取り組むことの必要性を指摘することであった。まず，20世紀初頭の米国における数学教育研究者であるフォセットによる『証明の本性』（Fawcett, 1938）とその前後史を取り上げながら数学教育目的論の根源的反省を行い，本研究の究極の目的である「数学を通した思考の育成」を目指すための着眼点の1つとして，定義の構成過程に着目することは意義があるということを確認した（第1節）。次に，哲学における実在的定義と唯名的定義の視点から学校数学における定義の位置づけを明らかにしたうえで，生徒による定義の理解に関する教育実践上の課題を検討し，学校数学における定義に関する教育実践上の課題を解決するためには，鍵概念として「定義活動（defining）」に着目することが有用であることを指摘した（第2節）。そして，文献批評の方法論であるスコーピングレビューとシステマティックレビュー（Jesson, et al., 2011）を用いて，定義活動に関する研究についての学術研究上の課題を特定し，その妥当性を検証した（第3・4節）。以上より第1章では，先行研究

において定義活動の文脈や目的が不問にされているため，定義活動の前提となる文脈として，数学的探究を位置づける必要があると結論づけた。

第2章の目的は，数学的探究における定義活動の意義を明らかにすることであった。まず，哲学における探究の捉え方を前提に，ボラシによる研究（Borasi, 1992）に依拠することで，「数学的探究」を「不確かさや葛藤などの疑念の解消を目指して，既知の事柄を整理したり未知の事柄を創造したりしながら，問題を解決していき，得られた知識を組織立てられた知識の全体との関連で考察していく活動」と規定した（第1節）。次に，定義活動に関する先行研究（Zandieh & Rasmussen, 2010; Kobiela & Lehrer, 2015）と数学的定義の要件に関する先行研究（Borasi, 1986; Borasi, 1992; van Dormolen & Zaslavsky, 2003）を批判的に考察することで，「定義活動」を，「ある目的を達成するために，他者と相互作用しながら，対象の例や性質を検討して暫定的な定義を構成し，数学的定義の要件に基づいて定義を洗練していく活動」と規定した（第2節）。そして，数学的探究と定義活動を組み合わせることによって，本研究が対象とする数学的探究における定義活動として，事柄の証明と論駁における定義活動，数学的概念の拡張における定義活動，局所的体系の構築における定義活動の3つを提示し，これらの活動の教育的価値を考察した（第3・4節）。以上より第2章では，研究課題1を解決するための基礎的作業が完了したと結論づけた。

第3章の目的は，「数学的探究における定義活動の方法を明らかにすること」（研究課題1）を解決することであった。まず，数学的探究の目的に応じた定義の構成と，暫定的に構成した定義の数学的定義への洗練という2つの観点から，数学的探究における定義活動の方法を表5-1のとおり特定した（第1節）。次に，局所的体系の構築における定義活動を事例として取り上げながら，筆者自身による仮想的な数学的探究の過程を教材研究として示すことで，特定した方法が理論的に適用可能であることを例証した（第2節）。以上より第3章では，研究課題1を表5-1のとおりに解決したと結論づけた。

250　終　章　本研究の結論・意義・課題

表 5-1：数学的探究における定義活動の方法（表 3-1 の再掲）

目的による選択／命名		複数の定義が考えられる場合には，主体の目的に応じて，定義の候補から1つを選択したり，ある観点に着目して対象を命名したりする。
数学的定義への洗練	階層性の構成	定義において曖昧な用語がある場合には，それを循環しないように定義していき，遡及が困難となったら無定義用語とする。
	的確性の追求	対象を定義する際に想定していなかった例がある場合には，それを除くような条件を定義に追加する。
	最小性の追求	対象を決定するために必要以上の条件がある場合には，過剰な条件を定義から削減する。
	整合性の確認	新しい定義をつくった場合には，その定義内において，あるいは既存の定義や定理との間において，不整合が生じないかを確認する。

　第4章の目的は，「数学的探究における定義活動を促進するための局所的な課題設計原理を明らかにすること」（研究課題2）を解決することであった。まず，特定の主題に関するデザイン研究（Gravemeijer & Prediger, 2019）の方法論を参考にすることで，本研究におけるデザイン研究の手続きを課題設計に焦点を当てて明確にした（第1節）。次に，事柄の証明と論駁における定義活動を促進するための課題設計原理を暫定的に設定したうえで，公立中学校教員の協力を得ながら，事柄の証明と論駁における定義活動を促進するための課題を設計し，中学校第3学年の生徒26名を対象とした研究授業を実施した。授業において生徒たちは，教室全体における活動として，事柄の証明と論駁，事柄と証明の洗練，定義の構成と洗練に，一定程度取り組むことができた。特に，「的確性の追求」に関して，反例に直面した際に定義を場当たり的に修正しようする生徒たちに対しては，見つかった反例によって論駁される補題への注目を促すことによって，教師による支援を受けながらではあるものの，証明生成定義への洗練に取り組めることが明らかになった（第2節）。続いて，数学的概念の拡張における定義活動を促進するための課題設計原理を暫定的に設定したうえで，国立大学附属中学校教員の協力を得ながら，数学的概念の拡張における定義活動を促進するための課題を設計し，中学校第3学年の生徒36名を対象とした研究授業を実施した。授業において生徒たちは，教室全体におけ

る活動として，拡張による定義の再構成過程に取り組みながら，要所におい
て，数学的探究における定義活動の方法を適用することができた。特に，「目
的による選択／命名」及び「階層性の構成」に関して，生徒たちは，拡張した
範囲における定義について，名称あるいは操作の一貫性を保つために，様々な
観点に着目しながら，概念に対する新しい名称の付与あるいは定義における用
語の明確化といった数学的定義への洗練に取り組めることが明らかとなった
（第3節）。また，第2・3節末においては，研究授業の実施によって検証され
た課題の効果を受けて，課題設計原理を精緻化した。さらに，補節において
は，第3章第2節の教材研究をふまえながら，局所的体系の構築における定義
活動を促進するための課題設計原理を設定して課題を設計した。以上より第4
章では，研究課題2を図5-1，図5-2，図5-3のとおりに解決したと結論
づけた。

1）事柄の証明と論駁に取り組めるように，反例を含む事柄に関する証明問
　題を与える。
2）定義の必要性に気がついて，暫定的な定義を確認，構成できるように，
　反例の候補が反例であるかどうかを問う。
3）証明に基づいて，事柄，証明，定義を洗練できるように，反例によって
　論駁される補題への注目を促す。

**図5-1：事柄の証明と論駁における定義活動を促進するための課題設計原理
　　　　（図4-25の再掲）**

252　終　章　本研究の結論・意義・課題

> 1）ある概念を拡張の前後で探究できるように，拡張後で複数の正答が生じ
> 得る求答問題を与える。
> 2）定義の必要性に気がついて，暫定的な定義を構成できるように，拡張後
> の範囲における概念の定義を問う。
> 3）構成した定義を数学的定義へと洗練できるように，拡張前の範囲におけ
> る定義に立ち返ることを促す。

図 5 - 2 ：数学的概念の拡張における定義活動を促進するための課題設計原理
**　　　（図 4 -38の再掲）**

> 1）局所的体系において複数の対象を考察できるように，未完成な体系につ
> いて考察する問題を与える。
> 2）定義の必要性に気がついて，暫定的な定義を構成できるように，その体
> 系における複数の対象間の関係を問う。
> 3）構成した定義を数学的定義へと洗練できるように，その体系において定
> 義が果たしている役割への注目を促す。

図 5 - 3 ：局所的体系の構築における定義活動を促進するための課題設計原理
**　　　（図 4 -39の再掲）**

　本論文では，数学的探究における定義活動の 3 つの類型，すなわち事柄の証明と論駁における定義活動，数学的概念の拡張における定義活動，局所的体系の構築における定義活動について，第一及び第二の類型は課題設計と研究授業の対象として，第三の類型は数学的探究における定義活動の方法の適用可能性を例証するための事例及び課題設計の対象として位置づけた。このとき，本来であれば，第三の類型についても，第一及び第二の類型と同様に，研究授業を実施することで局所的原理を精緻化し， 3 つの局所的原理を総合することで，大局的原理を導出することが望ましいが，本論文では，現状の第一，第二，第三の局所的原理を総合することで，数学的探究における定義活動を促進するための大局的原理を導出する。これについて，第 2 章第 3 節で示したように，数学的探究における定義活動の各類型には，それぞれ特徴がある。具体的に，第一及び第二の類型は，証明と論駁，あるいは概念の拡張の文脈において，多角

形や四捨五入する関数といった，単一の数学的対象についての定義を構成，洗練する活動である。これに対して，第三の類型は，体系の構築の文脈において，たこ形，等脚台形，楕円四角形といった，複数の数学的対象についての定義を構成，洗練する活動である。これらの類型の特徴をふまえるならば，第一及び第二の類型は，第三の類型に取り組むにあたっての基礎的な活動として位置づけることができる。それゆえ，本論文では，基礎的な活動である第一及び第二の類型については理論的・実践的に裏付けられた成果が得られており，発展的な活動である第三の類型については理論的に裏付けられた成果が得られているといえる。したがって，現状の第一，第二，第三の類型に関する局所的原理を総合して大局的原理を導出しておくことは，研究の途上における１つの区切りとして意義があると考えられる。この点については，今後の課題（終章第３節）でも言及する。

　以上より，上の３つの局所的原理を総合的に考察することによって，数学的探究における定義活動を促進するための大局的原理を導出する。

　第一に，局所的原理における１）は，事柄の証明と論駁においては反例を含む事柄に関する証明問題を，数学的概念の拡張においては拡張後で複数の正答が生じ得る求答問題を，局所的体系の構築においては未完成な体系について考察する求答問題及び証明問題を与えることであった。これらは，生徒たちが，事柄に対する不確かさ，正答に対する葛藤，未完成な体系に対する疑念を抱くことで，数学的探究への取り組みを開始することを意図して設定されている。つまり，数学的探究における定義活動を促進するための課題においては，まずもって生徒たちが不確かさや葛藤といった疑念を抱き得る，数学的探究の出発点となる問題を提示することが必要である。したがって，これを「原理１：数学的探究に取り組めるように，不確かさや葛藤などの疑念が生じ得る問題を与える」とする。

　第二に，局所的原理における２）は，事柄の証明と論駁においては反例の候補が反例であるかを問うこと，数学的概念の拡張においては拡張後の範囲における概念の定義を問うこと，局所的体系の構築においては体系に含まれている複数の対象間の関係を問うことであった。これらは，生徒たちが，問題解決における定義の必要性に気がついたうえで，暫定的な定義を確認，構成すること

254 　終　章　本研究の結論・意義・課題

を意図して設定されている。つまり，数学的探究における定義活動を促進するための課題においては，その問題を解決するために，定義が重要な役割を果たしていることが必要である。したがって，これを「原理2：定義の必要性に気がついて，暫定的な定義を確認，構成できるように，問題解決の鍵となっている事項を問う」とする。

　第三に，局所的原理における3）は，事柄の証明と論駁においては反例によって論駁される補題への注目を促すこと，数学的概念の拡張においては拡張前の範囲における定義に立ち返ること，局所的体系の構築においては定義が体系の中で果たしている役割への注目を促すことであった。これらは，生徒たちが，暫定的に構成した定義を，数学的定義へと洗練することを意図して設定されている。つまり，数学的探究における定義活動を促進するための課題においては，数学的探究を遂行するにあたって，構成した定義が問題解決において実際に機能し得るかを検討することが必要である。したがって，これを「原理3：定義をより数学的な定義へと洗練できるように，暫定的な定義を用いることによって生じる問題点への注目を促す」とする。

　以上より，数学的探究における定義活動を促進するための課題設計原理を，表5-2のとおりに明らかにしたということが，本論文の結論である。

第1節　本研究の結論　255

表5-2：数学的探究における定義活動を促進するための課題設計原理

類型＼原理	局所的原理	大局的原理
事柄の証明と論駁における定義活動	1）事柄の証明と論駁に取り組めるように，反例を含む事柄に関する証明問題を与える。 2）定義の必要性に気がついて，暫定的な定義を確認，構成できるように，反例の候補が反例であるかどうかを問う。 3）証明に基づいて，事柄，証明，定義を洗練できるように，反例によって論駁される補題への注目を促す。	原理1：数学的探究に取り組めるように，不確かさや葛藤などの疑念が生じ得る問題を与える。 原理2：定義の必要性に気がついて，暫定的な定義を確認，構成できるように，問題解決の鍵となっている事項を問う。 原理3：定義をより数学的な定義へと洗練できるように，暫定的な定義を用いることによって生じる問題点への注目を促す。
数学的概念の拡張における定義活動	1）ある概念を拡張の前後で探究できるように，拡張後で複数の正答が生じ得る求答問題を与える。 2）定義の必要性に気がついて，暫定的な定義を構成できるように，拡張後の範囲における概念の定義を問う。 3）構成した定義を数学的定義へと洗練できるように，拡張前の範囲における定義に立ち返ることを促す。	
局所的体系の構築における定義活動	1）局所的体系において複数の対象を考察できるように，未完成な体系について考察する問題を与える。 2）定義の必要性に気がついて，暫定的な定義を構成できるように，その体系における複数の対象間の関係を問う。 3）構成した定義を数学的定義へと洗練できるように，その体系において定義が果たしている役割への注目を促す。	

256 終 章 本研究の結論・意義・課題

第 **2** 節
研究の意義

　本研究の意義は，以下の3つである。

　第一に，研究課題1の解決によって，数学的探究における定義活動の方法を明らかにしたことである。第1章第3・4節で示したように，定義活動に関する学術研究上の課題として，定義活動の文脈や目的が明らかにされていないことが指摘できる。この課題を解決するために本研究では，先行研究のように，実証的分析を通して定義活動の記述的側面を明らかにしようするのではなく，理論的分析を通して定義活動の規範的側面を明らかにしようとした。具体的には，「数学的探究」と「定義活動」という2つの鍵概念を規定したうえで，両者を理論的に考察することを通して，数学的探究における定義活動の方法を明らかにした。数学的探究における定義活動の方法は，定義活動に関する先行研究（Zandieh & Rasmussen, 2010; Kobiela & Lehrer, 2015）においても，数学的定義の要件に関する先行研究（Borasi, 1986; Borasi, 1992; van Dormolen & Zaslavsky, 2003）においても明らかにされてこなかった，「どのようにして定義をより数学的な定義に洗練していくべきか」を説明するものである。したがって，研究課題1の達成は，数学的探究の文脈において，主体が暫定的な定義を構成したり，定義をより数学的な定義へと洗練したりする際の方法を理論的に明らかにしたという点において，学術研究上の意義がある。

　第二に，研究課題2の解決によって，数学的探究における定義活動を促進するための課題を明らかにしたことである。第1章第2節第2項（2）で示したように，日本の生徒たちによる定義の学習に関する教育実践上の課題として，生徒たちが定義の意義を理解していないことが指摘できる。この課題を解決するために本研究では，数学的探究における定義活動に取り組むことを学習目標として設定したうえで，数学的探究の各類型において定義活動を促進するための課題を考察した。具体的には，事柄の証明と論駁における定義活動を促進するための課題として「多角形の接着」を，数学的概念の拡張における定義活動を促進するための課題として「四捨五入の拡張」を設計した。また，局所的体

系の構築における定義活動の事例として，特別な四角形に関する教材研究を行った。これらの課題は，定義の構成活動に関する国内の先行研究（中西・國宗他，1983；礒田，1987；太田，1995，岡崎，1999；清水，2000など）では取り上げられていない，筆者が自分自身で考案したものであり，かつ，中学生を対象とした研究授業を通して，その効果が検証されたものである。したがって，研究課題2の達成は，実際の中学生が数学的探究における定義活動に取り組むことのできる課題を実践的に明らかにしたという点において，教育実践上の意義がある。

　第三に，研究目的の達成によって，数学的探究における定義活動を促進するための課題設計原理を明らかにしたことである。第4章第1節第1項で示したように，課題設計原理は，予見的理論要素を含むものであり，理論的にも実践的にも役立つことが期待される。つまり，ある状況においてある活動が発生するために必要な条件を示すものとしてみれば，学術研究における理論に貢献し得る。一方で，課題を用いて授業を実践する際の要点を示すものとしてみれば，教育実践における授業に貢献し得る。したがって，研究目的の達成は，数学的探究における定義活動を促進するための課題のあり方を，理論的にも実践的にも明らかにしたという点において，学術研究上及び教育実践上の意義がある。

第 3 節
今後の課題

　今後の課題は，以下の4つである。

　第一に，長期的・継続的な計画で，デザイン研究を実施することである。第4章第1節第2項で示したように，本論文は，デザイン研究を完全に実施するものであるというよりは，今後の研究の発展を視野に入れつつ，デザイン研究の端緒に取り組むものである。実際，本論文では時間的・立場的な制約から，準備，実践，反省という一連の手続きは1周のみの実施となっている。そのため，デザイン研究のもつ反復的・循環的な特徴が十分に表れていない，修正した課題を用いた実践が行われていない，課題設計原理以外の局所的理論の生成が行われていない，といった点が課題として残されている。それゆえ，本研究の成果をふまえたうえで，引き続き中学校・高等学校教員の協力を得ながら，課題設計と研究授業を継続していくことが必要である。

　第二に，局所的体系の構築における定義活動を促進するための課題設計原理を精緻化することである。本論文では，局所的体系の構築における定義活動を，方法の適用可能性を例証するための教材研究の事例として位置づけた。なぜなら，局所的体系の構築は，様々の性質や命題を順序づけていく活動である以上，1～2時間構成の授業として実施することが困難だからである。一方で，第3章第2節で示した，特別な四角形に関する題材は，筆者が「定義活動」を研究主題に掲げることを決めた契機となったものである。つまり，第3章第2節の特別な四角形に関する教材研究は，筆者自身が経験した数学的探究の過程そのものである。それゆえ，この題材は，筆者にとって思い入れの強いものである。したがって，生徒たちが同様の活動に取り組めるように，長期的な視野から，特別な四角形を題材として，局所的体系の構築における定義活動を促進するための課題を設計して，研究授業を実施したいと考えている。

　第三に，学校数学における定義活動を促進するための課題設計原理を明らかにすることである。本研究では，定義活動の前提となる文脈として数学的探究を位置づけたが，結果として，設計した課題における定義の対象は，多角形や

四捨五入といった，中学校数学科の教育課程からみて少々独特なものとなっている。この点については，第4章第2節第1項（2）で示したように，教育課程において示されている数学的内容の理解と，定義に関わる数学的活動の経験とを，どのように両立させるかという教育課程論上の大きな問題と関わっている。したがって，学校数学の教育課程をより射程に入れたうえで，定義活動の促進について，引き続き研究を継続していく必要がある。

　第四に，活動の促進にとどまらず，生徒たちによる定義の意義の実感や，生徒たちのもつ定義観の変容を，研究の射程に入れることである。第2章第4節で示したように，これらは定義活動の教育的価値として重要である一方で，本論文のような数回の授業で，その達成を明らかにすることは難しい。したがって，生徒のもつ定義観やその変容を調査することも含めたうえで，本来のデザイン研究のあり方である，長期的・継続的な計画で，定義活動に関する課題設計と研究授業を実施していきたいと考えている。

引用・参考文献

【和文】

荒川幾男他（編），(1971).『哲学事典』. 東京：平凡社.

礒田正美（1987).「体系化の立場から見た中2の図形指導」.『日本数学教育学会誌 数学教育』, 第69巻 第11号, pp. 23-32.

岩﨑浩（2003).「メタ知識の構造化，意味の明確化の試み：概念の相補性の視座から」. 全国数学教育学会 第17回研究発表会 発表資料.

上野健爾他（編），(2005).『数学入門辞典』. 東京：岩波書店.

宇佐美寬（1987).『教育において「思考」とは何か：思考指導の哲学的分析（現代授業論双書；63)』. 東京：明治図書.（原著出版 1968年）

内山勝利・神崎繁・中畑正志（編），(2013).『アリストテレス全集1 カテゴリー論／命題論』(中畑正志・早瀬篤・近藤智彦・髙橋英海訳). 東京：岩波書店.

太田伸也（1995).「生徒に幾何の世界を構成させる図形指導：ディベート『凹四角形の外角の和は360°である』を取り入れて」.『日本数学教育学会誌 数学教育』, 第77巻 第5号, pp. 99-107.

大谷洋貴（2017).「我が国における統計教育研究の傾向」.『全国数学教育学会誌 数学教育学研究』, 第23巻 第1号, pp. 33-44.

大谷実（2002).『学校数学の一斉授業における数学的活動の社会的構成』. 東京：風間書房.

岡崎正和（1999).「図形を定義する活動の位置づけに関する基礎的考察：図形の相互関係の理解に関する調査と関連して」.『全国数学教育学会誌 数学教育学研究』, 第5巻, pp. 101-110.

岡崎正和（2007).「数学教育研究方法論としてのデザイン実験の位置と課題」.『全国数学教育学会誌 数学教育学研究』, 第13巻, pp. 1-13.

小笠原道雄（1990).「形式陶冶，実質陶冶」. 細谷俊夫・奥田真丈・河野重男・今野喜清（編），『新教育学大事典 第3巻』(pp. 14-15). 東京：第一法規.

小倉金之助・鍋島信太郎（1957).『現代数学教育史』. 東京：大日本図書.

北原和夫他（2008).『21世紀の科学技術リテラシー像〜豊かに生きるための智〜プロジェクト：数理科学専門部会報告書』.

國本景亀（1989).「図形指導における体系化の基礎的研究：四角形の包摂関係に着目して」.『日本数学教育学会 第22回数学教育論文発表会論文集』, pp. 353-358.

小関熙純他（1980).「図形における論証指導について：第3次報告（その2)」.『日本数学教育学会誌 数学教育』, 第62巻 第5号, pp. 2-10.

小関熙純他（1981).「図形における論証指導について：第4次報告（その1)」.『日本数学教育学会誌 数学教育』, 第63巻 第11号, pp. 3-10.

小関熙純他（1982).「図形における論証指導について：第5次報告」.『日本数学教

育学会誌 数学教育』，第64巻 第9号，pp. 2-14.

小松孝太郎（2009）．「学校数学における証明する活動のあり方：数学的探究に焦点をあてて」．『筑波大学教育学系論集』，第33巻，pp. 1-14.

小松孝太郎（2010）．「数学的探究における action proof の活用の促進：事例研究を通して」．『日本数学教育学会誌 数学教育学論究』，第93号，pp. 3-29.

小松孝太郎（2011）．「ラカトシュの可謬主義から見た数学的探究とその教育的意義：証明に焦点を当てて」．『科学教育研究』，第35巻 第3号，pp. 272-286.

小松孝太郎（2014）．『算数・数学教育における証明指導の改善』．東京：東洋館出版社.

小松孝太郎（2023）．「学校数学における課題設計原理の開発に関する研究の枠組み」．『日本数学教育学会誌 数学教育』，第105巻 第1号，pp. 2-13.

近藤洋逸・好並英司（1979）．『論理学入門』．東京：岩波書店.

四之宮暢彦（2014）．「概念の拡張による数学的定義の再構成過程に関する一考察：中学生ペアによる活動の分析」．『日本数学教育学会誌 数学教育学論究（第47回秋期研究大会特集号）』，pp. 65-72.

島田茂（1990）．『教職数学シリーズ実践編10 教師のための問題集』．東京：共立出版.

清水美憲（1997）．「J. W. A. ヤングの数学の淘冶的価値論における『思考の様式』について：フォセットの『証明の本性』へと連なるもの」．『筑波数学教育研究』，第16号，pp. 39-48.

清水美憲（1999）．「論証指導における定義の構成について」．杉山吉茂先生ご退官記念論文集編集委員会（編著），『新しい算数・数学教育の実践をめざして』（pp. 214-223）．東京：東洋館出版社.

清水美憲（2000）．「数学的定義の構成活動による定義の役割の理解に関する研究：教授実験を通して」．『日本数学教育学会誌 数学教育学論究』，第73・74号，pp. 3-26.

清水美憲（2007）．『算数・数学教育における思考指導の方法』．東京：東洋館出版社.

清水美憲（2012）．「学校数学における数学的定義の構成活動の意義」．杉山吉茂先生喜寿記念論文集編集委員会（編著），『続・新しい算数数学教育の実践をめざして』（pp. 219-230）．東京：東洋館出版社.

新村出（編），（2018）．『広辞苑 第七版』．東京：岩波書店.

杉山吉茂（1990）．「第2章 算数指導の目標：新学習指導要領との関連から」．杉岡司馬他（共著），『新算数指導の実践と進展のためのポイント（算数教育講座＝1990年）』（pp. 39-77）．東京：東洋館出版社.

杉山吉茂（2010）．『復刻 公理的方法に基づく算数・数学の学習指導』．東京：東洋館出版社.（原著出版 1986年）

辻山洋介（2018）．『学校数学における証明活動の方法に関する研究：argumentation を視点として』．筑波大学 博士学位申請論文（未公刊）.

長崎栄三（2010）．「§2 目的・目標論」．日本数学教育学会（編），『数学教育学研

究ハンドブック』（pp. 24-29）．東京：東洋館出版社．

中島健三（1981）．『算数・数学教育と数学的な考え方：その進展のための考察』．東京：金子書房．

中西知真紀・國宗進他（1983）．「図形における論証指導について：第6次報告」．『日本数学教育学会誌 数学教育』，第65巻 第3号，pp. 13-24.

中原忠男（1995）．「何のための算数・数学教育か：算数・数学教育の目的」．『日本数学教育学会誌 数学教育』，第77巻 第6・7号，pp. 104-107.

ユークリッド，E.,（2011）．『ユークリッド原論（追補版）』ハイベルク，I，E（編）（中村幸四郎・寺阪英孝・伊東俊太郎・池田美恵共訳）．共立出版．

浪川幸彦（2014）．「学校数学から見える数学の風景 第11回：『集合』から『図形』へ」．『数学セミナー』，639号，pp. 56-59.

浪川幸彦（2015）．「学校数学から見える数学の風景 追記：台形の双対」．『数学セミナー』，644号，pp. 60-61.

布川和彦（1994）．「ラカトシュ理論の数学的問題解決論への援用」，『上越数学教育研究』，第9号，pp. 23-32.

パスカル，B.（2014）．「幾何学的精神について（文庫版付録）」（佐々木力訳）．『パスカル 数学論文集』（原亨吉訳）（pp. 337-395）．東京：筑摩書房．（原著出版1655年頃）

長谷川栄（1966）．「教材構成におけるエクセンプラリッシュ方式の意味」．山田栄先生退官記念の会（編），『教育課程と世界観（山田栄博士退官記念論文集）』（pp. 198-222）．東京：高陵社．

長谷川栄（1969）．「範例教授・学習と形式陶冶」．『教育方法学研究』，第3号，pp. 26-41.

濱中裕明（2009）．「低次元日記：四角形の分類（2009年6月1日）」．https://teijigen.wordpress.com/2009/06/01/四角形の分類/（2022.11.30最終確認）

早田透（2014）．「数学学習における一般化の機能に関する研究」．『全国数学教育学会誌 数学教育学研究』，第20巻 第2号，pp. 31-38.

ヒルベルト，D.（2005）．『幾何学基礎論』（中村幸四郎訳）．東京：筑摩書房．（原著出版1930年）

辺見佳奈子（2016）．「ファミリービジネス分野における長期存続思考に関する研究：ナラティブレビューとシステマティックレビューから」．『経営研究』，第67巻 第2号，pp. 117-136.

松尾七重（2004）．「定義の捉え方が図形の概念形成に及ぼす影響：小学校6年生と中学校2年生の捉え方の分析を通して」．『日本数学教育学会 第37回数学教育論文発表会論文集』，pp. 307-312.

三野榮治（1977）．「数学教育における記号表現の問題（Ⅳ）：包摂関係とその表記」．『島根大学教育学部紀要（教育科学）』，第11号，pp. 37-47.

宮川健（2011）．「フランスを起源とする数学教授学の『学』としての性格：わが国

における『学』としての数学教育研究をめざして」.『日本数学教育学会誌 数学教育学論究』,第94号,pp. 37-68.

宮﨑樹夫（1995）.『学校数学における証明に関する研究：証明に至る段階に説明の水準を設定することを通して』.筑波大学 博士学位申請論文（未公刊）.

山名淳（2015）.「『陶冶』と『人間形成』：ビルドゥング（Bildung）をめぐる教育学的な意味世界の構成」.小笠原道雄（編）,『教育哲学の課題「教育の知とは何か」：啓蒙・革新・実践（教育的思考の作法5）』（pp. 203-220）.東京：福村出版.

和田義信（1977）.「『考える』とはどんなことか」.和田義信（編著）,『考えることの教育（教育学研究全集 第13巻）』（pp. 1-40）.東京：第一法規.

【欧文】

Alcock, L., & Simpson, A. (2002). Definitions: Dealing with categories mathematically. *For the Learning of Mathematics, 22*(2), 28-34.

Alcock, L., & Simpson, A. (2017). Interactions between defining, explaining and classifying: The case of increasing and decreasing sequences. *Educational Studies in Mathematics, 94*(1), 5-19.

Bakker, A. (2018). *Design research in education: A practical guide for early career researchers.* New York, NY: Routledge.

Balacheff, N. (1988). A study of students' proving processes at the junior high school level. In I. Wirszup, & R. Streit (Eds.), *Proceedings of the Second UCSMP International Conference on Mathematics Education* (pp. 284-297). Reston, VA: National Council of Teachers of Mathematics.

Bidwell, J. K., & Clason, R. G. (1970). *Readings in the history of mathematics education.* Northwest, DC: National Council of Teachers of Mathematics.

Borasi, R. (1986). *On the educational roles of mathematical errors: Beyond diagnosis and remediation.* Ph. D. dissertation, State University of New York at Buffalo. Retrieved from University Microfilms International.

Borasi, R. (1992). *Learning mathematics through inquiry.* Portsmouth, NH: Heinemann.

Borasi, R. (1994). Capitalizing on errors as "spring-boards for inquiry": A teaching experiment. *Journal for Research in Mathematics Education, 25*(2), 166-208.

Borasi, R. (1996). *Reconceiving mathematics instruction: A focus on errors.* Norwood, NJ: Ablex Publishing Corporation.

Class of 1938 University High School the Ohio State University (1938). *Were we guinea pigs?* New York, NY: Henry Holt and Company.

Cobb, P., Jackson, K., & Sharpe, C. D. (2017). Conducting design studies to investigate and support mathematics students' and teachers' learning. In J. Cai (Ed.), *Compendium for research in mathematics education* (pp. 208-233).

Reston, VA: National Council of Teachers of Mathematics.

Dawkins, P. C. (2012). Metaphor as a possible pathway to more formal understanding of the definition of sequence convergence. *Journal of Mathematical Behavior, 31*(3), 331-343.

De Villiers, M. (1990). The role and function of proof in mathematics. *Pythagoras, 24*, 17-24.

De Villiers, M. (1994). The role and function of a hierarchical classification of quadrilaterals. *For the Learning of Mathematics, 14*(1), 11-18.

De Villiers, M. (1998). To teach definitions in geometry or teach to define? In A. Olivier, & K. Newstead (Eds.), *Proceedings of the 22nd Conference of the International Group for the Psychology of Mathematics Education* (Vol. 2, pp. 248-255). Stellenbosch, South Africa: PME.

De Villiers, M. (2009). *Some adventures in Euclidean geometry.* Morrisville, NC: LULU Press.

Dewey, J. (1938). *Logic: The theory of inquiry.* New York, NY: Henry Holt and Company, Inc.

〔=デューイ, J. (1968).「論理学：探究の理論（第 1 - 8 章）」(魚津郁夫訳). 上山春平（編),『パース ジェイムズ デューイ』(世界の名著59) (pp. 389-546). 東京：中央公論社.〕

〔=デューイ, J. (2013).『行動の論理学：探求の理論』(河村望訳). 東京：人間の科学新社.〕

Fawcett, H. P. (1935). Teaching for transfer. *The Mathematics Teacher, 28*(8), 465-472.

Fawcett, H. P. (1938). *The nature of proof: A description and evaluation of certain procedures used in a senior high school to develop an understanding of the nature of proof.* New York, NY: Bureau of Publications Teachers College, Columbia University.

Fischbein, E. (1993). The theory of figural concepts. *Educational Studies in Mathematics, 24*(2), pp. 139-162.

Flener, F. (2006). *The guinea pigs after 60 years: The 30-school experiment worked for them.* Bloomington, Indiana: Xlibris Corporation.

Freudenthal, H. (1971). Geometry between the devil and the deep sea. *Educational Studies in Mathematics, 3*（3 - 4）, 413-435.

Freudenthal, H. (1973). *Mathematics as an educational task.* Dordrecht, Netherlands: D. Reidel Publishing Company.

Fujita, T., Doney, J., & Wegerif, R. (2019). Students' collaborative decision-making processes in defining and classifying quadrilaterals: A semiotic/dialogic approach. *Educational Studies in Mathematics, 101*(3), 341-356.

Gravemeijer, K., & Prediger, S. (2019). Topic-specific design research: An introduction. In G. Kaiser, & N. Presmeg (Eds.), *Compendium for Early Career Researchers in Mathematics Education, ICME-13 Monographs* (pp. 33-57). Cham, Switzerland: Springer.

Hanna, G., & Jahnke, H. N. (1996). Chapter 23: Proof and proving. In A. Bishop, K. Clements, C. Keitel, J. Kilpatrick, & C. Laborde (Eds.), *International Handbook of Mathematics Education* (pp. 877-908). Dordrecht, Netherlands: Kluwer Academic Publishers.

Jesson, J., Matheson, L., & Lacey, F. M. (2011). *Doing your literature review: Traditional and systematic techniques.* Los Angeles, CA: SAGE Publications Ltd.

Johnson, H. L., Blume, G. W., Shimizu, J. K., Graysay, D., & Konnova, S. (2014). A teacher's conception of definition and use of examples when doing and teaching mathematics. *Mathematical Thinking and Learning, 16*(4), 285-311.

Kilpatrick, J. (1987). What constructivism might be in mathematics education. In J. C. Bergeron, N. Herscovics, & C. Kieran (Eds.), *Proceedings of the 11th International Conference on the Psychology of Mathematics Education* (Vol. 1, pp. 3-27). Montreal, Canada: PME.

Kline, M. (1980). *Mathematics: The loss of certainty.* New York, NY: Oxford University Press.

〔＝クライン, M.（1984）.『不確実性の数学：数学の世界の夢と現実（上・下）』（三村護・入江晴栄訳）. 東京：紀伊國屋書店.〕

Kobiela, M. (2012). *Mathematical defining as a practice: Investigations of characterization, investigation, and development.* Doctoral dissertation, Vanderbilt University. Retrieved from Electronic Theses and Dissertations.

Kobiela, M., & Lehrer, R. (2015). The codevelopment of mathematical concepts and the practice of defining. *Journal for Research in Mathematics Education, 46*(4), 423-454.

Kobiela, M., Jackson, K. J., Savard, A., & Shahan, E. (2018). Sorting to develop definitional reasoning: Engage students of all grade levels in an activity with geometric objects. *Teaching Children Mathematics 24*(4), 250-257.

Koichu, B. (2012). Enhancing an intellectual need for defining and proving: A case of impossible objects. *For the Learning of Mathematics, 32*(1), 2-7.

Komatsu, K. (2016). A framework for proofs and refutations in school mathematics: Increasing content by deductive guessing. *Educational Studies in Mathematics, 92*(2), 147-162.

Komatsu, K., & Jones, K. (2019). Task design principles for heuristic refutation in dynamic geometry environments. *International Journal of Science and Mathematics Education, 17*(4), 801-824.

Komatsu, K., & Jones, K. (2022). Generating mathematical knowledge in the classroom through proof, refutation, and abductive reasoning. *Educational Studies in Mathematics, 109*(3), 567-591.

Lakatos, I. (1961). *Essays in the logic of mathematical discovery.* Ph. D. dissertation, University of Cambridge. Retrieved from Cambridge University Library, Digital Content Unit.

Lakatos, I. (1963a). Proofs and refutations (I). *The British Journal for the Philosophy of Science, 53,* 1-25.

Lakatos, I. (1963b). Proofs and refutations (II). *The British Journal for the Philosophy of Science, 54,* 120-139.

Lakatos, I. (1963c). Proofs and refutations (III). *The British Journal for the Philosophy of Science, 55,* 221-245.

Lakatos, I. (1964). Proofs and refutations (IV). *The British Journal for the Philosophy of Science, 56,* 296-342.

Lakatos, I. (1976). *Proofs and refutations: The logic of mathematical discovery.* Cambridge, England: Cambridge University Press.

Lakatos, I. (1978). *The methodology of scientific research programmes: Philosophical papers, Vol. 1.* Cambridge, England: Cambridge University Press. 〔＝ラカトシュ, I. (1986). 『方法の擁護：科学的研究プログラムの方法論』(村上陽一郎・井山弘幸・小林傳司・横山輝雄共訳). 東京：新曜社.〕

Lampert, M. (1990). When the problem is not the question and the solution is not the answer: Mathematical knowing and teaching. *American Educational Research Journal, 27*(1), 29-63.

Larsen, S., & Zandieh, M. (2008). Proofs and refutations in the undergraduate mathematics classroom. *Educational Studies in Mathematics, 67*(3), 205-216.

Leikin, R., & Winicki-Landman, G. (2000). On equivalent and non-equivalent definitions: Part 2. *For the Learning of Mathematics, 20*(2), 24-29.

Leikin, R., & Winicki-Landman, G. (2001). Defining as a vehicle for professional development of secondary school mathematics teachers. *Mathematics Teacher Education and Development, 3,* 62-73.

Mariotti, M. A., & Fischbein, E. (1997). Defining in classroom activities. *Educational Studies in Mathematics, 34*(3), 219-248.

Mariotti, M. A., Bartolini, M., Boero, P., Ferri, F., & Garuti, R. (1997). Approaching geometry theorems in contexts: From history and epistemology to cognition. In E. Pehkonen (Ed.), *Proceedings of the 21st Conference of the International Group for the Psychology of Mathematics Education* (Vol.1, pp. 180-195). Lahti, Finland: PME.

The National Committee on Mathematical Requirements (1923). *The reorganization of mathematics in secondary education.* Northwest, DC: The Mathematical Association of America.

The National Council of Teachers of Mathematics (1970). *A history of mathematics education in the United States and Canada (Thirty-second yearbook)*. Northwest, DC: National Council of Teachers of Mathematics.

Ouvrier-Buffet, C. (2004). Construction of mathematical definitions: An epistemological and didactical study. In M. J. Hoines, & A. B. Fuglestad (Eds.), *Proceedings of the 28th Conference of the International Group for the Psychology of Mathematics Education* (Vol.3, pp. 473-480). Bergen, Norway: PME.

Ouvrier-Buffet, C. (2006). Exploring mathematical definition construction processes. *Educational Studies in Mathematics, 63*(3), 259-282.

Ouvrier-Buffet, C. (2011). A mathematical experience involving defining processes: In-action definitions and zero-definitions. *Educational Studies in Mathematics, 76*(2), 165-182.

Peirce, C. S. (1877). The fixation of belief. *Popular Science Monthly, 12*, 1-15.
〔＝パース，C. S.（1980）.「探究の方法」（上山春平訳）. 上山春平（編），『パース ジェイムズ デューイ』（世界の名著59）（pp. 53-75）. 東京：中央公論社.〕

Peirce, C. S. (1878). How to make our ideas clear. *Popular Science Monthly, 12*, 286-302.
〔＝パース，C. S.（1980）.「概念を明晰にする方法」（上山春平訳）. 上山春平（編），『パース ジェイムズ デューイ』（世界の名著59）（pp. 76-102）. 東京：中央公論社.〕

Pimm, D. (1993). Just a matter of definition. *Educational Studies in Mathematics, 25*(3), 261-277.

Polya, G. (1954): *Mathematics and plausible reasoning, Vol. 1: Induction and analogy in mathematics*. Princeton, NJ: Princeton University Press.
〔＝ポリア，G.（1959）.『帰納と類比（数学における発見はいかになされるか1）』（柴垣和三雄訳）. 東京：丸善株式会社.〕

Polya, G. (1962). *Mathematical discovery on understanding, learning, and teaching problem solving. Volume I*. New York, NY: John Wiley & Sons, Inc.
〔＝ポリア，G.（1964）.『数学の問題の発見的解き方（第Ⅰ巻）』（柴垣和三雄・金山靖夫訳）. 東京：みすず書房.〕

Prediger, S. (2019). Theorizing in design research: Methodological reflections on developing and connecting theory elements for language-responsive mathematics classrooms. *AIEM - Avances de Investigación en Educación Matemática, 15*, 5-27.

Radovic, D., Black, L., Williams, J., & Salas, C. (2018). Towards conceptual coherence in the research on mathematics learner identity: A systematic review of the literature. *Educational Studies in Mathematics, 99*(1), 21-42.

Robinson, R. (1954). *Definition*. Oxford, England: Clarendon Press.

Roh, H. R. (2010). An empirical study of students' understanding of a logical structure in the definition of limit via the ε-strip activity. *Educational Studies in Mathematics, 73*(3), 263-279.

Sfard, A. (1992). Operational origins of mathematical objects and the quandary of reification: The case of function. In E. Dubinsky, & G. Harel (Eds.), *The concept of function: Aspects of epistemology and pedagogy, MAA Notes 25* (pp.59-84). Washington, DC: Mathematical Association of America.

Sinclair, N., Bartolini Bussi, M. G., de Villiers, M., Jones, K., Kortenkamp, U., Leung, A., & Owens, K. (2016). Recent research on geometry education: An ICME-13 survey team report. *ZDM Mathematics Education, 48*(5), 691-719.

Sinclair, N., Cirillo, M., & de Villiers, M. (2017). The learning and teaching of geometry. In J. Cai (Ed.), *Compendium for research in mathematics education* (pp. 457-489). Reston, VA: National Council of Teachers of Mathematics.

Stahnke, R., Schueler, S., & Roesken-Winter, B. (2016). Teachers' perception, interpretation, and decision-making: A systematic review of empirical mathematics education research. *ZDM Mathematics Education, 48*(1-2), 1-27.

Tall, D., & Vinner, S. (1981). Concept image and concept definition in mathematics with particular reference to limits and continuity. *Educational Studies in Mathematics, 12*(2), 151-169.

Tanguay, D., & Grenier, D. (2010). Experimentation and proof in a solid geometry teaching situation. *For the Learning of Mathematics, 30*(3), 36-42.

Thorndike, E. L., & Woodworth, R. S. (1901). The influence of improvement in one mental function upon the efficiency of other functions (I). *Psychological Review, 8*(3), 247-261.

Thurston, W. P. (1994). On proof and progress in mathematics. *Bulletin of the American Mathematical Society, 30*(2), 161-177.

Tirosh, D., Tsamir, P., Levenson, E., Barkai, R., & Tabach, M. (2019). Preschool teachers' knowledge of repeating patterns: Focusing on structure and the unit of repeat. *Journal of Mathematics Teacher Education, 22*(3), 305-325.

Törner, G., & Arzarello, F. (2012). Grading mathematics education research journals. *Newsletter of the European Mathematics Society, 86*, 52-54.

Tsamir, P., Tirosh, D., Levenson, E., Barkai, R., & Tabach, M. (2015). Early-years teachers' concept images and concept definitions: Triangles, circles, and cylinders. *ZDM: Mathematics Education, 47*(3), 497-509.

Van den Akker, J. (2013). Curricular development research as specimen of educational design research. In T. Plomp, & N. Nieveen (Eds.), *Educational design research. Part A: An introduction* (pp. 53-70). Enschede, Netherlands: SLO.

Van Dormolen, J., & Zaslavsky, O. (2003). The many facets of a definition: The case of periodicity. *Journal of Mathematical Behavior, 22*(1), 91-106.

Vinner, S. (1983). Concept definition, concept image and the notion of function. *International Journal of Mathematical Education in Science and Technology, 14*(3), 293-305.

Vinner S., & Dreyfus, T. (1989). Images and definitions for the concept of function. *Journal for Research in Mathematics Education, 20*(4), 356-366.

Vinner, S. (1991). The role of definitions in the teaching and learning of mathematics. In D. Tall (Ed.), *Advanced mathematical thinking* (pp. 65-81). Dordrecht, Netherlands: Kluwer Academic Publishers.

Wheeler, R. F. (1958). Quadrilaterals (Class room notes). *Mathematical Gazette, 342*, 25-26.

Willis, M. (1961). *The guinea pigs after twenty years: A follow-up study of the Class of 1938 of the University School Ohio State.* Columbus, Ohio: Ohio State University Press.

Wilson, P. S. (1990). Inconsistent ideas related to definitions and examples. *Focus on Learning Problems in Mathematics, 12*(3-4), 31-47.

Winicki-Landman, G., & Leikin, R. (2000). On equivalent and non-equivalent definitions: Part 1. *For the Learning of Mathematics, 20*(1), 17-21.

Worrall, J. (1976). Imre Lakatos (1922-1974): Philosopher of mathematics and philosopher of science. In R. S. Cohen, P. K. Feyerabend, & M. W. Wartofsky (Eds.), *Essays in memory of Imre Lakatos* (pp. 1-8). Dordrecht, Netherlands: D. Reidel Publishing Company.

Young, J. W. A. (2015). *The teaching of mathematics in the elementary and the secondary school.* New York, NY: Longmans, Green, and, Co. (The original edition was published in 1906.)

Zandieh, M., & Rasmussen, C. (2010). Defining as a mathematical activity: A framework for characterizing progress from informal to more formal ways of reasoning. *Journal of Mathematical Behavior, 29*(2), 57-75.

Zaslavsky, O., & Shir, K. (2005). Students' conceptions of a mathematical definition. *Journal for Research in Mathematics Education, 36*(4), 317-346.

【学習指導要領・学習指導要領解説】

文部科学省（2018a）.『中学校学習指導要領（平成29年告示)』. 京都：東山書房.

文部科学省（2018b）.『中学校学習指導要領（平成29年告示）解説 数学編』. 大阪：日本文教出版.

文部科学省（2019）.『高等学校学習指導要領（平成30年告示）解説 数学編 理数編』. 東京：学校図書.

270　引用・参考文献

【教科用図書】

彌永昌吉他（1962）．『新しい数学 1，2，3』．東京：東京書籍．

彌永昌吉他（1972）．『新しい数学 1，2，3』．東京：東京書籍．

小平邦彦他（1981）．『新しい数学 1，2，3』．東京：東京書籍．

藤田宏他（1993）．『新しい数学 1，2，3』．東京：東京書籍．

杉山吉茂他（2002）．『新しい数学 1，2，3』．東京：東京書籍．

藤井斉亮他（2012）．『新しい数学 1，2，3』．東京：東京書籍．

藤井斉亮他（2021a）．『新しい数学 1，2，3』．東京：東京書籍．

藤井斉亮他（2021b）．『新しい数学 2』．東京：東京書籍．

藤井斉亮他（2020）．『新しい算数 5 上』．東京：東京書籍．

池田敏和他（2021）．『中学校 数学 3』．東京：学校図書．

【本論文に関係する筆者の主要な研究】

村田翔吾（2014）．『現代における数学教育目的論の多元的分析：数学者 H. バスの数
学教育論を手がかりに』．筑波大学人間学群教育学類 卒業論文（未公刊）．

村田翔吾（2017）．『学校数学における教科内容の構成に関する研究：メタ数学を視
点として』．筑波大学大学院人間総合科学研究科教育学専攻 修士論文（未公刊）．

Murata, S. (2018). A comparative analysis of mathematics curriculum: The case of
the Triangle Sum Theorem. In F. Hsieh (Ed.), *Proceedings of the 8th ICMI-
East Asia Regional Conferences on Mathematics Education* (Vol.2, pp. 140-147).
Taipei, Taiwan: EARCOME.

村田翔吾（2018a）．「四角形の包摂関係の拡張過程に関する一考察：対象言語とメタ
言語に着目して」．『日本数学教育学会誌 数学教育』，第100巻 第 3 号，pp. 3-10.

村田翔吾（2018b）．「数学的定義の構成過程における『メタ定義』の意義」．『日本数
学教育学会 第51回秋期研究大会発表集録（論文発表の部）』（pp. 121-128）．

Murata, S. (2019). The functions of a hierarchical classification of quadrilaterals in
Japanese textbook: Its presentation and limitation. In Rezat, S., Fan, L.,
Hattermann, M., Schumacher, J., & Wuschke, H. (Eds.), *Proceedings of the
Third International Conference on Mathematics Textbook Research and
Development* (pp. 275-280). Paderborn, Germany: ICMT.

村田翔吾（2020a）．「数学的探究における定義活動を促進するための教材の開発」．
『日本数学教育学会 第53回秋期研究大会発表集録（論文発表の部）』（pp. 57-
64）．

村田翔吾（2020b）．「数学的探究における定義活動の方法に関する研究：規範的側面
に焦点を当てて」．『日本数学教育学会誌 数学教育学論究』，第114号，pp. 19-38.

村田翔吾（2021）．「ラカトシュによる数学的知識の生成論とその学校数学への援用
可能性：零定義から証明生成定義への洗練に焦点を当てて」．『科学教育研究』，
第45巻 第 3 号，pp. 331-346.

村田翔吾・四之宮暢彦（2023a）．「学校数学における課題設計原理の開発の実際：数

学的概念の拡張における定義活動を事例として」．『日本数学教育学会第11回春期研究大会論文集』，pp. 155-162.

村田翔吾・四之宮暢彦（2023b）．「数学的概念の拡張における定義活動の促進に関する研究：課題『四捨五入の拡張』の設計と検証」．『日本数学教育学会誌 数学教育』，第105巻 第11号，pp. 2-15.

村田翔吾・早川竣（2023）．「事柄の証明と論駁における定義活動を促進するための教材開発研究：定義の洗練に焦点を当てて」．『科学教育研究』，第47巻 第4号，pp. 454-470.

資 料

資料1：授業Iの学習指導案・ワークシート
資料2：授業Iのトランスクリプト・板書
資料3：授業IIの学習指導案・ワークシート
資料4：授業IIのトランスクリプト・板書

トランスクリプトにおける記号等の意味は，以下のとおりである。
T：教師　Sr：特定の生徒　S：不特定の生徒　Ss：不特定の生徒たち　O：観察者
（　　　）：重複発言　〔　　　〕：表出行動　／：間隔

資　料　　273

資料１：授業Ⅰの学習指導案・ワークシート

数学科　学習指導案

日　時　令和４年６月１４日（火）
３校時（１０：４０〜１１：３０）
令和４年６月１５日（水）
４校時（１１：４０〜１２：３０）
対　象　■■■■標準コース（　２８名　）
授業者　台東区立上野中学校　早川　竣
場　所　■■■■■■教室

1　単元名
多角形の接着（トピック的に扱う）

2　単元の目標
２つの多角形を接着してできる図形の性質に関する証明と論駁に取り組む過程において，「多角形」の定義を構成（確認）し，証明上の着想に基づいて洗練できるようにする。

3　使用する教材について
○ワークシート
○ポリドロン
○教員用タブレットＰＣ
○電子黒板，書画カメラ

4　指導観
（１）単元観
小学校５年生では，多角形について具体的な例とともに学習している。また，中学校１年生では直線と線分について，中学校２年生では，多角形の内角や外角にまつわる性質を学習している。これらの経験をもとにして，これまで明示的に行われてこなかった多角形の定義を教師が天下り的に教えるのではなく，数学的探究を通じて生徒自身で構成することをねらいとする。今回の活動では，証明に基づく定義の洗練活動を，生徒に体験させることに主眼を置く。

（２）生徒観
今回授業を行うクラスは，習熟度別の標準的な学力のコースである。「標準コース」という名前ではあるが，実際は幅広い学力層となっている。数学的探究を行う授業においては，理解の程度に差があるため，グループ・ペアによる活動を適宜取り入れる。理解度が高くない生徒でも，多くのアイデアがでるように授業を設計する。

274 　資　料

5　学習活動（全2時間）

＜1時間目＞

（1）本時の目標

・2つの多角形を接着してできる図形の性質に関する証明に取り組んでいる。

・反例を発見し、証明や定義について振り返って考えている。

（2）本時の学習課題

・2つの多角形の等しい辺同士を接着してできる図形は何角形だろうか。

（3）展開

		主な教師の指導内容	生徒の学習活動	指導上の留意点
導入 10分		○　問題提示 ・ポリドロンを実際にいくつか提示する。 ・等しい辺を接着した図形を提示する。 三角形＋三角形 → 四角形 四角形＋三角形 → 五角形 ・2つの多角形を接着したときにできる図形について考えていくことを伝える。 学習課題：2つの多角形の等しい辺同士を接着してできる図形は何角形だろうか 問題：2つの多角形（a角形、b角形）があり、1組の辺の長さが等しいとする。このとき、等しい辺同士を接着してできる図形は(a＋b－2)角形という多角形になる。その答えが成り立つ理由を証明しましょう。なお、aとbは3以上の自然数とします。	・接着した図形が何角形か、答える。	・ポリドロンがそれぞれ何角形の図形か確認しておく。 三角形＋五角形 → 六角形 ・生徒が「くっつけたところが直線に見えるけど、よく見ると折れているので、六角形です。」など答える可能性がある。直線になる場合があることは、まだ意識させたくないので、明示的に取り上げない。
展開 30分	自力解決	・具体例を考えてから、証明を考えさせる。 ・机間巡視をする。 ・反応1は必ず取り上げたいので、そ	・具体的な例を構成し、実験する。 ・証明を考える。 ○　予想される生徒の反応 反応1：証明を構成できている。	・問題を勘違いしている生徒には声かけを行う。

10分	のように考えている生徒を探しておく。 ・反応4は後で取り上げたいので，そのように考えている生徒を探しておく。 ■ $(a+b-2)$ に対する反例 ※ポリドロンである必要はない。 例1：<u>三角形 ＋ 四角形 → 四角形</u> 例2：<u>三角形 ＋ 六角形 → 五角形</u> ■ 多角形に対する反例 例3：<u>四角形＋五角形 → へこみのある七角形</u> 	（証明1：辺に着目） a 角形の辺の数は a，b 角形の辺の数は b である。 等しい辺同士を接着するとき，それぞれの図形において辺の数は 1 減るので， できる図形の辺の数は， $(a-1)+(b-1)=a+b-2$ である。 したがって，できる図形は， $(a+b-2)$ 角形である。 （証明2：角に着目） a 角形の角の数は a，b 角形の角の数は b である。 等しい辺同士を接着するとき，それぞれの図形において接着する 2 つの角が 1 つになるので， できる図形の角の数は， $a+b-1-1=a+b-2$ である。 したがって，できる図形は， $(a+b-2)$ 角形である。 <u>反応2：証明を構成できない。</u> <u>反応3：$(a+b-2)$ にならない例を発見している。</u> <u>反応4：へこみのある多角形になる例を発見している。</u>	 → 接着した際の辺や角の数の減り具合に着目させる。 → どのような場合に，$(a+b-2)$ にならないかを考えさせる。 → へこみのある多角形は，多角形といえるかどうかを考えさせる。
議論 20分	・$(a+b-2)$ 角形になる理由を証明できた生徒を指名する。 ・証明を書画カメラで映す。 ・隣同士で証明して理解を確認させる。 ・$(a+b-2)$ 角形になることの証明に	・証明を発表する。 ・質問や意見を発表する。	・証明は今後の議論の土台となるため，ペアトークを入れて証明内容の理解を図る。 → 反応4の生徒がいる場

	ついて，質問や意見がないか確認する。 ・例1，2を板書する。 ・例1，2について，問題の答えが成り立たない例を『反例』ということを確認する。 ・例3を板書する。 ・へこみのある図形になる場合（例3）が反例にあたるのかどうかを発問する。 <u>課題1：へこみのある図形は多角形といえるだろうか。</u> ・へこみのある図形が多角形だと思う人に，挙手させる。 ・意見のある生徒がいるか確認する。 ・小学校における多角形の定義を確認する。電子黒板に映す。 <u>課題1：へこみのある図形は多角形といえるだろうか</u>を考えさせる。 ・反応1は，この授業で必ず取り上げたいので，そのように考えている生徒を探しておく。 ・反応2は，次の授業で取り上げたいので，そのように考えている生徒を探しておく。 ・反応1の生徒を指名し，例3が反例であることを確認する。	・挙手をする。 ○ 予想される生徒の反応 <u>反応1：定義に基づいて反例と認める。</u> 直線はどこまでも延長できるものである。へこみのある図形の辺を延長すると，直線が交差して七角形なのかわからなくなるので，へこみのある図形は多角形ではない。よって，例3は反例である。  <u>反応2：定義を修正して反例と認めない（モンスター排除法）。</u> 「直線」というのは小学校のときの話である。中学校で習った「線分」にすれば，線は交差せずに七角形であることがわかるので，へこみのある図形も多角形である。よって，例3は反例でない。	合，挙手を待ったうえで，挙手しなければ指名する。反応4の生徒がいない場合，先ほど挙手しなかった生徒を指名する。 出ない場合，「接着する二つの多角形がどんな図形でも，いつでも本当に$(a+b-2)$角形になりますか？」と発問し，反例の可能性を示唆する。 → 出ない場合，近い考えの生徒を指名する。 → 難しい場合，「直線にはどのような性質がありましたか？」と発問し，小学校における「多角形」の定義に問題があることを示唆する。
まとめ 10分	・証明ができたが，例1，2，3といった反例も見つかったことを述べる。 ・振り返り課題を配布する。	・振り返り課題を記入する。	

＜2時間目＞
（1）本時の目標
・2つの多角形を接着してできる図形の性質に関する証明と論駁に取り組む過程において，「多角形」の
　定義を構成（確認）し，証明上の着想に基づいて洗練できる。
（2）本時の学習課題
・前回の授業で見つかった反例に対応するためにはどうすればいいだろうか。
（3）展開

		主な教師の指導内容	生徒の学習活動	指導上の留意点
導入 10 分		・前時の振り返りを行う。	・前時での問題，証明，反例を確認する。	
		学習課題：前回の授業で見つかった反例に対応するためにはどうすればいいだろうか。		
		・ワークシートを配布する。 課題2：前回の授業で見つかった反例が出てこないようにするためには，問題の条件，証明，定義を，どのように修正すればいいか（条件を追加する，言葉を修正する，そのままでもいい，など）。		
展開 30 分	自力解決 10 分／議論 20 分	○ 机間巡視 ・反応1は必ず取り上げたいので，そのように考えている生徒を探しておく。 ○ 練り上げ ・反応1の生徒を指名して，反例が生じる際の条件，すなわち接着する角の和が180°の場合と，180°より大きい場合は，答えが成り立たないことを確認する。 ・反例が生じる際の条件によって，具体的に証明のどの部分が成り立たなくなるかを考える。 ・「証明が成り立つようにするために，答えと証明に条件を追加する」ことを引き出す。	○ 予想される反応 反応1：証明に基づいて事柄を制限する（補題組み込み法）。 例1，2のように，2つの辺が一直線になる場合，つまり，接着する角の和が180°になる場合は，辺の数がさらに減り，$(a+b-2)$ が成り立たない。また，例3のように，接着する角の和が180°より大きくなる場合は，そもそも多角形ではなくなる。証明が成り立つようにするためには，証明と問題の条件に「接着する角の和がどちらも180°より小さいとき」という条件を加えればいい。したがって，答えは，接着する角の和がどちらも180°より小さいとき，$(a+b-2)$ 角形である。 反応2：事柄を場当たり的に修正する（例外排除法）。 ・例1，2，3の場合は考えないことにする。 ・正多角形が含まれる場合は考えないことにする。	・課題を勘違いしている生徒には声かけを行う。 → 問題の条件と証明に条件を追加する。 → 他に反例がないか調べることを促す。 → 一般多角形の場合に反例がないか調べることを促

			・2つの辺が一直線になる場合や，へこみのある場合は考えないことにする。	す。 → 具体的に証明のどの部分が成り立たなくなるか確認することを促す。
			反応3：定義を場当たり的に修正する（モンスター排除法）。 ・多角形の定義における「直線」を「線分」に変更すれば，例3は反例ではなくなる。	
			反応4：事柄を都合よく解釈する（モンスター調整法）。 ・例1を1つの角が180°の五角形，例2を2つの角が180°の七角形とみれば，例1，2は反例ではなくなる。	
ま と め 10 分		・前回の授業で見つかった反例に対応するために証明を活用することで，接着する角の和がどちらも180°より小さいとき，$(a+b-2)$角形という答えを得たことを確認する。 ・問題を通して，多角形の定義について，どのようなことがわかったか発問する。 ・多角形の定義をまとめる。 多角形の定義：いくつかの直線で囲まれた図形であり，すべての角は180°よりも小さい。（証明生成定義） ※いくつかの線分で囲まれた図形（モンスター排除定義） ・振り返り課題を配布する。	・挙手をして答える。 ・ワークシートにまとめる。 ・振り返り課題を記入する。	

資　料　　279

3年実践授業プリント①　　　　組　　番　氏名

・2つの多角形の等しい辺同士を接着してできる図形は何角形だろうか

問題 2つの多角形（a角形、b角形）があり、1組の辺の長さが等しいとする。このとき、等しい辺同士を接着してできる図形は(a＋b−2)角形という多角形になる。その答えが成り立つ理由を証明しましょう。なお、aとbは3以上の自然数とします。

・ヒントとして…具体例

四角形＋三角形　→　五角形

①まずはポリドロンを使ったり、図をかいたりして、具体的な例で実験してみよう。

（この欄をメモ用として用いてください）

②(a＋b−2)角形という多角形になることを証明しよう。（証明を書ききることができない場合は、どのように考えたかだけでもよいので、記述しましょう。）

3年実践授業プリント①　　　　組　　番　氏名

でかまいません）。

③（以下の欄は、発表を聞いてから記入する。）大事だと思ったことをメモしましょう。

2．今日の授業に対する感想など書きましょう（今日の問題に対して、自分の意見がもしもあれば書いてください）。

＜振り返り課題＞
1．今日の授業で見つかった反例について、どのように対応すればいいと考えますか（アイデア

280 資 料

3年実践授業プリント②　　組　　番　氏名 _____

・前回の授業で見つかった反例に対応するためにはどうすればいいだろうか。

復習

問題 2つの多角形（a角形, b角形）があり、1組の辺の長さが等しいとする。このとき、等しい辺同士を接着してできる図形は $(a+b-2)$ 角形という多角形になる。その答えが成り立つ理由を証明しましょう。なお、a と b は3以上の自然数とします。

・証明の例

a と b はそれぞれ多角形の角の数を表している。

等しい辺同士をくっつけると、必ず2つの角がくっつく。

2つの角が1つになり、それが2つあるから $(a+b-2)$ になる。

2つの角が1つになり、それが2つあるから $(a+b-2)$ 角形という多角形になる。

・定義

直線（どこまでも伸びるまっすぐな線）で囲まれた図形を多角形という。

・授業で見つかった反例

例1：三角形 + 四角形 → 四角形	例2：三角形 + 六角形 → 五角形	例3：四角形 + 五角形 → 角の数は？
$(a+b-2)$ にならないため反例。	$(a+b-2)$ にならないため反例。	しかし、直線で囲まれ内部に侵入してしまい多角形にならないため反例。

ここから今回の授業

<課題>

前回の授業で見つかった反例が出てこないようにするためには、問題の条件、証明、定義を、どのように修正すればいいだろうか（条件を追加する、言葉を修正する、そのままでもいい、など）。右の欄に修正内容を書き加えてみましょう。

・問題の条件

2つの多角形（a角形, b角形）があり、1組の辺の長さが等しいとする。

このとき、等しい辺同士を接着してできる図形は $(a+b-2)$ 角形という多角形になる。

・証明

a と b はそれぞれ多角形の角の数を表している。

等しい辺同士をくっつけると、必ず2つの角がくっつく。

2つの角が1つになり、それが2つあるから $(a+b-2)$ になる。

よって $(a+b-2)$ 角形という多角形になる。

・定義

直線（どこまでも伸びるまっすぐな線）で囲まれた図形を多角形という。

（修正の理由などあったら書きましょう）

3年実践授業プリント②　　組　　番　氏名 _____

（以下の欄は、発表を聞いてから記入する。）大事だと思ったことをメモしましょう。

まとめ

<振り返り課題>

1，前回の授業と比べて、今回の授業では、どんな新しいことがわかりましたか？

資　料　　281

資料2：授業Ⅰのトランスクリプト・板書

（第1時）

番号	発話者	発話内容
1	S	気をつけ，礼。
2	S_S	お願いします。
3	T	お願いします。
4	S	着席。
5	T	じゃあえーと，数学なんだけど，今日は筆記用具だけ出していればいいので，ワーク類全部もうしまっちゃってかまいません，というかしまってください。／しまった？　えーと筆記用具だけとりあえずあれば，大丈夫な状態です。／はい，じゃあいいかな。えーと，そしたらですね，今日は，まあ予告してたとおりね，ちょっと，研究授業なんですけど，ちょっと待ってね，えーと，まあ君たちが，ちょっと待ってね，えーと，今電子黒板用意するので，ちょっと準備しますねー，よっこらせ。えーと，今ね平方根やっていたと思うんだけども，ちょっとその話から，えー話は，逸れますが，はいでは，えーとちょっと今日は，ちょっとこの，パズルみたいな図形みたいなね，やつね，これ，名前をですね，こういうパズルのことをね，ちょっと覚えておいてください，ポリドロンっていう名前がついています。で，ちょっと今日は，ポリドロンを使って，えー，授業をします。〔板書する〕／っていう名前がついてます。で，えっとS₄₅さんさ，このポリドロン，黄色い方って何角形ですか？
6	S₄₅	四角形
7	T	そうだね，四角形だね。
8	S_S	〔ざわつく〕四角形じゃないでしょ。
9	S	四角形ってみえない？
10	S	多角形じゃない？
11	T	うん，まあね，パズルなのでね，確かにギザギザしてて，これちょっと後で，実際に使ってもらうんだけれども，カチって組み合わせると，えーとくっつくんですよ，で，その仕組みになっているので，えー，まあ一応ちょっと，多角形というようには見えるんだけれども，こう見てください〔辺として囲む〕，ちょっととりあえず，あの，こんなふうに見てください。ね，っていうふうに考えると，まあ四角形っていうふうに，見ましょう，とりあえず，ね，とみなしましょう。で，えーと，S₁₄くんじゃあ，それをふまえると，右の赤色って何角形になる？
12	S₁₄	三角形
13	T	まあそういうことだね，三角形になりますね。こういうふうになりますね〔辺として囲む〕。で，えーとじゃあ他にも，えーとS₃くんさ，この，み，左かな，左の図形で何？　左側のやつ。
14	S₃	正三角形？
15	T	そうだね，正三角形に見えますよね，えーと，まあとりあえずね，三角形でいいことにするんだけれども，まあ例えばこう正三角形があったりだとか，えーとここに三角形があったりだとかね〔辺として囲む〕。というように，えー図形をちょっと見てください。で，今日はえーと，ここで，ちょっと考えてほしいのが，今，まあ何でこれをわざわざ使うかって話なんですけど，カチってくっつけたいんです。で，えーと，実際に例えば，ね，これだと四角形だよね，四角形と右の三角形，くっつけました，そしたら，えーと，S₄₂さん，これ，全体として何角形？
16	S₄₂	五角形
17	T	そうだね，五角形になっているよね。1，2，3，4，5，というふうに見れば，五角形になるよね。あとは，えーともう1個の方だと，じゃあS₆くん，これ何角形になっている？　外側みると。
18	S₆	四角形
19	T	そうだね，四角形になっているね，えーと，1，2，3，4ってことで四角形になります。じゃあちょっと今ね，話をまとめると，例えば，今電子黒板に出ているように，三角形と三角形〔板書する〕，三角形＋三角形で，えーとさっきね，ポリドロン1個ね，辺が必ず1辺がね，あらしくね，で，そこをくっつけると四角形〔板書する〕だし，何だって，さっきの例，四角形と〔板書する〕，まあ三角形をくっつけると，五角形〔板書する〕，四角形と三角形をくっつけると五角形みたいになります。ということで，今日は，このポリドロンを，2つだけ，ね，2つだけ何か取り出したときに，くっつけます，ね，そしたら，実際何角形ができるのかなというのを今日のテーマとして，ちょっと考えていってほしいです。なので，えーと〔板書する〕2つの多角形の等しい辺同士，これをえーと，等しい辺，を，かな，えーと，「接着」というふうに言いましょうか，接着，接着剤とかですね，接着して，できる図形，は，何角形だろうか，っていうテーマで，えーと，ちょっと進めていこうかなと思います。／じゃあちょっと今，えーと，ワークシートを配るので，配られたら名前を書いてください，回収するのでね，名前を必ず書いてください。／〔ワークシートを配る〕／
20	T	えっと必ず名前を書いてくださいね。そしたらですね，どうしよっかな，ポリドロン配る前にちょっと説明しておこうかね。えっと，この後，ポリドロンを使って実際にいろいろ実験してもらうんだけども，えーとちょっと問題を確認します。えーと皆のワークシートの問題って書いてあるところを見てください。いいかな，見た？　問題，ワークシートね。えーと，2つの多角形，a角形b角形があり，で，今，三角形とか四角形ね，具体的な数字でやっているけれども，例えばa角形b角形としましょう，えーそうしたときに，1組の辺の長さが等しいとします，このとき等しい辺同士を接着してできる図形は，$(a+b-2)$角形という多角形になります。えーと今でいうと例えば，3＋3－2で4だよね，で，四角形なんだけども，えーと，実際には，4＋3－2で5になるので，えーというような，えーと，$(a+b-2)$っていうね，えー多角形になります。で，この答えが成り立つ理由を，ちょっと証明してみましょう。なお，aとbは3以上の自然数とします，これは何でかって言ったら，三角形以上しかないからね。

282 資 料

二角形ってないからね，ということで，えーとやってみましょう．で，まずポリドロンを実際に皆さんに配りますので，いろいろとやってみて自分で，えっと①番，実験して図を描いたりして，ちょっといろいろと確かめてみてください．で，ある程度考えまとまったら，②番の方に移って，ちょっと証明を書いてみてください．じゃあ今から配ります．〔ポリドロンを配る〕／もしかしたらね，1人ちょっと足りないかもしれない，1パーツ／で，誰か赤のこれが，もしかしたら，直角三角形ない人いたら教えてください．／では，実際にポリドロンを使って，いろいろと実験してみてください，ただしくっつけるのは2つね，3つ以上はくっつけることないからね．／じゃあ約10分間取ります．〔タイマーを設定する〕／10分間いろいろと試して，証明までちょっと書いてみてください．／

21 T 【机間巡視】まず個人作業で，じっくり考えてみて．／質問があれば呼んでください．／同じね，等しい辺じゃないとポリドロンくっつかないからね．／辺の長さが違うのは考えない，辺の長さが同じところで．／色の違いは何も意味ないからね．／あの，3つ以上つなげている人いるけど，2つまでだからね，「2つの」って書いてあるから，3つ以上はつなげない，2つだからね．／いくつか実験してみたらちょっと証明，一般的にaとbとか使って，書き表してみて．／で，証明っていうと大変に聞こえるけど，説明程度でいいです．／ちょっと今具体例ばっかり考えているという人も，そろそろ実際に，じゃあなんでそういうふうになるのかなという証明の方にいってください，つまり$(a+b-2)$になる理由を考えてみてください，ちょっと時間とるから，もう3分あげるからそこのところをやってください．／何かしらちょっと書いてみて，アイディアでもいいので．／ちょっとまだ時間ほしい人．

22 Ss 〔挙手をする〕

23 T じゃあもうちょっとだけ待ちます，あと2分，2分でキリのいいところまで，こういうことを書けばいいんじゃないかなというアイディアでかまいません．／

24 S33 〔挙手をする〕先生，

25 T ん？ なになに？

26 S33 これって6じゃないんですか？

27 T おー，ふふ，ちょっと後でそれ聞こうかな．

28 T さて，まあ，いろいろ，えーと，やってみて，まあ，何だろう，えーと，とりあえずまあ証明まではいかなくても，こう考えればいいんじゃないかなーぐらいのアイディアまでは，たぶんある程度もっている人が何人かいるかなーとは思うので，ちょっきいてみようかなと思います．まずえーと，証明できたよって人？

29 Ss 〔挙手をするが，すぐ手を下げる〕

30 T あれ，引っ込めちゃった，発表してくれる人いない？ 自信なくても大丈夫だよ．／え，そしたら私言っちゃってもいいですか，どうしようかな，えーとー，じゃ，どうしようかな，S2くんちょっと答えてもらおうかね．〔書画カメラを準備する〕／ちょっとS2くんワークシートもってこっちまで来てもらっていい？／

31 S2 〔電子黒板のところに行く〕／〔ワークシートを置こうと戻ろうとする〕

32 T 戻らないで，君の説明を聞きたいんだ笑／ちょっと，どうしようかな，どう考えたかだけ，説明してもらっていいですか．はい，じゃあちょっとS2くんお願いします，どういうふうに考えた？

33 S2 えっと，（T：はいじゃあ皆発表聞いてね，ポリドロンやめてね．）／同じ辺同士をくっつけるんだから，えっと，そこの2つの頂点って1つになって，えっと，それが2つあるから，－2になるってことね．

34 T もうちょっとちゃんと文章を，えーと，ちゃんと読んでみると，aとbはそれぞれ多角形の頂角の数を示しているので，何だっけ，等しい辺同士をくっつけると，必ず2つの頂角がくっつく，ってさっき言ってた，S2くんのことだね．そのため，2つの頂角が1つになり，それが合わさると，$(a+b-2)$になる，というふうに書いてあります．はい，じゃあ拍手．

35 Ss 〔拍手をする〕

36 T えっと同じように角度に注目して，まあこの角の部分に注目して，ちょっと答えたよ，そういうふうに考えてみたよって人どれくらいいますか？

37 Ss 〔挙手をする〕

38 T 結構多いですね，そうだね．わかりました．他に何か，こういうふうに考えればいいんじゃない？ というのありますか？ あまりいないかな？ じゃあ皆結構角度には注目できていたかな？ じゃあちょっと，S2くんの話をまとめてみます．S2くんちょっとごめん，それとっても，あれなので，このS2くんの表現を流用しますか．〔板書する〕aとbはそれぞれ，多角形の，頂角の数，頂角，頂角？ 角？ 頂角？ S2：〔首をかしげる〕まあ角の数かな，角の数を示している．で，えーと等しい辺同士をくっつけると〔板書する〕，くっつけると，必ず2つの角がくっつく，ね，だから，えーとその2つの頂角が1つになって，それが2つあるから〔板書する〕，あるから，ちょっと下になっちゃったけど，$(a+b-2)$になる〔板書する〕，よって，$(a+b-2)$角形という多角形になるんだね．〔板書する〕ていうことだね．／じゃあ，ちょっとこの意味がちゃんと理解できているかどうか，ちょっと周りで，ちょっと相談してもいいので，確認しちゃってください，周りの人と話し合ってください．これこういう意味で合ってるよね？ ということを確認してみてください．じゃあいいよ．書き終わったらでいいよ．書き終わったらいいぞ，話して，これいいんだよね？ と確認してみてください．こういうことだよね？ ってポリドロン見てもいいし．／あ，いいよ全然，声出して話して．／

39 S33 先生，よっ，になってます．

40 T ちょっとそれ後で聞いていい？

41 S33 あれです，（T：どれ？），あの$(a+b-2)$の，隣，右じゃない左，

42 T あ，よって，ね，4って聞こえた．／大丈夫？ 皆無言なんだけど，ちゃんと確認してる？ ちんぷんかんぷんって人ないですか？ 大丈夫？

43 S 大丈夫です．

44 T a角形b角形あったときに，等しい辺同士をくっつけると，ここになるよーってことだよね〔板書する〕，ここの角度，で，くっつくよねって．

45 Ss 〔周囲の人と話し合う〕

46	S$_{37}$	頂角っていうか頂点？
47	T	頂角っていうと，二等辺三角形の頂角とかになっちゃうか，別に角でいいよね。頂角というと，こういうのだよね〔手で二等辺三角形をつくる〕
48	S$_{37}$	あ，言いたかったのは頂点でした。
49	T	じゃあ大丈夫かな？　確認できた？　いいかな？　／そしたら，えーと，じゃあちょっと確認たぶん，まああのある程度皆ね，同じような考えだったから，同じような考えの人は，ああそういうふうに，詳しく書けばいいんだなということがわかったかと思います。で，ちょっと，聞いてみたいのが，その S$_{33}$ さんさ，さっきなんか私に質問したときに，何かこれってどうなの？　っていうのが見つかったの，ちょっと教えてもらっていい。
50	S$_{33}$	えっとー，四角形＋四角形＝四角形，
51	T	〔板書する〕こういう形かな。(S$_{33}$：はい)　／四角形ね，この形だと，〔板書する〕四角形＋四角形ね，四角形と四角形を合わせると，外側って四角形なんだよね，S$_{33}$ さんこれって？　さっきの話ってどうですか，成り立ってる？
52	S$_{33}$	違う。さっきの話でやると，4＋4＝，あ，あ？　4＋4－2＝，えーと 6 になるので，(T：そうだよね)，成り立たない。
53	T	何かおかしくなっちゃうよね，こことここ，成り立たないなーって〔板書する〕，成り立たない，成り立たなくなっちゃう，っていうものがありますね。ここ 4，4，a と b が 4，4 のとき，そうだよね。あと何か，証明を考える前とかでもいいんだけれども，この例ってどうなの？　ってちょっと思った人います？　何かこれってどうなのって，あ，S$_{46}$ さん
54	S$_{46}$	はい，えっと，六角形と，正三角形
55	T	〔板書する〕六角形と，正三角形ですね，こうね，これも，ここ，ね，えーと，ここどう考えた？　この部分って，
56	S$_{46}$	直線
57	T	ああ，直線になっちゃうって考えた。〔板書する〕／はい，えーと，S$_{46}$ さん，これ何角形になる？　六角形＋三角形だと？
58	S$_{46}$	五角形
59	T	うんそうだよね，これだと五角形になっちゃうよね，1，2，3，4，5ってなっちゃうよね。あと何かもう1個，えっと変だなって思った例，見つけた人いる？　何か，これってどうすりゃいいんだろう，んーと，どうしようかな，S$_{11}$ くん
60	S$_{11}$	六角形と二等辺三角形，
61	T	あー六角形と二等辺三角形か，それってどういうふうに考えた？
62	S$_{11}$	何か形が，直線じゃない
63	T	直線じゃないけど，なんか変な形か，なるほど，ていうのもある。S$_{37}$ さん何か見つけた？
64	S$_{37}$	五角形と二等辺三角形，
65	T	五角形と二等辺三角形，それはどうなる？
66	S$_{37}$	何か，その六角形と二等辺三角形と，同じ感じ
67	T	あーこのパターンになりそうってことか。あとさ，誰だったかな，えーと，なんかさ，あ，例えば S$_{12}$ くんみたいなさ，えーと，S$_{12}$ くんどういうこと考えた？　この例だと。／例の考えている図形ってどんな図形考えている？
68	S$_{12}$	五角形と六角形
69	T	あー，なるほど，五角形と六角形，〔板書する〕，ちょっと描きづらいんだけれども，こういう形を考えた人いますか。これまあ四角形でもいいんだけれども，こんな形考えたよって人？
70	S$_S$	〔挙手する〕
71	T	あ，結構いますね。その人たちって，どう考えたこれって？　これって何角？
72	S	九角形
73	T	九角形って考えた，なるほどね。1，2，3，4，5，6，7，8，9って考えた，まあ例えばこれって九角形って考える人？
74	S$_S$	〔挙手をする〕
75	T	あ，何人かいますか，なるほどね，なるほど。えーと，〔板書する〕五角形と六角形，で，九角形。これってどうかな？　これって何か意見ある人いますか？　あ，S$_{11}$ くん。はい。
76	S$_{11}$	何かこの前，この前というか結構前にやった，キツネ？　キツネっていうか，
77	T	〔板書する〕こういうやつかな？　ブーメランっぽいやつ。
78	S$_{11}$	それで，まあ T 先生が言ってたんですけど，直線で切ったときに，3つで切れちゃうから，
79	T	うん，直線で切る，こう？（S$_{11}$：〔ジェスチャーで示す〕）ちょっと前に来て。
80	S$_{11}$	〔前に来て板書する〕こう，もうちょい極端に，〔キツネの耳の部分を横断する直線を引く〕切って何か3つになっちゃった，角形じゃない的なことを
81	T	何かそんな雰囲気があるねって話か，なるほど。うん。
82	S$_{11}$	ここで切ったときに〔凹九角形に同様の直線を引く〕，こうなっちゃうと，角形じゃないって考えた。
83	T	ということですね，まあ要は，多角形かどうかという所が，ちょっとポイントになってきそうですね。／じゃあちょっと，これについてちょっと考えてみよう。えっと，上の2つ，これは成り立たない例って言っちゃってよさそう？

284 資料

84 Ss 〔うなずく〕

85 T まあそうだよね，成り立ってないもんね。えっとー，こういう成り立たない例って，数学用語で何ていうんだっけ？　誰でもいいよ。

86 S 反例

87 T うん，反例っていうんだよね，反例っていいますこれ。で，こっちも反例っていうんですね。〔板書する〕じゃあ，まあこれがどうなるのかって所に関わってきます。えーと，この一，ね，最後の例というのを，まあちょっと考えたときに，こういう状態になっているものって，まあその，まあ言うんだろうな，えーとまあ扱っちゃっていいのかどうなのかという所だよね。えーとそれちょっと考えてみましょう。で，ちょっと復習なんだけれども，〔電子黒板を準備する〕，ちなみにこれって多角形っていっていいんじゃないって，思う人ってどれくらいいますか？この例，手挙げてみて，多角形っていっていいんじゃない？

88 Ss 〔挙手をする〕

89 T ダメじゃない？

90 Ss 〔挙手をする〕

91 T あー，半々くらいですか，なるほどわかりました。じゃあちょっと多角形の話を，ちょっと復習してみましょうか。えーと多角形で何だったかというと，小学校のときの教科書に載ってます。えっと，三角形，四角形，五角形，六角形のように，直線で囲まれた図形を，多角形っていうんだよ，っていうふうに，この教科書では書いてます。えーとたぶんね，皆が習った教科書でも同じような表現が載っていたと思います。じゃあ，それちょっとふまえて，皆のワークシートの，一番右下の半分のところにある所に，空きスペースでいいので課題を書きます。〔板書する〕課題1ってしといてくれる。えーと，この，こういう例，つまりへこんでいる例，こういうふうに，べこってなっている例，これは多角形っていえるだろうか，ちょっと※としておいて，〔板書する〕※は多角形，多角形といえることができれば，えーと何だろうな，いいよね，多角形といえるだろうか。もしこれが多角形っていうことができなかったら，ある意味，ね，これが成り立たない例の1つってカウントしていいんじゃない。で，多角形っていえたら，これでいいんじゃないって話だよね。なのでちょっとこれを皆さん，考えてみてください。課題1ね，この図形，へこんでいる図形は多角形っていっていいんでしょうか。じゃあちょっと，この，えーと，小学校の教科書の表現，直線で囲まれた図形を多角形という，っていうことをふまえて，オッケーにしちゃっていいのか，ダメよー，多角形じゃないよーっていっていいのか，ちょっともう1回，えっと考えを書いてもらえますか，自分の考えを。／ちなみに直線ってどんな線？

92 Ss 真っ直ぐな線

93 T 真っ直ぐ，まあ真っ直ぐなんだよな，真っ直ぐなんだけど，どんな線？　真っ直ぐな線って何種類かあったよね。直線ってどうなってる，止まる？

94 Ss 伸びる，永遠

95 T 永遠，そうですね，こうずーーっと続くんだよね，そういう線を直線って言うんだよね。ね，それをふまえて，ちょっと考えてみてください。

96 T 【机間巡視】自分の考えとその理由もね，できれば書いてください。／〔電子黒板の準備をする〕／直線で囲まれた図形だから，ね，これが，本当に直線で囲まれた図形でつくれるのかなって所を考えようね。／直線っていうのは，さっき言ったように無限に伸びちゃう，ぴよーんって，ずーっと伸びちゃう，そういう線でつくれるかな。／試してみたら，こうなったという／

97 T えーとそうですね，えーとじゃあ，ちょっと先生から聞いてみていい？　S34さんさ，どんな感じで書いた？　やってみたね，これを，どんなふうになった？

98 S34 えっと，六角形の直線を伸ばすと，六角形が五角形に侵入する？

99 T 六角形が五角形に何て言った？　ごめん聞こえなかった。

100 S34 あ，直線なので，その中伸ばすと，(T：こういうふうに伸ばすとってこと) 侵入しちゃう。

101 T 侵入しちゃう，お，なるほどね，侵入しちゃう，ちょっと確かめてみようか，侵入しちゃう，〔辺を伸ばす〕，こういうことかな？　侵入しちゃうって

102 S34 はい。

103 T なるほど，侵入しちゃいますね，こう，ひょいって，侵入しちゃうね，S34さんこれって，めちゃ侵入してますよねこれ。何角形ですか？　侵入しちゃうと，これ何角形になる？　なる？　どう笑？　S34さんどう考えた？　これってありって考えた？　多角形っていっちゃっていいって考えた？

104 S34 いわないと思う

105 T うん，いわないと思う，もう，何が何だかわかんなくなっちゃったよね。あの，同じように伸ばしてみた人どれくらいいますか？

106 Ss 〔挙手する〕

107 T うん，そうだね。どうですかこれ，多角形っていっていい？　この状態，

108 Ss 〔首を横に振る〕

109 T ちょっとまずそうですよね。ね，伸ばしちゃって考えると，

110 S18 何でもありになっちゃう

111 T 何でもあり，あれ，S18くん言った？

112 S18 〔うなずく〕

113 T うん，何でもありになっちゃうよね，そうだよね，えーとちょっと実際に，まあやってみましょうか。電子黒板で，ちょっとは，実際にやってみると，〔凹七角形を直線で囲む〕，まあまあやってみると，ね，例えばこういう形でね，伸ばしてく，伸ばしてく，伸ばしてく，伸ばしてく，ね，伸ばしてく，伸ばしてく，形がもう，わからないよねもう。で，一方，例えば，普通の図形だったらどうなるかという

のを，ちょっと確かめてみようか．えーとそうすると，〔凸七角形を直線で囲む〕伸ばしてくー，ってやると，さっきのS_{34}さんが言った，侵入する，侵入しないの話なんだけれども，これって侵入してますか？　侵入して？

114　S_s　ない

115　T　ないね。うん。これって多角形っていえる？

116　S_s　いえる

117　T　いえるね。うん，いいんじゃないですか，ってことを考えると，ね，直線を伸ばしたときに，侵入するかしないかってので，多角形といえるかどうかというのは決まってきそうですね。なので，じゃあ，とりあえず，皆はこれ，どうですか，いえるって，まだ，多角形だよ！　これは角形なんだって人はいますか？　あ，いませんか。多角形じゃないな，というふうに思った人？

118　S_s　〔挙手をする〕

119　T　あー大部分そうですね。なるほど。侵入しちゃう，直線が侵入しちゃったら多角形じゃないね。〔板書する〕／伸ばした直線が，侵入，侵入しちゃうとか，入っちゃう，入ってくると，だめということが，わかりましたね。じゃあ，要は，ね，3つ，反例というふうにいえるということになるので，じゃあちょっとそこまでで今日は終わります。えーと証明をしたりね，でーと，証明してもらって，で，例も，反例も3つ出てきましたね。ちょっとこれって無理そうだねっていう例が出てきましたね。なので，ちょっと最後に振り返り課題の所まで，ここまでのえっと振り返り，ちょっとごめん延長しちゃいますけれども，最後にこのプリントを，ちょっとごめん書ききってください。皆さんならできる。〔ワークシートを配る〕／明日もこの続きをやっていくんだけれども，とりあえず今日，の所までの話をちょっとこれで，まとめておいてください。ちょっとこの時間で書ききっちゃって，ごめん延長します。次の時間って音楽か，音楽の先生に謝っておくので，ちょっと書いちゃって，ちょっとここで書ききってください，振り返り課題。で，ポリドロンは，全部袋に入れて，ちょっと先回収するので，全部袋に入れて，O先生にお渡しください。ポリドロン袋に入れてね。／まあ，反例が見つかっちゃったんだもんね，これでね，じゃあその反例を，どういうふうに，次の授業で考えていくのか。／ちょっと35分まで，ごめん，ギリセーフのラインをちょっと狙います。35分までやってください。で，名前を書き忘れないでね。／よしじゃあ，ワークシート2枚あると思うんだけれども，2枚とも回収します。後ろから前に，ガーっと送ってください。先生が後で仕分けするので。／はいじゃあ号令お願いします，すいません。【0：56：08】

第1時の板書

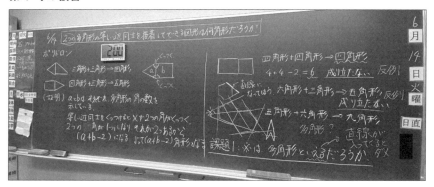

286　資料

（第 2 時）

番号	発話者	発話内容
1	S	気をつけ，礼。
2	Ss	お願いします。

3　T　お願いします。／じゃあ，えーと S_{32} さん前回欠席だったけど，前回の復習を最初にやるので，ちょっとそれ聞いて，今日のやつをやってください，やりましょう。／はいでは，えーとじゃあ，前回の続きで，まずはちょっと，おさらいというか復習ねをちょっとしていきますので，ちょっとよく聞いていてください。まず，えーとそもそも何を考えてたかって話ですけれども，えーと 2 つの多角形がありますよー，a 角形 b 角形って名前つける。まあ例えば，具体的な例で言うと，三角形と四角形みたいね〔板書する〕，やったよね，三角形と四角形，で，えーとこの 1 組の辺の長さが等しくて，こうやってねくっついてね，これ接着するという話をしたんだよね，接着するとーって言い方ね，で，このとき，えーと等しい辺同士を接着してできる図形は，$(a+b-2)$ 角形という多角形になるよ，例えばこれで言うと，3 ＋ 4 だと七角形になっちゃうから，そこからひく 2 をして，1，2，3，4，5，五角形だよね。で五角形〔板書する〕，だから五角形というふうに考えたわけです。で，えーと，そのまあ，成り立つ理由を証明してねっていう話を前回やりました。で，前回の証明，あの S_2 くんの証明をここに採用してますけれども，えーと，a と b はそれぞれ多角形の角の数を表しているよーってね，で，等しい辺同士をくっつけると，2 つの角度がくっつきますよね，ここの角とここの角が〔板書する〕くっつくよ，ね，で，2 つの角がひっついて 1 個になる，こっちも 1 個になる，ということで，$(a+b-2)$ というふうに 2 個分角，えーとこの角が，減ってるよ，だから $(a+b-2)$ 角形という多角形になりますよ，っていう話でした。で，えー，じゃあこれ本当？　成り立つの？　っていったときに，おや？　っていうふうに，思った人が何人かいたよね。例えば，三角形と四角形をこういうふうに，くっつけてみたら，ポリドロンでくっつけてみたら，えーと 1，2，3，4 だよね，四角形になっちゃって，さっきの話が全然通用しなくなっちゃう，ね，あともう 1 個は，三角形と六角形を足してみると五角形になっちゃうよ。で，最後じゃあこれどうなのって話で，ちょっと最後の方言っていたと思うんだけど，四角形と五角形をしてみると，まあ一応角の数は 7 にはなるんだけれども，こういう話をちょっとしたよね。〔電子黒板を準備する〕えーと最後に S_{34} さんがね，えーと内部に侵入するみたいな話をたぶんしていたと思うんだけど，えーとこういう状態になっちゃうんだよね，多角形でそもそも定義は何だったかというと，直線で囲まれた図形，直線だからどこまでもずーっと伸びる線，で囲まれた図形を多角形っていうんだよ，っていっていたにもかかわらず，実際にやってみると，電子黒板見えてるかな？　大丈夫？　こういうふうに〔凹四角形を直線で囲む〕，よっと，こういうふうに，あーちょっと曲がっちゃいましたけど，こういう感じかな，ね，こういうふうになっちゃう，もうじゃぐじゃぐしてる，ふふ，内部に侵入しちゃってもうどこが原形だかわからなくなっちゃうよね，ということで，じゃあこれって多角形とはいえないな，っていうふうに定義とね，照らし合わせて，見てましたね。で，実際にじゃあ，多角形ってどうなっているかというと，一応こっちでもみてみると，えーそうなってないよねというのを確かめることができたんだよね，こういうふうに，〔凸七角形を直線で囲む〕よっと，よいしょ，よいしょ，よっこらせ，中身，内部に侵入してないよね，S_{34} さんの表現使うと，内部に侵入してないよね，だから，えーと内部で多角形っていうふうに，ね，いえるよね，ということで，その内部に侵入しちゃうかどうかという所が，ね，ちょっとポイントになっていて，これは省いたわけですね。つまり，多角形じゃない，っていうことは，そもそもこれ多角形じゃないんだから，これが成り立つ例ではない，反例っていうふうに考えていいよね，これも成り立たない例の 1 個としてカウントしていいねっていうふうに考えたのが前回の所までの授業です，$(a+b-2)$ 角形という多角形に，ならない，これらね。／

4　T　で，じゃあ，今日はここから，進めていきます。じゃあちょっと，ワークシート配るね。で，そこからじゃあ今日はどういうことを考えていくかというと，〔ワークシートを配る〕／いいかな？　配られた？　ということで反例見つかっちゃったね，まあ前なんか授業とかでは，よく言われるように，反例見つかったら何を証明って，証明というかその定理とかね，えーと考えていた事柄って，成り立たなくなっちゃうよねという話をしていたと思うんだけど，まあじゃあ，今日の授業終了，終わりというふうにするのはね，ならないわけです，ね，それは嫌でしょ，これそのまま，え，じゃあ成り立たないおーしまいっていうふうにするのも嫌だよね。じゃあ今日は，えーとどういうことを考えていくかというと，この前回の授業で見つかった反例〔板書する〕，見つかった反例に，対応する，対応ってちょっと難しいね，対応するには，えーと，どうすればよいだろうか。／じゃあちょっと具体的に，えーと考えていきます。このプリントの左下の，「ここから今回の授業」って所ちょっと見てください。見てるかね？／はい課題，えーと前回の授業で見つかった反例が，まあ出てきちゃったね，もう終了ってなってないね，だけどこないようにするためには，問題の条件，この右のページにある問題の条件，さっきとね同じ，問題の条件ってちょっと難しいけど，どういうことかっていうと，問題文にあったことちょっとまとめています。つまり，2 つの多角形 a 角形 b 角形というのがあって，1 組の辺の長さが等しいとします，で，えーと $(a+b-2)$ というふうにね，接着してできる多角形になるっていうのが問題の条件です。で，えーと証明，証明はこないだの S_2 くんの証明をちょっと採用しています。そして定義，定義っていうのは，多角形の定義だよね，この定義を，これをどのように修正すればよいだろうか。つまり，条件を加えたり，もしくは言葉を修正したり，そのままでもいいんだけども，あとは消したりとか，消してもう 1 回加えたり，ね，えーとそういうことをする。と，反例がどうやったら出てこなくなるかなっていうのを，ちょっと考えてもらいたい，ね。で，右の欄に，修正内容を書き加えてみましょうということで，少しスペースが行の間に空いているよね，そういう所に，こういうことを書けばいいっていうふうに，書き込みを加えてください，もしくは消したいんだったら二重線でビビッて消して，えーと書いてください，で，問題の条件を変える，証明も変えた，定義も変えて，問題の条件を変える，証明も変えて，定義も変える，全部変えちゃう，それもありです。もしくは，定義だけ変えるとか証明だけ変えるとか問題条件だけ変えるとか，そういうのでもいいです。ということで，ちょっとこれをうまくつくりかえて，ね，反例が出てこないように，考え直してみてください。じゃあ時間 10 分間取りますので，えーと最初だからどこまで進むかわかるかな？〔タイマーをセットする〕／じゃあちょっとまずは個人作業で，相談せずに考えてみてください。／一応黒板にも課題書いておきます。〔板書する〕／

5　T　【机間巡視】えっと書き込む所ね，課題の下でもいいんだけど，右のね，問題の条件，証明，何だっけ，定義っていうふうに，ちょっと空欄あるでしょ，スペースあるでしょ，そこに書き加えたりとか訂正したりとかして，で，書ききれない分は余白に書いてもらってかまわないです。／まあ数学的に厳密に書こうとすると，ちょっと大変という人はアイディアとかでもいいから，ちょっと考えてみましょう。テストかじゃないので恐れず書いてください。／さっきも言ったけど

ね，問題の条件だけ変えてもいいし，証明だけ変えてもいいし，定義だけでもいいし，全部変えてもいいし，証明と定義だけとかね，いろいろ。／どう，もうちょい時間くれって人いますか？　じゃああと2分ぐらい考えてみて。／

6	T	じゃあちょっと聞いてみようか，そしたら／じゃあちょっとキリいい所で，えーと顔上げてください。／はいじゃあちょっと，えーと先生気になる人を何人かちょっと聞いてみようかと思うので，えーとちょっと先生が聞きます。えーとではS_{12}くん，S_{12}くんはどう考えたの？
7	S_{12}	えっとー，その例1と例2なんですけど，例えば例1だったら，三角形と四角形なので，3+4で，だけど，足したら四角形になるので，えっとー，180°になる角度と，＋2を引いたら，しっかり四角形になりました。
8	T	なるほどねー，180°，もう1回言ってごめん，180°？
9	S_{12}	例1だったら180°に，その足したらなる，そこが1つだけあるので，1+2を引いたら，四角形。
10	T	あー，つまり，例1でいうと，えーと，例えば，3+4で，7で〔板書する〕，1，2，3，4だから，ここどう修正する？　どうするってこと？
11	S_{12}	3+4は7で，7ひく180°になった角の数
12	T	なるほどね，180°になった数だから，1個？
13	S_{12}	1個で，1+2を，（T：こういう状態？　で，括弧を付けるってこと？），はい。
14	T	あー，なるほどね，だから180°になった数が，増えていくということか，あーわかったわかった。えっと，3+4ひく，例1でいうとね，例1でいうと，3+4-1，で，ここの1って部分が，180°になった数〔板書する〕，角の数。／できさあ，S_{12}くん，これ要は別個に考えたということ？
15	S_{12}	え？
16	T	別個に考えたってこと？　つまり$(a+b-2)$にはなってないじゃん。
17	S_{12}	はい。
18	T	うん，ということは，これはちょっと別という扱いをしたということかな。
19	S_{12}	何か，そのー，足して180°になる組み合わせが，できた図形は，その式で考える。
20	T	あー，なるほどね，足して，えーと，足すと，角をたすと〔板書する〕，180°になる，図形は，別で考える。ということはさ，S_{12}くん，どこを修正したことになるかな？　問題の条件，証明，定義っていうと，どれにあたるのかな？
21	S_{12}	えっと証明の，2つの角が1つになり，それが2つあるから$(a+b-2)$になるってところに，加えて，あのー，角を足すと180°になる図形は，別で考える。
22	T	なるほどね，えーとここに加え，証明の中に加えて，これを別個に考えましょうというふうに，入れとく，注意書きじゃないけど入れとくって感じかな，なるほどね。同じように，ちょっとなんかこういうふうに別個に考えてみようかなって思った人います？
23	S_s	〔挙手をする〕
24	T	あー何人かいますね，何人かいる。じゃあさ，ちょっとさ，聞き返していい，S_{12}くん，このパターンって，今これ（例1）を考えていたけど，他どんな図形が考えられる？
25	S_{12}	例えば四角形四角形だったら，4+4で8で，（T：こういうのね），はい，で，180°になるか，く，角っていうか，が2つある，ので，2+2で，8ひく
26	T	あー，4+4の，2+2を引くのか，ここの部分がこう変わるってこと？
27	S_{12}	はい。
28	T	なるほどね，はいはいはいはい。同じような考えだったよって人いる？　今のS_{12}くんと，これ，こっち（例2）で考えた人いる？　あんまりいない？　さっきのじゃあ，この例（例1）で考えた人が多いかね。なるほどね。えーと，ていうことで，やっぱり180°になる個数で考えて，別個に考えるという考え方かな，うん，なるほどね〔板書する〕，個数ね，角の。／まあおもしろいですよね，これもありだと思うんです。えーと，それを別個に考えていくとーっていうふうにやっていくというのも，いいんじゃないですかね。できさあ，えーとー，これ考えていくとさ，えーと，まあ180°になるような，図形の形って，S_{12}くん何個くらいある？
29	S_{12}	えー，今数えた中だと，3つしか思い浮かばなかった。
30	T	思い浮かばなかった，なるほどね。他にも例えば，極端な話をいうとさ，例えば，長方形の形をこうやって変えたりとかさ。
31	S_{12}	あー〔うなずく〕
32	T	まあそういうのもあるし，いろんなことができちゃうよね。で，1個1個全部，まああの，いろんな例を考えていくと，どうなっちゃうかね，これって，まあ結構いっぱい，出てきちゃうよね。うん。だからまあ，この考え方も1つの手なんだよね，だから，えーとこれを除いてみて考えようというふうにやってみるのも，まあ手ではあるし，ちょっとここ突き詰めると，おもしろいことが起こりそうですよね。180°になるって話も，もうちょっとうまく，えーと表してみると，もしかしたら証明を修正するときに，よりここに近づく形に，もしかしたらうまくいくかもしれないね，うん，そういうのが見つかると，本当はよりよいんだけれども，今の時点だと，ちょっとこれ考えると，いろんな例が出てきちゃいそうですよね。うん。じゃあちょっと，なるべくこれ（例1～例3）が出てこないようにしていきたい方向性で，ちょっと考えてみましょうね。つまり，証明の中にこの条件を加えると，この場合は除くってやっちゃうと，いっぱい出てきちゃうから，そうじゃなくて，なるべくこれが出てこないようにちょっと考えてみようかなという方向で，ちょっと今日はいってみよう。って考えたときに，そうですね，例えば，んーと，前回の証明者である，S_2くん，どんなこと考えた？　S_2くんは？
33	S_2	えっとー，2つの角が，
34	T	あ，ごめんまずどこを修正した？

288 資　料

35	S_2	あ，えっと証明で，（T：証明の所ね，うん）／2つの角が1つになって，その1つになった角が180°よりも小さければ，えっと。

36　T　ちょい待って，〔板書する〕，1つになった，つまり2つの角を，合わせて，ね，合わせてー，1つになった角が？180°

37　S_2　よりも小さい，（T：よりも小さければ），直線が内部に侵入せず，多角形として成り立つ。

38　T　あーなるほどね，直線が〔板書する〕，なるほど，内部に，侵入せず，多角形，として，成り立つ，っていうふうに，付け加えてあげてだってことかな。同じように，こういうふうに証明の中で，えーと1つになった角が180°よりも小さいよって話，ちょっと考えたよって人どれくらいいるかな？　手挙げてもらっていい？

39　S_s　〔挙手をする〕

40　T　3人，4人くらい，うん，なるほど。他の所ちょっと，変えてみたよって人いますか？　証明以外の所，あ，S_{37}さん。

41　S_{37}　なんかでも，書くことは同じなんですけど，（T：うん，いいよ），条件を，接着したときにくっつく2つの角の和は180°未満とする。

42　T　あーなるほどね，条件の所を，〔板書する〕，そもそも接着するときの段階で，考えたわけね。えっと，〔板書する〕，接着したときに，できる角，を，180°未満，とする，っていうふうに修正したと，なるほど。この条件の所を変えてみたよって人どれくらいいますか？

43　S_s　〔挙手をする〕

44　T　あー結構多いですね，こちらが一番多いかな，なるほどなるほど，わかりました。あと，考えてないのって，ここの定義変えてみたよって人いますか？　定義をこういうふうに変えてみたよって，あ，誰かいる？／確かさ，なんか内部に侵入しないみたいな話書いている子いなかったっけ？　あ，S_{33}さん，S_{33}さんどう書いた？

45　S_{33}　えっとー，直線で囲まれた，囲まれていて，内部にその直線が，侵入してこない図形を多角形という。

46　T　なるほどね，えーと多角形の定義を，〔板書する〕，直線で囲まれていて，直線が内部に侵入しない，内部に，侵入しない，ね，っていうのを付け加えると，うんうんうん，なるほどね，まあいろいろ修正案は出てきますよね，えー，あと，あの，S_2くんとS_{37}さんのは，角の所に注目したわけですね。で，S_{33}さんの定義っていうのは，このあいだやった内部に侵入しないねって話を，付け加えてあげてるということですね，なるほど，わかりました。でさあ，それを考えてみると，まあ。／ちょっとここから，この右半分かな，から，もうちょっと何か統一的な表現ってできませんかね？　なんかこうじゃない？　って，えーと特に今せっかくここまで，180°とかの話が出てきてるよね。で，S_2くんの例だと，S_2くんさ180°のときってダメなの？

47　S_2　え，180°だと直線になっちゃう。

48　T　そうだよね，これ（例1）になっちゃうよね，だから180°「よりも」って入れたんだよね，ここが，大事なんだよね。で，180°未満とする。／なんか，特にS_{33}さんの話って，もうちょっと何か言い換えができませんか？　これって，お，S_{34}さん。

49　S_{34}　線分？

50　T　あ，もう1回言って

51　S_{34}　あ，いや，（T：いいよ，言って），線分？

52　T　あーなるほど，線分で考えるっていう手ね，〔板書する〕，線分とする，なるほど。まあこれも1つの手かもしれませんね，線分として考えるというのは，なるほどね，線分，線分として考える。例えば，S_{34}さんさ，今せっかくさここまでさ，180°180°の話をしているからさ，内部に侵入しないっていう，例えば内部に侵入しちゃっている例があるんだけどこれ〔電子黒板の凹七角形を指す〕，これって，何か角度の話を考えるとどういう状態になっている？／多角形って，どんな図形？　って考えたときに，今だと，えーと接着したときにできる角を，例えば180°未満とするよね，そしたら，例えばこれ四角形と五角形が合わさっているとするよね，そしたら，例えばここ（2つの角が合わさっている角）の角度ってどうなってる？

53　S_{34}　180°以上

54　T　うん，180°，以上，まあそうだね，うん，になっている。なんかさ，これをうまく使って表現できない？　多角形の話を。難しそうかな。／S_{11}くん何かちょっとアイディアある？

55　S_{11}　えーと，直線，えーと，直線が内部に侵入しないためには線分でもいいけど，そこに，180°未満，えっとー，隣り合ったというか，つながった直線，直線の角度が，180°以下になる図形を，多角形という。

56　T　なるほどね，ん，もう一度大きな声で言ってもらっていい？

57　S_{11}　つながった，つながった，線，（T：こことここか？），はい，の角度が，180°以下のときに，未満のときに，多角形とするっていったら，$(a+b-2)$，（T：になるってことか）ってことが成立する。

58　T　なるほどなるほど，隣り合ったっていうのは，こういうこと〔へこみの箇所をなぞる〕でいいんだよね，こういうことでいいんだよね。（S_{11}：あ，はい），あ，こういうことね。で，ここの角度がってことかね，こういう意味かね，うん，これになっちゃうとダメな例ってことだよね，ダメな例ってことだよね。あの今，S_{11}くんが言っている，内部に侵入しないというのを，ちょっともう1回どういうこと？　っていうふうに考え直してみると，言い換えてみると，要は多角形って，〔板書する〕，ね，要は1個の角度，180°未満というのが鍵なわけだよね，この角は180°未満，隣り合っているところ，まあ角といっていいのかな，ちょっとS_{11}迷ってると思うから，あのー，この線，こことここの長さという話をしていたと思うんだけれども，っていうことですね。

59　T　じゃあ，えーと，そうすることによって，今，えーと証明直したり条件直したり線分に直したりしてみましたよね。で，このように，まあ例えば，S_2くんのように180°よりに直したやつとか，S_{37}さんのように180°未満って話を，付け加えてあげる，そうすると，最初の，これ，えーと，$(a+b-2)$角形という話が，まあ生きてくるわけだよね。あの反例があったのに，これ捨て去るわけには，ちょっともったいないというときに，これまだ，使えるよっていう状態になるよね。そしたらさらにという，ここで，多角形の話をもう一回考え直しているわけね，そうすると，この例の3というところも，まあ多角形じゃないから，これダメだよねっていうふうに，除くことができる。で，3つ，最初のときには出てきちゃったんだけれども，この3つっていうのが，出てこないように，もう一度捉え直すこと

資料　289

ができる。ということで，最後ちょっと裏面みてください，裏面，裏面の「まとめ」って所。／ということはさ，最終的に，多角形の定義って，もう一回ちょっと捉え直すとどうなるかということを，〔板書する〕。で，S₂くんどう捉え直す，S₂くんだったら，今の話をふまえると。多角形って。

60　S₂　直線が内部に入らない。

61　T　入らないというのもそうなんだけど？　さっきちょうど考えていた話あったじゃん。

62　S₂　多角形の角が180°未満。

63　T　ってことだよね，そうだよね，そこが，ね，付け加わっていれば，いいわけだ。だから，多角形の定義というのが，ちょっと曖昧だったけれども，もう1回考え直してみることで，捉え直すことができるよね，いくつかの直線で囲まれていて，〔板書する〕，それはそうだよね，囲まれている。あの，S₃₄さんの線分って話も，捨て，捨てがたいんだけど，まあ今直線でというふうに考えちゃっているから，ちょっと直線で考えてみましょう。いくつかの直線で囲まれている，〔板書する〕，囲まれた図形であり，すべての角は，180°，ね，より，も，S₂くんでいうと，より，まあ未満でもいいですけれども，180°，よりも小さいよ，っていうことが，最終的に，わかります。で，こうやって定義を捉え直すことによって，あと証明と条件を変えてあげたけれども，定義を捉え直すと，万事がオッケーうまくいくということですね。

64　T　だから，えーと，まあ今日やってたことというのは，要するに，問題がありました，反例がありました，反例出てきちゃった終わりってするんじゃなくて，じゃあそこからもうちょっと考えてみて，例えばちょっと工夫して，例えば証明とか条件とか，定義とかを捉え直してみたりとか，条件を加えてみたりとかね，そういうことをすることで，どうにかこうにかこの最初に考えていた，せっかく証明したんだから，ね，それを，復活できないかな，生かすことできないかなっていうふうに考えていたんだよね。で，それをあれこれ考えていくうちに，じゃあ多角形の定義って，もう一回ちょっと捉え直してみると，いいよね，っていう話に最後落ち着いたんだね，今日の話の流れでは。で，そうやって修正してあげると，これが生きてくるよね，簡単に捨てないで，えーとしっかりと，条件保っているよね，っていうふうにやる。／さて，じゃあえーと，書き終わったら，えーとですね，上のこの，裏面の上の欄に，えーと今，大事なことをメモしたりしてください。で，右ページの振り返り課題，前回の授業と比べて今回の授業ではどんな新しいことがわかりましたか，っていう所をちょっと書いてもらいます。で，O先生の分析の都合上ね，ここにも名前書いておいてください，名前裏面にも書いておいてください，御協力お願いします。ということで，じゃあ残った時間全部使って，裏面を埋めてください。／図とか使ってもいいので。／振り返りの所に，やっぱり自分はこう思うなとか，そういうのも書いていいですからね。／じゃあ後ろから前に回収します。名前表にも裏にも書いてね。あと回収するとき向きとかそろえてね。／ワークシートの②だけでいいです，①はハンコ押してあるやつはいいです。

65　T　はい，ということでどうですかね，みなさんのね，こんな感じで，定義とかね，うまく直してあげたりとか，証明とかしてあげたね，あの一字一字までだったら捨ててた公式とかを，生かすことができるよね，というような内容でした。是非皆さんも今後，何かそういう視点でね，物事とか定義とかを，見てもらえるといいんじゃないかなと思うのでね，是非今後の学習に役立ててください。あのよく頑張りました，とてもよかったと思います。じゃあ号令お願いします。

66　S　起立，気をつけ，礼。

67　Sₛ　ありがとうございました。

68　T　ありがとうございました。【0：51：30】

第2時の板書

290 　資　料

資料3：授業Ⅱの学習指導案・ワークシート

数 学 科 学 習 指 導 案

日　時　　第 l 時　令和3年 l 2月 l 日（水）第4校時　 l l：20〜 l 2： l 0
　　　　　第2時　令和3年 l 2月6日（月）第3校時　 l 0：20〜 l l ： l 0
対　象　　第3学年■■■　4 l 名
授業者　　四之宮　暢彦
場　所　　■■■■■■■教室

l　単元名
　　　第3章　関数 $y = ax^2$　　第3節　いろいろな関数（教科書：未来へひろがる数学3（啓林館））

2　授業の目標
（ l ）いろいろな事象の中に，関数関係があることを理解できる。（知識・技能）
（2）既習の概念を振り返る活動を通して，概念の意味を範囲を拡げて定義し直すことができる。

（思考・判断・表現）

3　授業の展開
【第 l 時】

過程	学習活動	指導上の留意点 評価の観点
導入	・場面把握 T：前時では身の回りにあるいろいろな関数について学びました。 　　確認しますが，「y は x の関数である。」とはどのような定義でしたか。 S：一方を決めれば，もう一方が決まる。 S：x の値を決めると，y の値がただ l つに決まる。	・関数の意味を確認する。隣同士で意味を確認して，過不足がない定義になるよう確認させる。
展開 l	・課題提示 l T：日常的な事象だけでなく，数学的な事象を考えてみましょうか。 　　例えば，中学校で学んだ絶対値について，「ある数の絶対値を求める操作」は関数といえますか。 S：どういうこと？ S：例えば，−5とかなら5にきまるよね。関数になるんじゃない？ T：関数になりますね。このように，計算の学習で行ったような，数に対する操作も，関数として考えることができるものもあります。 T：小学校での数の操作も振り返ってみましょう。 問題 　　x の値の小数第一位を四捨五入した数値を y とする。 次の（ l ），（2）の各問いに答えなさい。 （ l ）右の図に，x と y の関係をグラフに表しなさい。 （2）y は x の関数になりますか。 　　自分の考えとその理由を説明しなさい。	・ノートに自分の考えを書かせる。 ワークシート①配布

	S：（1）は ［グラフ］ になるね。 S：（2）は，x の値を決めると，y の値がただ１つに決まっているので，関数になるね。 T：いいですね。グラフの○，●どうなっていますか。 S：線分の左側が●，右側が○になります。	含む点は●，含まない点は○で表すことを確認する。 いくつか具体的な例を考えることを促す。
展開２	・課題提示２ T：小学校で学んだことですが，中学では負の数を学びましたね。負の数の小数第一位を四捨五入した場合はどのようになりますかね。また，そのときグラフはどうなりそうですかね。先ほどの問題と同様にグラフはどうなるか考えてみてください。その上でなぜそのようなグラフになると考えたのか，理由も書いてください。 S：グラフはこうなるね。（上：図①） S：こうなるんじゃないの？（下：図②） T：２種類の図が出てきました。負の数の四捨五入は今回初めて考えるのですが，どう考えるのがよさそうですか？　もう一方の図を書いた人は，どのように考えているか，予想してみましょう。 図① 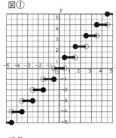 S：図①を考えた人は，−0.5のところが−１になると考えているね。 S：図②を考えた人は，グラフが規則的に並ぶと考えているんだね。 T：それぞれどのように考えたのか，説明してください。 図② 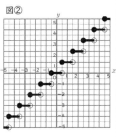 S：①は，例えば，−１.５なら，数字の部分を正の数の時と同じように，１.５を四捨五入して２にする。その上で，符号をつけて，−２になります。 S：②は正の数のときと同じようにグラフの規則が正の範囲と同じように並ぶと思いました。 T：どちらもどのように考えているのかわかりましたかね。 　２つの考えは違いますが，グラフをみると，同じ部分もありますね。 S：正の数の範囲と線分で表されるところは同じになっています。	ワークシート②配布 ２種類のグラフを生徒に板書させる。 板書の際に，丸や線を大きく書くように指示する。

292　資　料

	S：0．5きざみのところだけ違うね。	0．5きざみの扱いに焦点を
	T：0．5きざみをどのように扱うか焦点を当てましょう。	当て，四捨五入の意味を確
	そもそも四捨五入はどんな操作ですか。	認する。
	S：ある位の数が0〜4なら切り捨て，5〜9なら切り上げる操作です。	
	S：そう考えると，②は−0．5を0としているから5を切り捨てている	□四捨五入の操作が関数関
	操作になっているね。	係であることを理解して
	S：正の範囲と操作の仕方が変わっているけどいいのかな。	いる。（知識・技能）
	S：xを負の範囲で考えていて，負の数は逆を表すときに使うからいいん	□四捨五入の意味を考える
	じゃないかな。	活動を通して，負の数の
	S：四捨五入じゃなくて，五捨六入になるね。	範囲での四捨五入の意味
	T：色々な意見を聞いてどのように「負の数の四捨五入」を定義すると	を定義し直している。
	いいと思いましたかね。次回も考えますので，ここまでの時点でどの	（思考・判断・表現）
	ように考えているかワークシートに書いておきましょう。	

【第2時】

過程	学習活動	指導上の留意点 評価の観点
導入	・場面把握 T：前回の続きを行いますが，別の学級で図②について次のような意見が 　出てきました。例えば，−1．5のとき，小数第1位の5を切り捨て 　て−1になるとしていました。では，−1．59のときを考えます。 　このときも，小数第1位の5を切り捨てて−1になりますが，グラフ 　と違わないかという意見でした。 S：小数第1位をみないといけないから違うのかな。 S：グラフをそのように直すとどうなるかな。 T：修正したグラフをかいてみましょう。　図③ S：図③のようになりました。 S：図①と似ている形になったね。 S：負の範囲で少しずれているのが違うね。 T：この③も含めてどれがいいですかね。 　周りの人と意見を交換してみましょう。 T：色々な意見がでてきました。 　今回，負の数の範囲の四捨五入はどのように操作すればいいか新たに 　決めないといけません。実は，明確に，これが正解というものはなく， 　図①と②の考え方はどちらも実際の場面で使われています。 T：今回，考えたことをまとめ，ワークシートに感想とともに書いてくだ 　さい。 （教科書の「いろいろな関数」の練習問題を解く。	・生徒から意見がなければ， 　他の学級で出てきた意見 　ということで，図②の場 　合の四捨五入の操作の 　方法を確認する。 それぞれ選んだグラフを決 めた理由を説明させる。 ①，②の考え方がどのよう な場面で使われているか確 認する。

4 板書計画

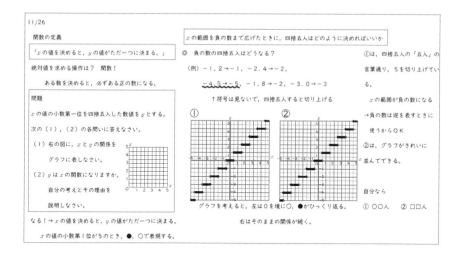

294 資料

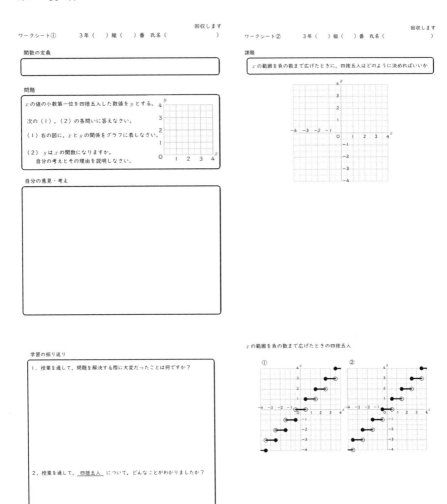

資　料　295

資料4：授業Ⅱのトランスクリプト・板書

（第1時）

番号	発話者	発話内容
1	T	はいじゃあ号令。
2	S	静座，起立／礼，よろしくお願いします。
3	T	はいお願いします。／12月1日ですね。／なんかパスカルの三角形に出てくるね，1，2，1って，3段目だね。／はいじゃあ，えーと，テストもね返し終えたところですし。／はいみんなしっかり喋ってね今日も，楽しく。
4	Ss	いえーい
5	T	はいじゃあえーと，テストが返ってきましたね。数学Aもいい感じでしたかね。／はい，じゃあね，気持ち切り替えて，前の続きをやっていきますけど。／えーと，前までね，テスト前まで何やっていましたっけ？
6	S	2次関数
7	T	2次関数ですよね。／そもそも君たち，関数の定義って大丈夫？
8	S	xが
9	T	待て待て待て，じゃあちょっとまず頭の中に思い浮かべて，関数の定義。／1，2，3，4，5，6〔ワークシートを配付〕／で，記録が，楽しい記録が，S_1くん。／〔ワークシートを配付〕
10	T	はい，今日これ回収するので。／はい，まずもらったらすぐにクラス・番号・名前書いてください。／はいじゃあその空いている所に関数の定義書いてください。まだ問題はやらない，まだ問題見ないで，関数の定義の所だけ見てください。／書けたかな？　書けたね。／あ，で，今日ね，また，あのなんつーか，いつもみたいに，隣同士でわちゃわちゃ話すんじゃなくて，話すときは話す時間取りますので，言われるまでは基本的に個人で考えてください。はい，じゃあS_{12}くん。はい，関数の定義何ですか？
11	S_{12}	えーxの値が変わると，yの値が変わる。
12	T	xの値が変わるとyの値が変わる。どうですかこれ。
13	S_{15}	ちょっと違う。
14	T	ちょっと違う。いやーちょっと違うというかこれはね，小学校まではそれで正解ですよね。変われば変わるよってのは，従って変わる量というのは，言っていたと思います。中学だともうちょっと違う言い方したと思います。1番。
15	S_1	記録です。
16	T	記録か，えーとじゃあS_{13}くん。
17	S_{13}	xの値が決まるとき，yの値が決まる。
18	T	xの値が決まるとき〔板書する〕，き，ま，る，と，yの値が決まる〔板書する〕。／これでいいですかね，もうよくない感じがわかりますね。はいじゃあちょっと欲しい言葉は？
19	Ss	1つに決まる
20	T	1つに決まる〔板書する〕。1個に決まるというのがポイントでした。あ，ちなみにこのとき，
21	S_{15}	yはxの関数
22	T	yは，xの関数ですよね〔板書する〕。／はいこういう話でした。ここまでは大丈夫かな，1年生のとき，しっかり教わってますかね。じゃあ今日ね考えることですけど，関数っていろいろなのがあります。えーと水を入れてね，高さが変わるとかもあれば，今問題に書いてあるやつですね，四捨五入とかも，関数かどうか考える対象になります。小学校のときにこういう操作やりましたよね，四捨五入。はい問題見てください。xの値の小数第一位を四捨五入した数値をyとすると，このとき，えっとxとyの関係，まずグラフに表してみてください。で，関数になるかどうか，下の枠の所に書いてみてください〔板書する〕。／〔グラフ用紙を貼る〕
23	T	【机間巡視】どんなグラフになるか大丈夫ですかね。／回収して後で見るので，ちょっとあの，白丸と黒丸ちょっと大きめに書いてください，ちょっと僕見えないので。／白丸か黒丸かはっきりわかるように，白丸の方は大きく書いて。
24	T	はいみんな同じ感じかな，描けているかなこれは。／はいじゃあ聞きましょかね。／S_{24}さん。まず関数になりますかこれ？
25	S_{24}	なる
26	T	なる。グラフはどんな感じになりますかね。
27	S_{24}	階段みたいに
28	T	階段みたいになる，でいいですか？　階段みたいになる。まず0のときは？
29	S_{37}	0
30	T	0，ここ，どうなる？
31	S_{37}	0
32	S_{15}	黒丸
33	T	黒丸〔書き込む〕／で次が階段になるからこれ横にいってどこで止まる？

| 296 | 資　料 |

| 34 | Ss | 0.5 |

35　T　0.5の所で止まると，で，ここどうなりますか？

36　Ss　白丸

37　T　白丸〔書き込む〕／でこの次この，じゃあどこいくのこの0.5は？

38　S₁₅　1

39　S₃₇　上昇

40　T　1，ここになる〔書き込む〕／で，こっからまた階段がいってどこにいく？

41　Ss　1.5

42　T　1.5ってどこだ，ここか〔書き込む〕，1.5でここが？

43　S₁₅　白丸

44　T　〔書き込む〕でこれが？

45　S₃₇　上にいく

46　T　上にいって

47　S₁₄　2.5まで

48　S₃₇　え，2.5？

49　T　2.5までいく？

50　S₁₄　いやいや2で，2.5までいく

51　T　2で，ここが？

52　Ss　黒丸

53　T　黒丸〔書き込む〕。法則が見えてきた。で，2.5で？

54　S₃₇　白

55　T　いいですかねこれ？　この感じで，まああとはこれが？　だんだんと続いていくと〔書き込む〕／こうやって〔書き込む〕／で，ここでまたここにいって，最後，端は？

56　S　黒

57　T　まあ黒なら黒ですね，描くなら。／こんな感じですかね。／で，関数になると〔板書する〕。何て説明しますかね，関数になること。／これ y は x の関数と言えますかね？／いいですかね，x の値が決まると，例えば？／〔グラフを指さしながら〕この辺は問題ないな，この辺はそのままそのままですよね。／例えば0.5って決めると？　y の値は？

58　Ss　1

59　T　1って決まりますし，えーと，x の値が1なら？

60　S₁₅　1

61　T　って感じで，決まりますね。で，定義のとおり，定義どおりになっているので，えーと関数であるなというのがわかりますねこれは。で，ここまでは，1年生のときにやった？

62　S₁₅　やりました。

63　T　やったね，じゃあ復習です，ここまでは。で，今日考えてもらいたいのは，今まで，正の数，学んだ後，何学びました？

64　Ss　負の数

65　T　負の数やりましたよね。中学生は負の数を考えないといけません。

66　S₁₅　まさか

67　T　まさか，まさか何だと思いますか？

68　S₃₇　虚数

69　T　虚数（Ss：笑），だいぶ世界が跳んだな。虚数は年度の末にまた，やってもいいけど。／えーとちょっとこのね，四捨五入，負の数まで広げたらどうなりますかね。今日はそれをちょっと考えてもらいたいなと思います。じゃあまたワークシート配るので。はい，もらったらすぐ何をやるんですか？　ワークシートをもらったら

70　Ss　名前を書く。

71　T　名前を書く，できますね。〔ワークシートを配る〕／はいじゃあまずクラス・番号・名前書いて，で，x の範囲ね，負の数まで広げたとき，四捨五入はどのように決めればいいかということですので，グラフね，まず描いてみてください。で，そのうえで，何でそういうグラフになるのかという説明を，下の空いている所に書いてください。何でそういうグラフになるのかっていうのを書いてください。／〔板書する〕／えーこれも話し合う時間取るので，まだ周りの人と話さないで，自分でまずは書いてください。／でちょっとね，記録見たいので，えーと周りの人と話し合うときに，あれ自分の違うなと思っても消さずにちょっととっておいてほしいです。なので，はい消しゴムしまってください。あの，自分の意見直すときにはいいんだよ，自分で考えて，人のでちょっと直すというときは，あのこう斜線を引いて，横線か，横線引いてビッピッて消して，ちょっと意見残しておいてください。／〔板書する〕／〔1枚目のグラフ用紙を貼る〕

72　T　【机間巡視】いっぱい書けたかな？　しっかり説明してね。／さっきも言ったけど丸の大きさ大きくしてね，見えないから。白丸黒丸ちょっと大き目に書いて。／はい理由までしっかり言葉でね，書いてね。

73　T　【机間巡視】2通り出てる感じかな。〔2枚目のグラフ用紙を貼る〕／何か2通りいますね。／ええと，正の範囲の

所はいいかな〔正の範囲を書き込む〕。正の範囲の所はさっきと一緒だから書いちゃった。／ちょっと2通り出ているので，2通りとも書いてもらおうかと思ってます。／〔S_{19}とS_{35}を指名する〕／〔S_{19}に〕ちょっと丸はそのくらいの大きさで書いて，俺が描いたくらい，ちょっと小さめに描いたけど。／〔S_{35}とS_{19}がグラフを描く〕／えっと①と②それぞれ2つ出しましたけど，どうですかねわかりますかね今。／ちょっとまず見ながら，あ，こういうふうに描いているんだなという，自分との，自分はどっちかなというのと，自分と違う方はどう考えているのかなというのを，

74	Ss	一緒，一緒じゃない？　一緒です，一緒やん．
75	T	あれ，一緒？　ちょっと待って。あれお前ら違わなかった？〔S_{35}のワークシートを見る〕／一緒じゃん。
76	Ss	笑
77	T	ええとどっちに引っ込んでもらおう。／Wait.／〔S_{35}にワークシートを返す〕Thank you. Bye.
78	S_{35}	はい笑，いいですか。〔席に戻る〕
79	T	やっぱダメだ，俺には小さすぎる点が。じゃあS_{15}だ。まだ直せるか。(S_{15}に)どこを直すの？　白があるから，誰か白持ってるだろ。
80	S_{37}	修正テープがあります。〔修正テープを貸す〕
81	T	はいじゃあ修正してやれ。
82	S_{37}	修正係
83	T	はいじゃあちょっと今，T先生そういう現象起きるから，ちょっとはい，もうちょっと丸大きくしてください，自分で。／〔S_{29}に〕無理無理，見えない見えない。／〔S_{37}に〕これもきついぞ本当は。／このぐらいの比率で描いてくれればわかる，このマス目に対してこれくらいの比率で描いてくればいいから。／
84	T	はいまず違いはわかりますかねこれグラフの，わかんなきゃ困りますけど。えーと，白丸黒丸の，描いてある場所は一緒かな？　場所は一緒なんだけど，白黒の意味はちょっと違いますかね。／そういえばさっき確認しなかったけど白丸黒丸の意味大丈夫だよね？　黒丸は？
85	Ss	含む
86	T	含む，白丸は？
87	Ss	含まない
88	T	含まないだよね。はいそれぞれちょっと若干違いますけど，違うのはどこ，どこが違うのかなこれは。
89	S_{29}	下
90	T	ん？　下？
91	S_{29}	マイナスの
92	T	マイナスの範囲で，えーと，ん？　－1の所とかは一緒？　こういう所は一緒だよね？　線の部分は一緒だけどこの端の所が，違いますよね。ここってどういう所？　この端の所っていうのは？
93	S_{12}	0．なんちゃら点
94	T	0．？
95	S_{12}	5とか
96	T	5の所？　0.5の所がこれ若干それぞれ違いますけど。〔板書する〕／0.5の所が／①で考えた人はこれどう考えているんですかね？　はいちょっと，一旦自分以外の人はどう考えているのかというのをちょっと想像してみてください。それちょっとメモしてください。まず空いている，はい言うよ？　空いている所に自分とは違う方を，まず，グラフを，概形を描いてください。そのうえで，空いている所に描いてください。そのうえで，まあその人がどう考えているのかなというのを，ちょっとまず1回予想してみてください。
97	T	あ今これ2つしか紹介していないけど大丈夫？　第三の勢力みたいなのいる？　大丈夫？　俺実は違うんだけどとか。違うよとか誰かいる？／どうですかねこれ①，②それぞれどう考えているんですかね？　①，最初にじゃあ①を描いたよという人，手を挙げてみてください。
98	Ss	〔挙手する〕
99	T	1，2，3，4，5，6，7，8，9，10，11，12，13，14，15，16・・・23，23人います。先に聞いておくか，②描いた人？　1，2，3，4，5，6，7，8，9，10，11，12。12。たぶん12，はい。
100	Ss	1人挙げていない。
101	T	挙げていないか数え忘れか。はい，まあいいや。①描いた人，じゃあちょっと聞きますけど，どういうふうに考えましたかねこれは？　えーと，ちょっとリベンジ，S_{35}。
102	S_{35}	はい，負の数の絶対値を考えたときに，例えば，
103	T	うん，負の数の絶対値〔板書する〕／実はこっちだったそうですね。
104	S_{35}	すみません，
105	T	俺の目に狂いはなかった。
106	Ss	笑
107	T	絶対値を考えたときに？
108	S_{35}	例えば，境目の－1.5とかだったら，
109	T	－1.5なら？〔板書する〕
110	S_{35}	1.5はえーと，四捨五入すると2になるから，
111	T	あ，1.5を四捨五入すると2になるから，

112	S_{35}	から，そのままマイナスをつけて，－1.5の四捨五入は－2になるみたい感じで考えると，①のやり方に．
113	T	どうですかね．1.5が2になるんだから－1.5も2，－2になるんじゃないかなと，考えたみたいですけど．／①もうちょっと別で，補足で何か言える人いますかね？　同じような考え方，同じ考えでも，はいじゃあS_4．
114	S_4	大体同じなんですけど，えっとー，まあそこのグラフっていうのが，こうO（オー）から始まっていると考えると，
115	T	あ，O（オー）から始まっている，えっとここから始まっている．
116	S_4	そうすると，あのー，あ笑，原点の所から始まっているので，まあ何か，グラフの向きは，あの負の方に向かって行っているから，四捨五入で，その下の0.5の所を，あの上げたときに，えーと，負の方に進んでいるから，
117	T	あ，こっちに（x軸の負の方向に）進んでいるからってことね．
118	S_4	－1.5が－1じゃなくて，－2になるんかなと思いました．
119	T	－1.5は－2になると．負の方に〔板書する〕，何て書けばいい？
120	S_{37}	回転，原点対称
121	T	原点対称
122	S_{16}	原点対称は無いでしょ．
123	S_{37}	点対称，点対称
124	S_{26}	原点を中心とする点対称
125	T	原点を中心とする点対称，なるほど．〔板書する〕／原点を中心とする，点対称．／負の方になっているから，まあ逆にね，なるよという感じですかね，なるほど．他に補足ありますか？　①番，もうちょっと何か，僕はこういうふうに考えたとか．（S_{12}に）はいどうぞ．
126	S_{12}	えっとS_4くんのにまあ似ているんですけど，その四捨五入はその，4，んっと，切り上げる，値の，が，4以下だったら切り捨てで，5以上だったら，何か，繰り上がりっていうか，繰り上げだから，その負の数で考えていると，その例えば－0.4だったら，その四捨五入すると，その小数点以下が捨てられるから，0になるんで，そのxが－0.5だったら，その繰り上げられるから，さっきのS_4くんが言っていたみたいに，その，えっと，負の方に進んでいるっていうか，考えると，その－0.5だったら，その－1の方に進むから，その①のように，－0.5は四捨五入したら－1になるんじゃないかと．
127	T	わかった今の？「切り上げ」か「切り捨て」かって言葉出てきたけど．四捨五入だよねそもそも，これ．
128	S_{15}	（②のグラフは）「四入五入」になっていない，何か笑？
129	S_{12}	でも負の方で考えたら「四捨五入」じゃない？
130	S_{27}	「四入五捨」じゃない？
131	T	ん？　まあまあまあ順番で，はいまず四捨五入ってどういうものって言ってくれた？
132	S_{12}	え，えっとその，四捨五入する値が4以下だったら，
133	T	4以下なら〔板書する〕
134	S_{12}	えーと，切り捨てで，
135	T	な，ら，切り捨て，
136	S_{12}	で，5以上だったら，えっと繰り上がり，
137	T	5以上なら〔板書する〕，切り？
138	S_{12}	上がり
139	T	上げ．これがあれですよね，元々の，四捨五入の意味になりますかね．小学校のときこんな感じで習ったかな？／で，そういうふうに元の意味で考えると，考えて？
140	S_{12}	て，その，何，その，点対称，原点を中心とする点対称だから，その負の方に値が進んでいくというか，そう考えると，そのxが－0.5だったら，進んでいる方向は負の方に進んでいるから，－1に，
141	T	やっぱり負の方向っていうのは大事で，負の方だから，四捨五入するとこっち（①のこと），まあこれかな，これになるよということかな，なるほど．はい，S_{15}くん．
142	S_{15}	えっと，まあ「四捨五入」なんで，4は捨てて5は入れるんで，もし②の方でやると，4も入れて5も，あ，だから，－0.4でも－0.5でも0になるということなので，えっとまあ言ってみると，「四入五入」になっちゃってる．
143	T	えーと，こっち（②のこと）が，四入五入になる．
144	S_{27}	四入五捨じゃない？
145	T	え？　今何つった，具体的に，何つった数字，マイナス？
146	S_{15}	えー．0.5でも，－0.4でも，
147	T	0.5が，でも，－0.4でも〔板書する〕
148	S_{15}	0になる
149	T	0になる〔板書する〕
150	S_{15}	に，なっちゃうんで，その言葉，言葉的にちょっと違うんじゃないかなと．
151	T	言葉がどうかという
152	S_{15}	定義とかはわからないんですけど，言葉的には．
153	T	この定義はわからんけど，言葉としてどうかというのが出ていますけど，どうですかね．／ちょっと②の人の意見聞いてみますかね．②の人の意見，何か反論があるかもしれない．はいじゃあ源．／はいじゃあちょっと聞くね．

154	S$_6$	「四入五入」って言ってもまあ，あの，マイナスになると，−0.4は−0.5より大きいじゃないですか，だから，だから，四捨五入っていうのは，正の範囲で4以下なら捨てて，5以上なら上げるんですけど，まあ，0，−0.4以下とか言ったら，−0.3とかそっちの方じゃなくて逆の方を指すことになっちゃうので，まあこの場合だと，あ，例えば，「四捨五入」っていうのは言葉の意味とは相反して，まあ−1を基準としたときは，その−0.6があの，四に，四にあたって，で−0.4が六にあたることになる。
155	T	−0.6が四にあたる〔板書する〕，こういうこと？
156	S$_6$	で，−0.5がまあ五にあたるってことになる，まあ数軸的に考えて，まあそうなるので，でまあ，
157	T	マイナス何っていった？ −0.6と？
158	S$_6$	−0.5が五
159	T	−0.5が五になる〔板書する〕。
160	S$_6$	まあそういうふうにまあ，数軸上から考えるとそうなるので，マイナス，だから−0.6とかそういうのは，その，切り捨てて−1になって，−0.5より上であれば，まあ0。
161	T	なるほどね。どうですかね今のは。ちょっと，えー，今言ったように，最初の「四捨五入」という言葉とは若干違うけど〔板書する〕，四捨五入という漢字とは違うけど，言葉と違うけど〔板書する〕，こういうふうに考えればいいんじゃないかと。／ちょっと，うん，はい。
162	S$_{40}$	えっと，何か，何で四捨五入を正の範囲でやっているかっていうのを考えたときに，
163	T	何でやっているのか，四捨五入を。
164	S$_{40}$	ときに，その，整数と整数の，
165	T	はいちょっと待って，1回開くね。
166	S$_{40}$	なんか，四捨五入を，何でそもそもやってたかというときに，あのー，整数と整数の間の，小数が使われている数があって，その数がどっちの方に近いかっていうのを，比べていて，で，その数が，半分より大きかったら，えっと，1個上の数として捉えて，で，半分より少なかったら，1個下の数として捉えよう。だから0.5だったら1として捉えよう，でも0.5になっていないんだったら0として捉えようという話だったので，だから−1と0の間の，どの点が，えっと0より，より近い方は0に考えられて，だから0.5は−0.5は0として捉えて，で，えっと，−0.5になっていなかったら−1として捉えようみたいな，そういう考え方をしているから，だから，「四捨五入」というよりは，えっと負の範囲でいうと，えっとー，「六捨五入」の方が，正しい，あのー，負の範囲でいったら正しくなる。
167	T	どうですかね，今の意見〔板書する〕。／負の範囲なら六捨五入の方が，そもそもの何で四捨五入をしているのかという意味に近いんじゃないかということでしたけど。
168	S$_{29}$	え，え，だったら変えるんじゃないの？（S$_{27}$：それをいうなら違うのがあるんですけど）0から−1，−1から−2でいいんじゃないですか？
169	S$_{12}$	新しいグラフがあるらしいです。
170	T	新しいグラフが出てきた，どうなる，描くか？ いっぱい用意してあるよこういうのは，まあ他のクラスの分だけど。／はいじゃあちょっとマイナスの所だけ描いてもらおう。何色がいいかな？ はい S$_{29}$，ちょっとマイナスの所だけ描いて，まあ正はいいや。／S$_{27}$のちょっと2人で，皆に説明して。何を描く今から。はいちょっと皆聞いてください，今何を描くか説明してくれます。
171	S$_{27}$	見ればわかると思うんですけど，0.5で分かれるんじゃなくて，整数で分かれるようになるんじゃないかなと思って，さっきの皆なんか六捨五入とか，そういう感じだと，まあ数直線描いたときに，5と6で分かれるなら，こうなるんじゃないかなというのが，思って。例えば−1.7とかだったら，
172	S$_{29}$	上に上がるんだったら−1になるはずだから，
173	S$_{27}$	こうなるはず〔ジェスチャー不明〕
174	S$_{15}$	半分より上だったらってこと？
175	S$_{27}$	半分より，−1.7だったら，何て言うの，
176	S$_{15}$	じゃあ−1.2だったら？
177	S$_{29}$	−1.2だったら，
178	S$_{27}$	だからどっち方向をどうするかによるんだけど，
179	Ss	笑。（S：決めないと）
180	S$_{27}$	皆から見て，こっち方向（右方向）を，上げるなら，〔首をかしげて，S$_{29}$の方を見る〕
181	S$_{29}$	まず普通にマイナス，
182	S$_{27}$	〔黒板に数直線を描く〕／10，9，8，7，6，5・・・〔数字を書く〕
183	T	はいじゃあちょっと，描けたので説明聞いてください。／まず聞こうか。はい。
184	S$_{27}$	負の数的には，1，2，3，4，5，6，7，8，9，10ってあるわけじゃないですか。それで，まあ5と6，あ5と6で解けるんじゃないじゃん，まあいいや4と5でいいや。まあいいや5と6として，あそうだ，こっちから考えて，1，2，3，4，5だから，ここでいいんだ。で，こっち（10〜6）を捨てるじゃない，こっち（5〜1）上げるじゃない。
185	T	ちょっともうちょっと大きい声で言わないと，たぶん聞こえていない。
186	S$_{27}$	いやだから，−1ここ（1）じゃん，−1こっち（10）じゃん
187	S$_{15}$	上の値（−2，−1，0）と下の値（10〜1），何が違うの？
188	S$_{27}$	あ，これ間違えた。（0，−1，−2を消す）／これで，マイナス，これもうマイナスつけてないけど，−1，−10だとして，それで，何て言うの，こっち（左方向）の方が小さいじゃん。で，あの，あ，じゃあちょっとわかっ

た。数の数はこう並んでいるわけじゃん。（1，2，3，4，5，6，7，8，9，10と書く）。あ、わかった？それで、正の数の場合は、ここは小っちゃい方から数えて4つ目、までを、あ、違うねちょっと、まあいいや、捨てて。あ、10が入んないからだ〔10を消す〕。で、こっちは上げるじゃん。だから、ピーってやって〔上図の4と5の間の線を延長して、下図の5と6間の線とつなげる〕。こっち、小っちゃい方から四つを、捨てて、こっちを上げるじゃん。

189　S_{40}　だからそう、だから1，2，3が5になってる。
190　S_{27}　え、だからだから、〔S29と相談〕
191　S_{29}　だから、－1.7だとしたら、その7ってことは何、値は上げなきゃいけないじゃん。で、－1.7の上の値は何かっつったら－1ってわけじゃん。だから、－1.7だったら－1になんなくちゃいけないからここに入るわけ。
192　S_{27}　え？　もう1回もう1回、最後
193　S_{15}　下げる、捨てるんじゃないの？
194　S_{27}　あ、－1.7は7を捨てるんだよ、バツ。
195　S_{29}　だからこれ捨てているから、
196　S_{37}　あー「捨てる」の意味を、捨てるをマイナスにするんじゃなくて、そのもうなかったことにするって意味（S_6：それはただの切り捨て）
197　T　これ「捨てる」とか「上げる」とかってどういう意味なの？　「捨てる」、「上げる」って、切り捨てる、「切り上げ」、「切り捨て」の、どういう意味なの、そもそも。／〔Ss：一斉に話し出す〕／〔板書する〕／「切り捨て」ってそもそもどういう意味なの？「切り捨て」って
198　Ss　より小さくする、より小さい整数にする。
199　T　より小さい整数にする〔板書する〕。／〔Ss、各自で話し始める〕／〔S_{27}とS_{29}の話を聞く〕／わかんなくなった、ちょっと一旦戻れ。はい、わかりました。はい今ちょっと一旦戻ってもらいました。ええと、次回もうちょっと続きやりますので、
200　S　やるんだ。
201　T　やる。もう終わりでもいいならいいけど（S：やります）、モヤっとしないか（S：はい）。／はいじゃあちょっとプリント裏見てください。／ちなみに聞くけど、何かこれ決め手ありますか？　どっちだとか、どれかとか。
202　S_{15}　定義をすればいい。
203　T　定義が？
204　S_{26}　あの、「小さい」っていうのが、あの値自体が小さくなるのか、数字だけを見て小さくなるのかを、
205　T　定義はこれはっきりしてますかね。これ今、時点で、負の数のときの定義。
206　S　負の数のときの四捨五入の定義が、しっかりしてないから。
207　T　はいじゃあちょっと1回。負の数の所の四捨五入の定義って、まだ今まで決めてないよね。で、新しくなっているのでまた考えないといけないよね、そこを。で、決め手は、何かあるかねこれ、決め手って言われると。なので、どうしようかな。まあまずいいや、ちょっと裏見てください。そこを次回引き続き考えていきましょう。で、今回のは、今回ちょっと、えーと感想書いてもらいたいので、はい裏面、まずちょっと今考えるのに大変だったこと、えーと問題になった所でもかまいません。何を考えたかなというのをまず1番に書いてください。で、2番まだ決着ついていないので、「どんなことがわかりましたか？」って言われても困るかもしれないですけど、今いろんな議論を聞いて、自分としてはどう思ったということを2番に書いてください。／で、ちょっと、これ回収したいので、えーと、今日終礼の後、回収するので、終礼か、終礼のときに回収してもらうので、はい数学係、終礼のときにちょっと回収お願いします。ちょっと時間ないかもしれないけど、頑張っていっぱい書いてください、ここ、1，2。きっと10行以上書けると思います、皆なら。
208　Ss　10行！？　箇条書きとかでもいいですか？
209　T　箇条書きでもかまいません。はいじゃあいろいろと考えられたかな？／じゃあまず、終わります。号令お願いします。
210　S　静座、起立、礼、ありがとうございました。【0：52：01】

第1時の板書

資料　301

（第2時）

番号	発話者	発話内容
1	S	静座，起立，礼，お願いします。／〔いろいろと話す〕
2	T	こんなうるさいのおれの授業だけな気がする。はい，いいかい。じゃあ前回の続きやりますけど，あ，そうかプリント返さないといかんのか。／えーとプリントは返しますので／
3	S	席替えしちゃいましたよ先生。
4	T	うん，順番も変えちゃった。はいじゃあまず数学係来てください。／〔数学係に渡す〕／〔ワークシートを返却する〕
5	T	はいじゃあ，まず，あそうだ／はいじゃあまず今配ったプリント，ごめんなさい一番上，名前書く所作ってなかったけど，まず，はい今やるんだ，クラス・番号・名前書いてください。はいこの上の空いている所に，クラス・番号・名前書いてください。／〔Ss：名前を書く〕／はいじゃあ前回ですけど，名前書いたね。前回だけど，その①，②が出てきて，あともう1個，第三勢力みたいなのがありましたけど，でも第三勢力何かちょっとやっぱり違うかなということも言っていたので，ちょっとごめんなさい抜いちゃいましたけど。第三勢力素晴らしいことに，はい裏面見てください，調べてくれました。さすがS_{27}さん，素晴らしい。〔Ss：拍手〕／じゃあS_{27}さんちょっと調べたことちょっと教えてほしいので，はい，Come on／は聞く。
6	S_{27}	えっと，英語の何か Wikipedia と日本語の Wikipedia とか，何かあと JIS 日本工業規格とかで，決めているのがあるらしくて，何かそういう，私アカウントもっていなくて見れなかったんですけど，何か調べたら出てきて，あとはまあ私の辞書とか，いろいろ調べたら，何か負の方は，何か何だろう，正の方を，の，絶対値？ みたいなのを適用するみたいな，のを書いてあったりとか，まあいろんな何か，英語はよくわからなかったんですけど，まあいろんな数え方があって，このグラフ見ればわかると思うけど，何か，何だろう，やり方がちょっと違うだけで，そのいろんな種類のグラフが出てきちゃうから，何か③とかは，その①と②の，何だろう，半分は①で，半分は②みたいな，①と②を混ぜたら，③になったのかなと思って，何かいろんなの見てみたら，特に負の方まで明記しているものがなかったから，こうやって自由に考えていいなら，まあ特に正確とかないんじゃないかなと思った。
7	T	どうですか，はいありがとう。〔Ss：拍手〕／まあまずちょっとね，いろいろとありそうだなというのは，まず予想でわかりますね。でちょっとまたこの意味については後でちょっと考えますけど。あ，で，先に1個確認なんですけど，えーと他のクラスでちょっと意見が出ました。こっちの②の方ですけど〔板書する〕，これは，えーと，何だ，これ−1.5，②ね，−1.5が，これ何になっている？　マイナス？
8	S	1
9	T	1になっているのかな，1になっていると，で，そのとき，小数第一位を四捨五入して，ええとこうなるっていう発想でしたけど，これどうなるかなという話が出てきました〔−1.59と板書する〕
10	S	1，（S：−1じゃないの？）
11	T	マイナス？
12	S	1，（S：2）
13	T	これは1になる？
14	S	−2じゃないの？
15	T	これどっちですかね。小数第一位を四捨五入するんだよね。／5の所を四捨五入して，ええとこれが無くなって1になるということだったら，ここも1だけ見るので，5を消して，−1になるんじゃないかなという意見が出てきましたけど？これどうですか／　で，そうするとちょっと意味わかんないかなという話がちょっと出てきたんです。この辺はどうですかね，こっち②の場合，ちょっと意味わかりますか，ちょっと周りと相談してみてください。意味わかりますか，まずこの言っている意味が。〔板書する〕
16	T	ちょっといいかな，論点かな。これどうですかこれ，何かそんな気します？　それとも何か，いや違うよって思う人います？／小数第一位を四捨五入すると，上と同じにはこうならないかな？
17	S	1.5で，1.5未満みたいな，
18	T	1.5未満で考えている。〔Ss：いろいろと話す〕
19	S_{40}	小数第一位が，ちゃんと反映されていないけど，グラフ上では−1.5より−1.59の方が，小っちゃいから，だから，あのー何，右側の方が，正しくない，②の考え方でいったら，数字の方が合っていなくて，その−1.5と−1.59だと−1.59の方が小さいから，だから，−2になるから，何かあのー，何だ順々に数がおっきくなれば，数っていうか，数字の大きさがおっきくなれば，数も，の大きさもおっきくなるわけじゃないから，負の数では，だから，小数第一位で，四捨五入って言われたときに，小数第一位だけを見てちゃダメで，その数の大きさ同士を考えないといけないんじゃないかなという。
20	T	一位だけを見るんじゃなくて〔板書する〕，大きさが，大事になるんじゃないかという。
21	S_{40}	②の考え方だと，
22	T	ごめん下の方に書いて見えるかな？　小数第一位だけを見るのではなく，大きさもしっかり考慮しないと負の数ダメじゃないかなという，どうですかね。
23	S	いやでも，そしたら何か小数いくつまで四捨五入とかって，何か。（S_{15}：いや別に1と−1と−2どっちに近いかって話を）割り算とかでさ，書いても答え出なかったりする数字になるんじゃないの？
24	S_{15}	話させてよ。
25	Ss	笑
26	T	じゃあまずね，その，S_{15}くんまずどうぞ，はい。

302 資　料

27　S$_{15}$　えっとまあS$_{40}$さんの考えだと，その－1と－2どっちに，近いか，もっと正確的な値を求めるためには，まあそっちがいいと思うんですけど，これ「小数第一位で四捨五入」って言っちゃっているんで，もうそれは小数第一位だけを見ればいいんじゃないかなと，思います。

28　T　「小数第一位を」って言っているんだから，あまりそういうところまで考えると，考えない方がいいってこと？

29　S$_{15}$　考えない方がいい。

30　T　ここまで考えない方がいいんじゃないかって言っているそうですけど〔板書する〕。／どうですかね，この辺は。これもしこうやって考えたときって，グラフってどうなりますか？

31　S　1.6が丸で白丸になる。

32　T　1.6が白丸になる，から，ちょっと描いてみるか。ちょっと重ねて描いちゃうけど，えーとどうなんだ？　どこが白丸になる？

33　S　1.6，（S：－1.6で白）。

34　T　－1.6，ん－1.6のとき？

35　S　白丸，（S：－1），（S：－2），（S：黒丸）

36　T　－2だからここになる？

37　S　－1.6は，－1.6は2でしょ？（S：－1で黒丸になる）

38　T　だからここ（－1.6，－1）が白丸になるってこと？　このちょっとずれたところが

39　S　そこは黒丸です（S：そこは黒じゃない？）

40　T　あ，ここ（－1.6，－1）は黒丸になる。

41　S　－1の所が白丸になる。

42　T　－1の所が，ここら辺が白丸になるっていうこと？

43　S　あー，何かなりそうですね

44　T　ここ（－1.6，－1）が白丸になって，ここ（－1.6，－2）が黒丸になる。

45　S　うんうん（S：はい，S：じゃあ左だ）

46　T　で，これをどんどんやっていくのかな。そうするとこっち側はどこまでいくの？　これは？

47　S　2のちょっと（S：－2.6）

48　T　ここ（－2.6，－2）が白丸になる，で，ここ（－2.6，－3）が黒丸になる

49　S　それ①じゃん（S：①のちょっと違う，S：①の四捨五入を五捨六入にしただけ）

50　T　こうなってきません？　ちょっと小さく描いちゃって悪いけど。0.5のときは／ちょっと重なって見づらいかもしれないけど，こうなるんじゃないかという話ですけど，若干こっちと違うんだよね？　でも，こうずれているから。／こっち，これで書いちゃダメだ，危ない。／緑採用するとこうなりますけど，どうですかね？　オレンジに，を採用するんだったらここまでしっかり考えないといけないし，じゃあここまで考えないで，こっちにするんだったら，緑のこういう感じのちょっとずれたグラフになるけど。／どうですかね，その辺は。／ちょっとグラフを修，修正じゃないや，えっとこれ今3つ出ているのかな，だからオレンジ，まあ緑の考えも出てきた，赤も出てきた，こうしたときどれがいいですかね。ちょっと周りとまた相談してみてください。あ，じゃあまず自分の意見書くか，じゃあその空いている所に，今の聞いたうえで，どうかってのを，まずこの空いているところに，①，②，で，今度緑を③にしますか。としたうえで，自分だったらどれかというのを書いてください。／じゃ，いいかい，えーとまず，①，②，③，自分はどれかというのをはい，黙って書いてください。黙って書いてください。はい，黙って書いてください。／

51　T　【机間巡視】はい，今までのね議論まとめますので，えーと，自分はどれかというのをしっかりね。まず，これがいいんじゃないかなというのをとね，もし書けるのであれば，例えば他の2つ，が，ちょっとこれはこういう所がちょっと違うんじゃないかなというのを。ちょっと5分くらい時間をとるので，しっかり書いてください。／ちょっとあの意見がわかりづらいのであれ，僕は私は①がいいと思いますというので四角枠で囲って自分の意見を。／たまに後で見てわからなくなるよね。／自分はどれですというのをしっかり書いてね，何番です何番ですというのを。／何々だと思うと書いたのを四角で囲ってください。／はい自分の意見とね，あともしね，書けば，こっちの意見はね，こういう所が違うんじゃないかなというのも，そういうのも書いてくださ。③だと思うなら，①，②はどう違うか，①だと思うなら②，③がね，ああ違うなというならそれでもいいし。／③派も結構いますかね。／みんなちゃんと書いていて偉いね。／書くこといっぱいあるもんね。／

52　T　どうですかね，書けましたかね。／ちょっと聞いてみましょうかね，はい一旦ペンを止めてください。はい，顔上げて。はいじゃあ①だと思っている人，今。

53　Ss　〔挙手する〕

54　T　あ，結構いる，はい下ろして。②だと思ってる人。

55　Ss　〔挙手する〕

56　T　あ，何かまだいる。③だと思っている人。

57　Ss　〔挙手する〕

58　T　あ，でもこれもいるね，③も強くなってきた，はい下ろして。どうですかね①，まあ意見1回くらい聞いてみますか。じゃあ①だと思っている人，誰か，はいじゃあS$_{15}$くん，元気だね，はい。

59　S$_{15}$　えっと，まあまず①と③は結構似てて，まあ③と①は，えっと③は①を第四次象限で，あれ第四次象限？

60　S　第四象限じゃない？

61　S$_{15}$　第四象限で，まあちょっと平行移動させてるみたいな感じ，だと思うんですけど，まで，それで，四捨五入と五捨六入みたいな，そんな差だと思うんで，そんなたぶん変わりはないんですけど，まあ①の方が，普段の正の値の，

正の値の四捨五入は，負の数の四捨五入をする機会がほとんどないと思うので，③とかだと，そのまあ覚えてられないというか実用性がないと思う．で，まあ②も結構複雑だと思うので，やっぱりその一番馴染み深い，正の値の四捨五入に近い，その絶対値の四捨五入に，の，①が，その，一番いいんじゃないかなと思います．

62　T　〔板書する〕どうですかね．じゃあ②の人にも聞いてみましょうか．②だと思っている人で，誰がいいかな，じゃあS_{40}さん．

63　S_{40}　えっと何か，四捨五入を，正の，あのー，負とか考えていないときに，四捨五入ってどういうものかって考えると，aと$a+1$っていう数字があったときに，これは小数第一位のときなんですけど，あのー，aと$a+1$のときに，$(a+0.5)$は，$a+1$にしようみたいな，$(a+0.5)$以上のものは，$a+1$にしようっていうもので，$(a+0.5)$未満は，aにしようっていうことだったじゃないですか．

64　T　$(a+0.5)$未満は？〔板書する〕

65　S_{40}　は，a。／で，そのときに，aっていう数に，-2と，あのーマイナス，ん？　-2を代入してみると，あのー，$a+0.5$は，-1.5になって，-1.5は，えっとー，$-2+1$だから，-1だよねっていう，ふうに，なる，かなーっていうふうに思って．で，何か，その一，数のイメージとして，その一，0っていうものがあるけど，数字っていうのはずーっと，その一，正にも負にも続いていくものだって考えたときに，0よりも小さいか大きいかで，考え方変えるのって，何か，よく，何か，おかしく，何か，数字が，こう一直線にずーっと続いていくっていくってときに，たまたまそこに0があっただけで，っていう感覚が，私の中にはあったので，何か0を越したか越えないかぐらいで，あのー考え方変えるのは，何か変じゃね？　って思って，で，②になりました．でも確かに，あのー，何て言うんだろう，負になると，その一，数字の正負が，ん？　大きい小さいというのが，わかりにくいから，まあちょっと，あのー，わかりにくいねっていうのは，まあわかります．はい．

66　T　はい，ありがとうございます．どうですかね，そういう意見もありますが．じゃあ③派の人，第三派，じゃあS_{14}くんどうぞ．

67　S_{14}　ええっと，えっと，確かにS_{15}くんが言っていたように，実用性は，無いかもしれないんですけど，でも四捨五入っていうのは，その1個上の位に上げることだから，その，一の，えっとー，ん？，その，その1つ下，その一，確かに1.59というのは，大体-2の方に近いけど，その，小数第一位を四捨五入しろって言われているんだから，まあ1でいいと思うし，で，そうすると，①と②のグラフだと，その，1.59とか，-2になっちゃうから，③で合っていると思いました．

68　T　えーと，今何つった，最後らへん，マイナス？

69　S_{14}　え，ん？

70　T　その例かな？　-1.59？

71　S_{14}　59（ゴーキュー）とか，

72　T　これは？　マイナス？

73　S_{14}　-1

74　T　やっぱりここは小数第一位に着目でいいんじゃないかと．〔板書する〕どうですかね，まあどれも言わんとしている筋はわかるんですよね．／まあまずね，自分の中で，しっかり筋の通った説明ができていればまずいいんですけど，じゃあ，確認しますと．／これですけど，えーとマイナスの範囲で今まで考えたことなかったんだよね．で，今回マイナスの範囲で初めて考えてみようということだったので，新しく自分たちで決めなきゃいけないところです．なんで，実はこれ別にどれでもかまいません，筋が通ってれば．えーと実際さっきその，S_{27}さんに書いてもらったやつも，いろいろとありましたよね．何かこう，えーと，たぶん左かな？　Wikipediaの，これがたぶんいろいろな決め方をしているんだと思います．たぶん，字が小さくて読めないんだけど俺．えーと，Round Downとか Round Upとか，Round Zeroとか Round Infinityとかいろいろとありますので，で，いいのかなたぶん．で，実際これ，負の数で四捨五入しないといけない場面，日常でも多少あって，実際どっちでやっているかなって調べると，どっちも使われています．例えば，①でも②でも，③もあるかもしれないけど，ちょっとどっちも使われています世の中では．何で，どんなことで使われているかというと，どうするかな，説明，説明聞きたい？　じゃあO先生に，ちょっと，O先生ちょっと，説明してもらおうか．

75　Ss　〔拍手〕

76　O　はいまずは皆さんえーと，先週にわたり，どうもありがとうございます，ご協力頂きまして．今，T先生がおっしゃってたとおり，基本的にこれは，範囲を広げたときの定義の話ですので，まあどれが正しいどれが間違っているかというよりは，まあ状況に応じてどういうふうに使い分けるかという話になりますね．で，えっと，さっき0を越えるか，で，考え方を変えないか変えないかという意見がありましたけれど，そこがかなりポイントになってきますね．①の考え方は0が基準になっていますので，0，プラマイを計算したときに，0じゃないといけない場面で一応使います．例えば，T先生が，まあ私に借金を，しているとして笑

77　Ss　笑

78　O　じゃあ1500円貸しました，そうしたら，まあじゃあ借金なので，-1500円．で，こちらが$+1500$円，じゃあこれで四捨五入したときに，そうですね，2000と-1000になっちゃまずいですよね．

79　S　あー，確かに

80　O　そうすると絶対値でそろえて，$+2000$，マイ，-2000ですかね．つまりこういうゼロベース，0基準で考えたい場合は，①を使うことが多いです．逆にですね②番，これ私もびっくりしたんですけど，-1.5，気温ですね気温，これは，実は，えーと$-1.5℃$だから-1になると決まっています，これは気象庁で決まってるそうです．

81　S　へー

82　O　で，これなぜかというと，気温は，0基準かなと思うんですけど，日本でいう2℃と，アメリカでいう，摂氏と華氏と聞いたことありますか？　アメリカって，℃（ドシー）じゃないんですよね．

83　S　F

84　O　Fですよね，だから，えっと日本で，に，アメリカでいう10°Fくらいが日本でいうと$-20℃$くらいになっているんですよね．そうすると，0基準で考えると，日本だと上にあげるのに，アメリカだと下にさげるみたいな，こうい

うことが起きる，と困りますよね。そうすると気温というのはね，全世界で共通のものですから，実はこっちの方が便利だったり，というような使い方が，されていると思います。じゃ，以上です。

85 T ありがとうございます。

86 Ss 〔拍手〕

87 T はい，そういう感じでね，さっき「実用性」という言葉が出てきたけど，その使い分けによって，えーと定義決めていいので，ただね，使うときはもちろん共通認識とらないといけないよね。同じ話しているのに，こっちの人は①を採用して，こっちの人は②を採用していたら議論が噛み合わなくなるので，そこをしっかりそろえれば，どういうふうに数学的に定義してもかまいませんので，まあ数学というのはそういうところがあるなというのも知っておいてください，定義の仕方によって，いろんな議論ができるということ，それが大事です。じゃあいいかな。今ちょっとね，いくつか実例言ってくれたので，そのこともちょっとメモしてください。ちょっと思い出して，あーこういうときはこうだったなとか，それもしっかりメモしておきましょう。空いている所でかまいません，借金のお話とね，気温のお話出してくれましたので。／はいあと2，3分時間とるので，まとめてね。／書けましたかね？　はいじゃあ後ろから回収してください。後ろから回収してください。【0：43：05】

第2時の板書

謝　辞

　本論文の作成にあたり，多くの方々から，御指導と御支援を賜りました。

　筑波大学大学院人間総合科学研究科学校教育学専攻の研究指導委員会並びに論文審査委員会の先生方には，本論文の構成から細部の内容に至るまで，大変丁寧な御指導を賜りました。主査の清水美憲先生には，学類生の頃から12年間にわたり，御指導を賜りました。先生は，草稿の作成をなかなか進められなかった私を，辛抱強く待ち続けてくださりました。また，修士論文の謝辞にて，僭越にも宣言させていただきました「先生の研究の一歩先へ必ずいく」ことは，定義の構成活動に関してのみの挑戦となりました。「批判こそが学恩に報いる道」（宇佐美寛，2011，『教育哲学』，東信堂，p. 182）です。この挑戦がどの程度達成されたかは，後世の評価に委ねたいと思います。

　副査の礒田正美先生からは，本質を突く御指導を賜っていたにもかかわらず，私の勉強不足・理解不足ゆえに，なかなか御指導を生かすことができませんでした。院生になったばかりの私の発表資料に対する「『定義すること』が数学の本質ではないの？」という御指導の重要性に気がつくまでに，恥ずかしながら4年もかかりました。同じく副査の小松孝太郎先生は，研究者としてのあるべき姿を，そのお背中で常に示してくださりました。科研のミーティングにお誘いいただき，研究発表をさせていただいたことは，本論文が完成に至るまでの極めて大きな原動力となりました。同じく副査の竹山美宏先生には，数学者の立場から本研究に対する貴重な御指導を賜りました。数学教育研究室の蒔苗直道先生には，博士課程院生としての研究の厳しさと，教育者としてのあるべき姿を教えて頂きました。自分の教育観，そしてその教育観に基づく問題意識を大切にし続けたいと思います。

　湊三郎先生（秋田大学名誉教授，2022年御逝去）には，学校数学とは何かを追究し続けること，教科としての数学が果たすべき役割を考察し続けることの大切さを教えていただきました。宇佐美寛先生（千葉大学名誉教授，2023年御逝去）には，宇佐美塾勉強会にお誘いいただき，教育に対して強い問題意識をもち，正確な言葉で論じ続けることの重要性を教えていただきました。本論文

の完成を先生方に御報告できなかったことが心残りです。

四之宮暢彦先生（筑波大学附属中学校），早川竣先生（台東区立上野中学校）には，第4章の研究授業に御協力をいただきました。お二人は，私にとって清水美憲研究室の先輩・後輩にあたり，修了後も数学及び数学教育に関して，様々な議論をさせていただいております。お二人とともに，本研究における研究授業を構想・実施・分析できたことは，私にとって大変貴重な機会でした。是非今後とも共同研究を進めていけることを楽しみにしております。そして，何よりも授業に参加していただいた生徒の皆様に感謝を申し上げます。

現勤務先（日本体育大学）の上司である近藤智靖先生，稲田結美先生には，私の学位取得を励ましてくださるとともに，研究環境に関して多大なる御配慮をいただきました。未熟者ではありますが，大学のために少しでもお役に立てるよう，児童スポーツ教育学部及び教育学研究科における教育・研究活動に精進いたします。

筑波大学大学院博士課程数学教育研究室の皆様には，数多くの御意見と御支援をいただきました。牧野智彦先生（宇都宮大学），辻山洋介先生（千葉大学），大塚慎太郎先生（敬愛大学），榎本哲士先生（信州大学），花園隼人先生（宮城教育大学），平林真伊先生（山形大学），山崎美穂先生（帝京大学），栗原和弘先生（常磐大学），砂田大樹先生（日本女子大学），野稲剛さん，細田幸希先生（目白大学），松本紘一朗さん，中原朝陽さん，木村百合子さん，康孝民さんには，セミナーを通して，数学教育研究について様々な議論をさせていただきました。

ここにお名前を挙げさせていただいた方々以外にも，博士後期課程学校教育学専攻，博士前期課程教育学専攻，修士課程数学教育コース，人間学群教育学類，長期研修生の先生方など，多くの方々から御支援をいただきました。皆様に心より感謝を申し上げます。

以上のように，本論文は，私一人の力だけでは決して完成させることはできませんでした。多くの方々からの御支援に対して心より感謝を申し上げるとともに，今後は日本の算数・数学教育のために，少しでも貢献できるよう精進していく所存です。

なお，本研究の成果の一部は，日本学術振興会科学研究費助成事業（課題番

号：19J10381, 21K20259, 23K12778）の助成を受けて行われました。また，本書の刊行は，研究成果公開促進費（学術図書）（24HP5147）及び日本体育大学研究成果公開助成（出版助成）の助成を受けて行われました。刊行を引き受けてくださった東洋館出版社の畑中潤氏と唐本信太郎氏には，刊行計画の立案から校正作業に至るまで多大なる御協力と御支援をいただきました。この場を借りて厚く御礼を申し上げます。

　最後に，私事で大変恐縮ではありますが，研究の道を志すことで，迷惑と心配ばかりかけている私を，遠くから見守り応援してくれた両親と，この12年間を近くで支えてくれた妻の優奈に，心より感謝します。そして，2022年に，私たちのもとに生まれてきてくれた，娘の陽香に本論文を捧げます。

2025年2月

村田 翔吾

カスタマーレビュー募集

本書をお読みになった感想を下記サイトにお寄せ下さい。レビューいただいた方には特典がございます。

https://www.toyokan.co.jp/products/5810

算数・数学教育における定義指導の改善

2025（令和7）年2月20日　　　　　初版第1刷発行

著　者：村田　翔吾
発行者：錦織　圭之介
発行所：株式会社　東洋館出版社
　　　　〒101-0054　東京都千代田区神田錦町2丁目9番1号
　　　　　　　　　　コンフォール安田ビル2階
　　　　代　　表　電話 03-6778-4343　FAX 03-5281-8091
　　　　営業部　　電話 03-6778-7278　FAX 03-5281-8092
　　　　振　　替　00180-7-96823
　　　　Ｕ Ｒ Ｌ　https://www.toyokan.co.jp

装丁・本文デザイン：藤原印刷株式会社
印刷・製本：藤原印刷株式会社

ISBN978-4-491-05810-8 ／ Printed in Japan